ちくま新書

武士の起源を解きあかす

——混血する古代、創発される中世

桃崎有一郎
Momosaki Yuichiro

1369

武士の起源を解きあかす——混血する古代、創発される中世【目次】

序章 武士の素性がわからない 009

武士は正体不明／儀礼の舞台としての平安京／平安京を「京都」に造り替えた武士はどこから来たか／歴史学界は武士の成立問題に匙を投げた／いつまで待てば武士の正体が明かされるのか／〈武士がどこからどう生まれてきたか〉という問いとシンプルな答え

第一章 武士成立論の手詰まり 019

「武士」の祖型としての「兵」／マルクス主義の呪縛に浪費された時間／二項対立や予定調和で見えなくなる武士の実像／都（西国）の本物の武士と、地方（東国）の偽物の武士？／武士を判定する確かな尺度の不在——「兵の家」と延喜・天慶勲功者

第二章 武士と古代日本の弓馬の使い手 033

「武士」という言葉はいかに現れてきたか／儒教・《礼》思想の導入と武士の蔑視／《礼》思想の身分体系（王・公・卿・大夫・士）と「武士」／武士の武芸は「弓馬」／弓馬術の熟達に要する膨大な時間／弓馬術の熟達は有閑階級にしか不可能／弓騎兵の供給源——皇族・廷臣・民と蝦夷／聖武朝、

騎射する富豪百姓を弓騎兵に登用／聖武朝、騎射する郡司と子弟を弓騎兵に登用／衛府の舎人とその出世／〝有閑弓騎〟という考え方／賀茂祭の騎射――最古の騎射する人々／近江の百済遺臣・遺民と有閑弓騎の源流／聖武、地方の有閑弓騎（健児）の掌握を組織的に整備／藤原仲麻呂、一般兵士に騎射を教習し三関国に健児を編成／徴兵制を廃止し富豪百姓から有閑弓騎を本格採用／光仁朝で有閑弓騎の供給源（郡司富豪層と廷臣）が出揃う／桓武朝の有閑弓騎の総動員と徴兵制の全廃

第三章　墾田永年私財法と地方の収奪競争　063

平安前期の地方の収奪競争と王臣家／墾田永年私財法――王臣家、私有地の集積に目覚める／国司の私利追求／抑止力なき違勅罪と王臣家の免罪特権／開墾競争から疎外される国司／王臣家の出現、国司・郡司富豪層の癒着／百姓の強制徴用で開墾する王臣家と称徳の新規開墾凍結令／光仁の開墾解禁令と開墾競争の再開――王臣子孫と元国司の結託／王臣家の暴走の本格化――共有地の占有と荘園の浮浪人／所領（墾田）は半端な貴族制・官僚制から自立する収入源

第四章　王臣家の爆発的増加と収奪競争の加速　085

氷上川継の乱と左大臣藤原魚名の失脚／元国司・王臣子孫の地方土着と藤原魚名の子孫／爆発的に増えた親王が収奪競争を助長／国司・郡司の腐敗の進行／物流の上流を押さえて良品を貪る王臣家

／王臣家を債務奴隷にする高利貸の富豪百姓／土地を囲い込み、荒廃田再開墾に手を出し、国司と結託する王臣家／年貢京進の責務に押しつぶされる郡司／三十八年戦争の終結で地方社会に有閑弓騎が帰還／「夷俘専当」藤原藤成と曾孫秀郷と蝦夷の騎射術／葛原親王、東国に牧を獲得／嵯峨朝で嵯峨源氏が、淳和朝で桓武平氏が成立／葛原親王と親王任国制度と牧――坂東の平氏の原点

第五章　群盗問題と天皇権威の転落　115

仁明朝の承和年間、群盗問題が始まる／群盗の実態と取り締まれない理由／経済的に追い詰められて群盗化する郡司富豪層／年貢を強奪し天皇に挑戦する王臣家人――仁明朝の自力救済社会／文章経国の国庫圧迫に直撃された郡司富豪層が群盗に／王臣家人と群盗は根が同類／摂関政治の到来と天皇権威の凋落／中井王の横暴／国司は王臣子孫の部分集合

第六章　国司と郡司の下剋上　139

対馬守立野正岑の射殺事件――気に入らない国司を殺す郡司富豪層／王臣家に従う商人、禁野を横行する軽狡無頼の輩、山に満ちる群盗／東国で群盗化する俘囚／桓武が投げた時限爆弾の爆発――出雲で蜂起した源氏・平氏／武士と家人の主従関係の原型――王臣子孫と王臣家人との結合／群盗問題と結合し、現地勢力と融合し始める王臣子孫／最大の王臣家である摂関家は王臣家問題を本気で取り締まれない／相次ぐ俘囚の反乱――元慶の乱と上総の俘囚の乱／筑後守都御酉の射殺事件

——全階層の有閑弓騎が結託して殺害／石見守上毛野氏永の襲撃事件——任用国司と郡司富豪層の下剋上／数々の国司襲撃事件の延長上に将門の乱がある／平氏の祖高見王・高望王と源氏の祖貞純親王の登場

第七章 極大点を迎える地方社会の無政府状態——宇多・醍醐朝 167
基経の死と宇多親政の始動、菅原道真の抜擢／地方に下る王臣子孫と京戸の民／郡司が追い詰められ、なり手が消滅する／不法な王臣家人の増加と「強雇」／税制の破綻、出挙の失敗、里倉というごまかし／王臣子孫の地方留住の加速と口分田の不正取得／儒学の理想主義に傾倒して現実を見ない宇多朝の失敗／陽成院の凶暴化と乱行——院宮王臣家の横暴の極大点／地方の事実上の裁判権力に脱皮し始める院宮王臣家／王臣家の真似事の勅旨田で王臣家人と荘園を増長させる茶番／猛威を強める王臣家と六衛府の舎人、王臣家に逆らう王臣家人／刑事・民事裁判権を打ち立てる王臣家とマフィア的支配の限界／「僦馬の党」を率いる物部氏永の乱——群盗問題の極大化／僦馬の党と強雇／ピークを過ぎる東国群盗と菅原道真の失脚・怨霊化／坂東各地の群盗事件とうち続く受領襲殺事件

第八章 王臣子孫を武士化する古代地方豪族——婚姻関係の底力と桎梏 209
「罪人藤原秀郷」の登場と秀郷に関する誤解／伝説的武人としての藤原利仁／藤原利仁の坂東の群盗制圧伝承の史実性／越前の古代的有力者コミュニティと融合した藤原利仁／高望の坂東赴任の虚

実と子世代の急速な武士化／婚姻関係から拡大する平氏一族の騒乱――将門の乱の勃発／平氏の坂東土着（留住）を可能にした姻戚関係の強力さ／畿内の土着豪族鳥取氏の坂東進出／看板は貴姓、実質は現地豪族鳥取氏の「藤原秀郷」／将門の乱と散在する平氏／地域や都鄙のネットワーク内を流浪する平氏

第九章　王臣子孫を武士化する武人輩出氏族――「将種」への品種改良　243

パズルの最後のピース――どこから武人的資質が持ち込まれたか／元慶の乱に見る武人とその他の境界――誰が「将種」か／母系の血と教育で王臣子孫を「将種」に転換する／世襲的教育による「将種」坂上氏の形成／田村麻呂と子孫による「将種」坂上氏の確立と維持／「武芸絶倫」の「家風」と坂上氏の弓馬術／「将種」の注入による品種改良――葛井親王と坂上田村麻呂／清和源氏に注入された坂上氏の「将種」と元平親王の詐謀／桓武平氏に注入された多治比氏の「将種」と平氏の郎等多治氏／秀郷流藤原氏と源平両氏の血統の違い――父系由来か母系由来か

第一〇章　武士は統合する権力、仲裁する権力　269

武士は古代の部品のマッシュアップ／他人の紛争を仲裁したがる将門／裁定者・仲裁者としての王臣家の延長――武士が統治者を目指す動機／武士の統合機能――武人輩出氏族や卑姓の郡司富豪層を家人に統合／王臣家人の有閑弓騎に源流を持つ武士の家人／飲み込めるものは飲み込むブラックホールとしての王臣子孫

第二章　武士の誕生と滝口武士――群盗問題が促した「武士」概念の創出　285
将門の在京経験と滝口武士／滝口武士とは何か――官職ではない天皇親衛隊／滝口と蔵人所と天皇親政――太政官に縛られない天皇だけの手足／滝口の位置づけと設置時期――蔵人所衆の武人バージョンと『蔵人式』／滝口の活動実態／「諸家の兵士」を武士として制度の中に捉えようとする朝廷／滝口の設置と物部氏永の蜂起――滝口は群盗から天皇を守る／京を脅かす群盗と京を守る滝口／王臣子孫へと傾斜する滝口武士の出自／鎌倉幕府の母体としての滝口、滝口の供給源としての東国御家人／滝口に命を吹き込む摂政忠平と将門――朱雀朝という画期

終　章　武士はどこから生まれてきたか――父としての京、母としての地方　311
地方でなければ武士の内実は生み出されない／《礼》国家の君主宇多と「武士」の成立と「文人」菅原道真／武士は京を父とし地方を母とするハイブリッド

あとがき――その後、何が起こるのか　321

参考文献　324

注　326

序章　武士の素性がわからない

†武士は正体不明

「武士」とは結局、何だったのだろう？

歴史学は、右の問いにまだ答えを出していない。そういわれたら、読者諸氏は信じられるだろうか。私は信じられなかった。それが本書の執筆動機だ。

右の問いがなぜ重要なのか、なぜ解明されないまま今日に至ったのか、などといった事情については、油断すると無限に書けてしまう。多くの専門家は、そうした事情・経緯を一般向けの本でも丁寧に追跡し、紹介する必要があると信じている。しかし、結論が出せなかった経緯など、研究者には多少の意味があっても、一般の読者にはどうでもよかろう。一般書に必要なのは、学界がたどり着いた最新の結論と、その根拠だ。本書はそれらを提供するために書かれたが、私がこの課題に取り組まざるを得なくなった個人的事情を通じて、問題の核心について少しだけ、触れておかなければならない。

†儀礼の舞台としての平安京

私は日本中世史の研究者だが、武士の専門家ではない。ただ、〈武士とは何か?〉という問いがあまりに遠大で、あまりに膨大な議論を専門家が積み重ねてきたことは、歴史学者なら誰でも知っている。生半可にこの問題に手を出すと、勉強と研究に時間を取られ続けたあげく、理解らしい理解に到達しないまま、研究者人生を棒に振る可能性がある。そこで私は、自分の研究が武士成立論と関わらないよう全力を尽くした。そして万一関わっても、専門家が出した結論を流用して済ませ、議論の内部に立ち入る気は毛頭なかった。

私の専門は、儀礼と社会秩序の関係をモデル化することである。結婚式や葬式・法事、あるいは日本にしかないといわれる入社式・内定式を思い出されたい。人はなぜ、形骸《けいがい》的な儀礼をしたがるのか。儀礼は、なぜその形で行われるのか。つまらなそうな研究だが、やってみると面白い。儀礼は過去からのメッセージ、しかもまだ読み解かれていないメッセージの宝庫だからだ。

儀礼には、必ず形が伴う。どんな会場で行い、どんな服装を着て、どんな所作を行い、どんな言葉を発し、何を飲み食いし、どんな香りを焚《た》くかまで、すべてに意味がある。儀礼とは、五感で感じられるシグナルを、特定のパターンで組み合わせ、意味を持たせたものだ。

そうした儀礼の素材の中でも、私は平安京（京都）に注目している。平安京は、朝廷で行われる多数の儀礼の舞台だ。平安京のどこで、誰がどんな所作を行うことが、どんな意味を持ち、背後に古代・中世人のどんな思想があったか。その探究が私の研究であり、その中間報告として前著『平安京はいらなかった――古代の夢を喰《く》らう中世』を世に問うた。

†平安京を「京都」に造り替えた武士はどこから来たか

ところで、四世紀近い中世の大部分で、京都の形式的な主人は天皇と朝廷だったが、日本の実質的な支配者は武士だった。特に、京都で最も重要なこと、例えば大規模なインフラ工事や商業政策、果ては大寺社の祭礼の中身にまで決定権を持っていたのは、疑問の余地なく武士であって、朝廷ではなかった。ならば、中世京都を形成したのは、一般に漠然と信じられている天皇や朝廷や町人ではなく、武士ではないか、という疑いが生まれる。

しかし、その検証には、ある情報が不可欠だった。武士はどこで生まれたのか、平安京の中か外か、という情報だ。そして、その問題が解けていないことを知り、私は挫折した。

中から生まれたなら、武士は自分を生み出した母体（平安京）を、中世に適応するよう「京都」へと造り替えた、という筋書きになる。外で生まれたなら、武士はよそから平安京にちょっかいを出して造り替えた一過性の侵略者で、ひどければ興味本位にいじって去っただけ、という筋書きさえあり得る。中世に「京都」が成立した歴史的意義を直接左右してしまうその問題が、まだ解けていなかったことは、あまりに致命的だった。

〈京都と武士〉というテーマの本が、一定数あることは知っていた。それらは数多《あまた》の武士から京都に関わる武士を抜き出し、京都との関係を述べたものだ。そうした研究は、極めて興味深い結論を導いていた。武士は実に多様で、武士は地方と都の両方に足場・活動拠点（政治的な足場や収入源）を持ち、相互に往復しながら（都鄙《とひ》往還《おうかん》という）、政治や文化を持ち込み合って、流動的な形で武士の地位を形成していた。武士とは、都と地方のそれぞれに片足ずつ突っ込み、その両足で立っていた存在だ、と。

しかし今、私が知りたいのは、そういうことではない。武士が都と地方を往復したとしても、武士がこの地上に最初に誕生した場所は一ヶ所であるはずで、都か地方か、そのどちらかであったはずだ。では、どちらなのか。そして、そこに武士を出現させた原因は、都にあったか、地方にあったか。それが、私の切実に知りたいことだ。

†歴史学界は武士の成立問題に匙を投げた

後に述べる通り、武士が地方で生まれたのではなく、都の衛府《えふ》(武官の役所)から生まれてきた、と主張する学説があったことは知っていた。また、先に述べた〝都鄙往還〟という視点も、もはや中世史研究に不可欠になっていた。それらの学説が、武士がどこで成立したと結論づけたのかは、どうしても踏まえねばならない。ただ、膨大な関連文献をすべて収集して議論の動向を追跡するような作業は、専門家でもない限り不要だ。そうした作業を委ねるためにこそ、専門家は存在するのだ。最近の専門家は、この問題にどう決着がつきそうだと睨《にら》んでいるのか。それを確かめるため書店や図書館に行くと、〝武士とは何か〟〝武士の誕生〟などといったテーマの本に(1)、すぐ出会えた。私の疑問は、たちどころに解決してもらえるはずだった。他力本願で、甘かったというしかない。

いざ探し始めて、驚いた。どれだけ探しても、どの本にも、その問題の答えが載っていない。まるで、そんな問題など存在しないかのようだ。武士が成立する前提となる、地方社会の古代豪族について語った本はあっても、彼らと武士との関係を語った本はなかった。最初の武士がいつ、どこで、なぜ、古代豪族とどのような関係を持って(あるいは持たずに)生まれてきたのかは、依然として謎のままだ。

何より、〝武士とは何か〟を問う本に、武士の素性が全く言及されていないこと自体に、武士成立論が抱える問題の本質が垣間見える。どうやら武士の専門家の間では、武士の素性について、特に古代豪族との関係について、正面から取り上げないのがトレンドのようだ。武士に関するほかの話題に比べれば取り上げるに値しないのか、取り上げようにも語れるだけの材料(結論)がないのか、よくわからないが、とにかく放置されている。

その傾向を加速する動きもあるようだ。本書執筆中に、中公新書編集部の名で『日本史の論点』という新書が出た。学界で最も重要・ホットな話題を紹介する本という印象を与えるタイトルのこの本で、武士の起源には一切の言及がなかった。「論点6　武士はなぜ、どのように台頭したのか」と題する一章はあるが、内容は武士の成長の話だけだった。これでは、武士の起源は〝日本史の論点〟ではない、とわざわざ宣言したようなものだ。

それでよいのか、と不思議に思っていたところ、これも執筆中に、武士の専門家でベテラン研究者の髙橋昌明《たかはしまさあき》氏が『武士の日本史』という新書を出された。髙橋氏こそ、前述の、都の衛府(武官の役所)から生まれてきたという説を提唱した研究者だ。これで専門家による、最新の学会動向がわかる。これこそ天の配剤だ、と購入してみると、そこには驚くべき学界の現状が書かれていた。「武士が何をきっかけに、何時《いつ》どのように発生してきたのかという問題については、新たに提言する研究者が筆者以外におらず……地方発生説は、なお影響力を維持している」(2)のだという。私は唖然《あぜん》とした。

　後で言及するように、今日まで山ほど武士に関する論文や本が量産され、最近ではその量産ペースはますます加速しているのに、髙橋氏を除いて一人も、武士の素性という最重要テーマに取り組まないとは。髙橋氏が精力的に論文を発表し、その成果を研究書にまとめたのは、もう二〇年以上も前になる。それ以後、今日の今日まで、誰もその議論に参加すらしなかったとは。

　しかも、今日までの間の二〇年間、学界を傍目《はため》に観察してきた私の感触では、髙橋氏の説が、不動の定説として扱われているようには見えない。都を重視する学説は京都方面で好まれる傾向にあるので、京都・関西の一部の研究者からは最も有力な説のように扱われているが、東京・関東の学界ではそのような雰囲気がない。その学説は、追加の検証・補強もされず、さりとて反証もされず、学問的な検証から遠ざけられて放置されているようだ。量産される論文や本と裏腹に、武士研究が停滞するのは当然だろう。

　武士が都の衛府から生まれた、というのは魅力的なアイディアではあるのだが、十分な論証が済んでいないし、ほかの研究者による検証も済んでいない。むしろ、後に述べるように、その説が成り立たない理由や証拠を、いくつも挙げることができる。唯一の検証に値する仮説がまだ検証を終えておらず、歴史学界の最終解答・定説にならないということは、武士の素性が未だ五里霧中のまま、ということだ。

†いつまで待てば武士の正体が明かされるのか

それにしても、〈武士がどこからどう生まれてきたか〉という問いへの、シンプルで納得のゆく答えを、まだ専門家から得られないというのは、実に驚くべきことだ。武士は日本の教科書に必ず載っていて、義務教育を受けた全員が覚えさせられるというのに。

そればかりか、武士はサムライと呼ばれ、日本特有の文化として長らく西洋人に珍しがられ、日本人自らもしばしば良き伝統文化だと誇ってきた。今でも野球やサッカーの世界大会のたびに、日本代表チームを「侍JAPAN」とか「SAMURAI BLUE」と呼んでマスコミがサムライ精神を煽《あお》り、かなりの数の国民が熱狂する。テレビではまだ盛んに時代劇が放映され、NHKの大河ドラマも圧倒的多数が武士の話だ。それほど日本人は武士が好き（なはず）なのに、武士の正体を誰も知らず、専門家さえ答えないとは。〈武士とは何か〉を日本人が説明できないなら、一体誰が説明できるというのか。

わが国の歴史は、卑弥呼《ひみこ》の時代から一七〇〇年あまり、後の「日本」につながる倭《わ》国の姿がはっきり見えてから一五〇〇年あまり、「日本」の国号が定まってからでも一三〇〇年ほどある。そのうち七〇〇年近くを、鎌倉幕府の成立から江戸幕府の滅亡までが占める。

わが国の歴史の約半分に及ぶ、七世紀もの間、この国の支配者は武士だった。ならば、武士が何者か不明ということは、この国の歴史の半分が理解できないのと同じことだ。

日本の学問が近代化されてから、もう一世紀半も経った。もう待ちくたびれた、と日本人は声をあげてよい。そろそろ、学問的に信頼できる武士の正体・素性を知りたいのだが、いつまでも「諸説ある」では埒《らち》が明かない。歴史学も、この大問題を棚上げしたまま、細かいことばかり論じていても仕方ない、日本中世史への理解は大きく先に進めない、というのが、中世史家としての私の判断だ。

そうしたわけで、〈武士がどこからどう生まれてきたか〉という問題に、自分で取り組むしかなくなった。このような古代・中世史の核心に関わる大問題を、専門外の私が取り組むなど、蟷螂《とうろう》の斧《おの》の極みと叱られるのは目に見えている。研究とは、地道に時間をかけて積み重ねるものなのに、どうして彼は答えを急ぐのか、と。

それにはこう答えよう。歴史家ならではの最大の教訓をご存じだろうか。それは、人間の寿命が有限だ、ということだ。いつか真実が明らかになればよいではないか、と考える研究者は多い。その慎重な姿勢も意義深いが、私は次の考え方も捨てきれない。生きているうちに真実に到達しないなら、色々犠牲にして人生を研究に捧げた意味がない、と。

しかも中世では、社会のあらゆる場所に武士がおり、政治史の中心には常に武士の権力闘争があった。したがって、中世のいかなる問題も、武士との関係が皆無ではあり得ない。ならば、中世史家の誰にでも、武士の本質・素性を知りたくなる時があり、誰にでも解明に乗り出す動機がある。その中でたまたま今、私がこれ以上待てない、というだけだ。

†〈武士がどこからどう生まれてきたか〉という問いとシンプルな答え

〈武士とは何か〉という大問題を、本書で解き終わるとは考えていない。本書が追究したいのは、〈武士がどこからどう生まれてきたか〉という問いへの、シンプルな答えだけだ。だから本書では、武士研究の歴史を逐一取り上げて論評することはしない。そうした作業に興味があれば、参考文献に挙げた、従来の優れた研究史整理の本を参照されたい。

本書は〈武士はどこからどう生まれてきたか〉という問いに答えるために必要な材料だけを取り上げ、答えを目指して一直線に進み、一点突破を試みたい。そして、〈武士とは何か〉がいつまでもわからないという呪縛から、日本人（と私）を解き放つための一歩を、とにもかくにも進めたい。それが本書の目標である。

なお、本書は一般向けだが、専門家に向けて一つのアイディアを提唱することも意図した。そこで専門家の検証に備え、新書としては異例だが、史料の出典を注として付けた。一般の読者は注を気にせず、本文だけ読み進めて下さって問題ない。それでは始めよう。

第一章　武士成立論の手詰まり

†「武士」の祖型としての「兵」

本題に入る前に、大前提となる話を済ませておきたい。武士が日本に誕生したのは、鎌倉幕府という史上初の武士の政権が出現する三世紀前、九世紀末〜一〇世紀初頭の頃だ。平安時代の最初の一世紀が過ぎた頃で、ちょうど摂関政治が軌道に乗り始めた頃である。

武士は、摂関政治の中頃までしばしば「兵《つわもの》」と呼ばれ、また院政期まで「武者《むしゃ》」と呼ばれることが多かった。「兵（ツハモノ）」の語源は「ウツハモノ（器者）」といわれ、〝兵器を扱える者〟を意味したといわれてきたが、どこまで本当かはわからない。古い記録にはウツハモノという言葉が見えず、そもそもそんな言葉があったかさえ不明だ。ウツハモノの「ウ」の字がなぜ消えたのかについても、納得ゆく説明を見たことはない。

平安時代初期までの朝廷の常備軍は、徴兵された百姓が大部分で、彼らも制度上「兵」と呼ばれたが、それと「兵《つわもの》」は違う。「兵《つわもの》」は徴兵も農業も関係なく、日常的に戦う責務をアイデンティティの一部とするプロの戦士（職業軍人の一種）であり、領主である。

かつては、「兵」と「武士」を区別する考え方があった。「兵と武士の相違をいま一度述べれば、兵は所従《しょじゅう》（従者）を持つが、兵の上には兵はない。つまり重層的な階級制がない。かれらはそれぞれ一個の独立した力量で従者をしたがえたもので、支配の組織をもっていない。ところが武士となると、その下に郎等《ろうとう》があり、さらにその下に郎等があるという具合に支配関係は重層的であった」（傍線引用者）と説明されたものだ。[3] 郎等とは、隷属性が強い私的な従者で、郎党・郎従ともいう。

一見もっともだが、傍線部が史実に反する。平将門《たいらのまさかど》の乱の時、「兵」である平将門や平貞盛《さだもり》の下に、家臣筆頭の「上兵《じょうへい》」という戦士がいた。これは「兵」の上に「兵」がいる重層的構造にほかならず、そうなると「兵」と「武士」を区別する理由はなくなる。院政期に「武者（武士）」と認識された源満仲《みなもとのみつなか》・頼光《よりみつ》親子らが、ほぼ同じ時期の説話集（『今昔物語集《こんじゃくものがたりしゅう》』や『宇治拾遺物語《うじしゅういものがたり》』）で「兵」と呼ばれたことも、それらが同じものであった証左だ。本書ではすべて同じと見なし、話を単純にするため、特に必要な場合を除いて「武士」と呼ぼう。

†マルクス主義の呪縛に浪費された時間

本書は研究史に紙幅を割けないが、それでもここで、いくつかの重大な誤解や先入観だけは、除去しておかねばならない。昭和時代に教育を受けた読者は、次のように教えられたのではないか。

〈生産力の向上で富の余剰が蓄積されると、その奪い合いで争いが起こる。その中で地方の富裕な農民、中でも年貢の納入を請け負う名主《みょうしゅ》が荘園の中で成長し、土地や財産を自衛するために一族で武装し、武士になった。彼らは律令国家の諸矛盾の中で草深い田舎に生まれ、腐敗した中央の貴族政治を克服して中世社会を切り拓《ひら》いた〉と。

詳細はほかの研究史整理の本に譲るが、右のほぼすべてがでたらめだ。まず、中世で活躍した代表的な武士に農民の子孫など一人もいない。彼らは全員、源・平・藤原氏などの貴姓《きせい》を名乗り、天皇や貴族の子孫という血統を誇った。〈武士が荘園から生まれた〉というのも誤解だ。それは、荘園という私有地の拡大が、武士という私兵の誕生と結びつくはずだ、とかつて歴史家が信じたために生まれた誤解にすぎない。最初期の武士（平将門・貞盛や源経基《つねもと》・藤原秀郷《ひでさと》ら）を生み出した、特定の荘園の存在が証明されたことはない。

このように重要な核心が事実と一致しないため、今の歴史学者は右の説を信じていない。

右のでたらめが幅を利《き》かせた理由は色々あるが、根底には、戦後の歴史学者が史実よりも、カール・マルクスというプロイセン出身の思想家の思いつきを重視したという失敗がある。戦後、皇国史観から解放された歴史学者には、マルクス主義の虜《とりこ》になった人が少なくない。彼らは、マルクスがいう人類の発展段階のどこに日本史上の出来事があてはまるか、という議論に熱中した。日本のどの段階が封建《ほうけん》制か。荘園制が該当するのではないか。いや、荘園制は奴隷制と封建制の間の農奴《のうど》制に該当し、日本の封建制は荘園制の息の根を止めた豊臣秀吉の太閤検地で初めて達成されたのではないか、といった議論が盛んだった。ヨーロッパ中世は封建制だから、封建制が日本でも見つかれば、日本にも中世があったと世界に胸を張っていえる、という、今から振り返るとぞっとする議論の立て方だった。

マルクス主義は一種の集団狂躁《きようそう》なので、冷静さを取り戻した研究者は次第に手を引き、それまでの議論に嫌悪さえ感じ、二〇世紀のうちに〝祭りの後〟のような有様になった。例えば、著名な中世史家の網野《あみの》善彦《よしひこ》は、マルクス主義に熱中していた初期の研究を後悔し、最初期の論文「若狭《わかさ》における封建革命」を「無内容で観念的な文章」、「封建制とはなにか」という論文を「愚劣きわまる文章」と激しく罵《ののし》り、それらの取り組みを「戦後の〝戦争犯罪〟」とまでいい切った。(4) 一般には知られていないが、彼を有名にした天皇・百姓・漂泊民などの研究は、その反省の上に初めて成立した仕事なのである。

マルクス主義の退場は、安易に武士や歴史を語れる包括的理論《グランド・セオリー》の喪失を意味し、今でも「包括的理論《グランド・セオリー》が失われて久しい」と嘆く声が表明されることがある。研究は分野ごとに細分化し、精密化し、蛸壺《たこつぼ》化して、万人が認める武士の共通イメージは失われたままだ。

†二項対立や予定調和で見えなくなる武士の実像

武士を草深い地方から生まれた新時代のヒーローと見ると、中央（京）と武士の強固なパイプの意味も、前代からの強い連続性も、暴力と殺戮《さつりく》に満ちた血塗られた所行の数々も、見えなくなる。そして坂東《ばんどう》（関東地方）に初の（鎌倉）幕府が生まれた意義や独立性を強調しすぎれば、なぜ幕府が朝廷・天皇を滅ぼさず、天皇に征夷大将軍《せいいたいしょうぐん》の地位を要求し、なぜ室町幕府が京都に置かれたのかが、説明できなくなる。逆に、武士は結局朝廷に依存していたと強調しすぎては、なぜ初の幕府が京都に生まれず、朝廷と一度対決し、天皇の生殺与奪の権さえ握ったかも、武士が地方に持った地盤の意味も見えなくなる。

武士を職能人として見る見方があり、それは今では学界の大多数の賛同を得ているが、職能人の側面ばかり強調しすぎると、領主としての側面が見えなくなり、職能人らしからぬ武士や、武芸の職能を全く持たない武士が多かった事実も、理解できなくなる。武士を〝職業的人殺し〟〝本質的にやくざと同類〟と断罪する見方もあるが、そればかりでは、なぜ武士が幕府として政権を取り、独特の統治理念を生み、明治維新まで六〇〇年間も政権担当者として（一定の）支持を得続けたのか、といったことが見えなくなる。

こうした多面性の一番まずいまとめ方は、〈武士にはどの側面もあり、一概にはいえない〉という結論だ。そのような結論なら、考え抜くことを途中で投げ出してもいえる。

また〝権門《けんもん》体制論〟という便利な説もあって、関西の研究者の間では根強く支持されている（関東では信奉者を見かけないが、潜伏しているかもしれない）。世俗的・宗教的な権威や、軍事・政治・経済的な権力などのどれかで突出し、大きな影響力を持つ勢力を〝権門〟という。中世日本なら、朝廷・幕府やその上層部（貴族・大名）、個々の寺社などがそうだ。権門体制論とは、それらの権門がそれぞれ固有の役割を果たし、相互に補完し合って、（あくまでも天皇を頂点に）一つの中世国家を形成していた、と捉える説である。

この説によれば、中世の様々な勢力はすべて、天皇の掌《てのひら》の上（天皇制の枠内）で踊っていただけだ。いかなる新興勢力も、最後は天皇から公権を委譲されなければ権力が完成しない。つまり天皇以外の誰も、権力として真に自立できない。だから天皇（のお膝元だった京都）の重要さは別格だ、という歴史観が、京都や関西で支持されるのはやむを得ない。

しかし、数世紀に及ぶ激動の中世を、〈基本的にすべては相互補完だった〉と捉えるのは、あまりに予定調和的で、性善説的だ。あれほど「自由」に（中世の言葉で〝好き放題・

身勝手〟という意味）、衝動的に、自分の利権を追求していた寺社・武士・百姓が、最終的な落としどころとなる〝相互補完〟の完成図を共有していたとは、到底考えがたい。〈相互補完できている〉というのは結果論で、そのように見えるだけであり、そういうことにして当事者らが手を打っただけだ。朝廷・幕府がともに主張した、〈幕府は治安維持の権限を天皇に委譲された軍事権門（「王朝の侍大将《さむらいだいしょう》」と呼ぶのを好む研究者も関西には多い）〉という建前は、あくまで建前なのであり、現実がそうでなかった証拠も、そうでないと天皇や廷臣《ていしん》が自覚していた証拠も、中世の天皇や廷臣の日記を読めば山ほど見つかる。相互補完も権限委譲も当事者の主張、自己の利益を追求する勢力が建前上主張した綺麗事《きれいごと》にすぎず、それを真に受けてしまったところに、権門体制論の弱点がある。原告や被告の一方的な主張を信じては裁判が成り立たないのと同じで、それでは学問としての客観性が足りない。

†都（西国）の本物の武士と、地方（東国）の偽物の武士？

実はそれよりも興味深く、武士の多面性を説明する説もある。先に言及した、髙橋昌明氏の説である。その説は、次のようにいう。武士は本来、朝廷の衛府《えふ》から、つまり都（西《さい》国《ごく》）で生まれ、武具も騎射《きしゃ》術も思想も衛府で育まれ、正統な本物の武士はそこから派生した西国の武士だ。それに対し、東国の〝武士〟は、武具は衛府からの流用・模倣にすぎず、武士の芸である騎射術にも習熟せず、いわば強いだけのゴロツキの集団だ。しかし、彼らは手段を選ばないゴロツキらしい戦い方で最後の勝者となり、鎌倉幕府を建て、武士の代表者のように振る舞う立場に立った。本物の文化を持たない劣等感に苛《さいな》まれていた東国「武士」は、そこで慌てて西国の本物の武士から騎射術や故実《こじつ》・思想を学び、その付け焼き刃の知識を、あたかも正統な伝承者のように継承し、権威と力によって、社会に本物の武士だと認めさせた、と[5]。そして武士の正統派が都で生まれた証拠に、大鎧《おおよろい》・弓・箙《えびら》(矢の収納器具)などの、中世武士の魂というべき武具もすべて近衛府《このえふ》や朝廷で生まれた、と[6]。

武士の二面性を、中央と地方、西と東の問題として明快に説明するこの説を、強く支持する有力な専門家もいる[7]。ただ、〈都・西国の武士が正統の本物だ〉と繰り返し強調する姿勢は、〈地方・東国の武士は異端の偽物だ〉という糾弾に等しい。それはどうしても学問的な冷静さに欠け、熱すぎる想いが我々を真実から遠ざける。真実とは、武士が衛府から生まれたとしか考えられないと万人が納得できる根拠が、まだ示されていないことだ。「この人は武士だと証明する」という身分証明の制度がない時代に、武士に本物も何もあるのだろうか、という疑念を棚上げしたとしても、問題は多い。仮に、右の説の通り、都の衛府の流れを汲《く》む者が、正統な本物の武士だとしよう。しかし、そのほかに正統な本物の武士は絶対に存在しないと、証明した人はいない。我々が二つ目の正解を知らないからといって、二つ目の正解が存在しないことにはならないのだ。

儒学者で政治家の大江匡房《おおえのまさふさ》が一二世紀初頭の白河院政期に著した『続本朝往生伝《ぞくほんちょうおうじょうでん》』に、約一世紀前の一条天皇の治世を支えた各分野の秀才を、分野ごとに列挙した一節がある。管絃《かんげん》（音楽）・文士（漢文学）・和歌・画工《がく》（絵画）・舞人・異能（相撲人《すまいびと》）と挙がり、続いて「近衛《このえ》は則《すなわ》ち下野重行《しもつけぬのしげゆき》・尾張兼時《おわりのかねとき》・播摩《はりまの》（磨）保信《やすのぶ》・物部武文《もののべのたけふみ》・尾張兼国《かねくに》・下野公時《きんとき》」が挙がる。彼らが特に優れた衛府の担い手である。それから陰陽《おんみよう》・医方《いほう》（医学）・明法《みようぼう》（法律学）・明経《みようぎよう》（儒学）が挙がり、「武者は則ち（源）満仲《みつなか》・（源）満正《みつまさ》・（平）維衡《これひら》・（平）致頼《むねより》・（源）頼光《よりみつ》、皆是《これ》天下の一物なり」と締めくくられる。

技能の種類ごとに区分したリストで、衛府と武者が別グループに分けられた事実は重い。さらに、衛府と武者を構成する氏族も全く重ならない（衛府は下野・尾張・播磨・物部、武者は源と平）。武者の技能は衛府の技能と根本的に別物で、当然、担う氏族も違う、と考えるしかない。武者の技能の主な源流が衛府にあると考えるのは、無理がある。

むしろ、重要なのはその先だ。右のリストの「衛府」の末尾の下野（下毛野《しもつけぬ》）公時は、いわゆる頼光《らいこう》四天王の坂田金時《さかたのきんとき》のことで、源頼光が公時を郎等《ろうとう》として従えたのは史実だ。その頼光は、同じリストで「武者」の区分に見える。武者の頼光は、制度上も、技能や氏族の面でも全く住む世界が違う「衛府」の公時と、緊密な主従関係を結んでいた。それ以前に源氏が衛府に勤めた形跡は皆無なので、公時との主従関係は衛府での人脈の延長上ではない。では、彼らの関係はどこから生まれ、何を意味するのか。そういう問いを立ててこそ、武者と衛府の関係の解明に向かうことができる。

同じことが、京の先進性や洗練度についてもいえる。京（を中心とする西国）の文化は先進的で洗練されていた、と京や西国の人は信じていた。そしてその文化と、東国の文化（思考・行動様式）は異なった。ここまでは、記録でいくらでも確認できる事実である。しかし、〈したがって東国の文化は後進的で洗練不足だ〉と結論するのは誤りだ。何が先進性で、何が洗練かは、用いる物差しによって異なる。そしてどの物差しで測るのが適切かは、環境によって異なる。農耕民族の物差しで狩猟民族の生活を、熱帯雨林の物差しで砂漠の生活を、先進国の物差しで発展途上国の生活を測っても、無意味に決まっている。中国・朝鮮半島から遠く、畿内《きない》からも遠く、蝦夷《えみし》と近く、異様に広大な関東平野を抱え、富士山や浅間山などの活火山を抱え込み、日本のどこよりも濃密に牧《まき》（軍馬の生産管理施設）が分布する東国の先進性・洗練度を、そうでない京と同じ尺度で測っても無益だ。それは、朝廷が根強く抱いた、関東・東北を無条件に野蛮・後進地帯と見なして蔑視した華《か》夷《い》思想（中華思想）と同じであり、古代朝廷の思考のシミュレーションとしては正解だが、歴史学としては不正解だ。そして、立場次第でどんな結論でも導けるこうした相対的な尺度とは一度訣別《けつべつ》せねば、〈武士とは誰か／何か〉という問いへの答えも、立場次第でいくらでも変転してしまう。だから本書では、こうした考え方は採らない（この京都文化と東国文化の問題は、以前に要点だけ論文に書いたが(8)、広く一般にも需要があると、授業や講演で話すたびに痛感する）。

†武士を判定する確かな尺度の不在――「兵の家」と延喜・天慶勲功者

読者はもうお気づきだろう。従来の武士成立論の欠陥は、信頼できる尺度がないことだ。「兵《つわもの》の家」という尺度らしいものはある。〝代々世襲的に兵（武士）を輩出する一家〟という意味だ。そしてその出身でない者が「兵」として振る舞っても、結局はうまくいかない（子孫が続かない）、という考え方があった。これは、武士であるためには個人的に強いだけでは駄目で、武士の血統に生まれなければならない、という原理を示していそうだった。それなら、〈武士とは何か〉という問題を極めてシンプルに解決できそうに見える。

しかし問題は、「兵の家」という尺度自体にある。誰かの生まれが「兵の家」か否かは、どう判定するのか。古代日本の戸籍制度は破綻《はたん》していたし、そもそも戸籍に「兵」かどうか記入する欄もない。どこにどうして生まれれば、「兵の家」に生まれたことになるのか。

常識的に考えれば、近い直系の祖先（父や祖父）が「兵」なら、その一家は「兵の家」といえそうだ。しかし、こうした考え方は必ず行きづまり、二つの疑問を生む。〈Aが武士であるためには、Aの父A′が武士でなければならない〉というなら、〈A′が武士であるためには、A′の父A″が武士でなければならない〉。ならば〈その父A‴も……〉という風に、この連鎖は永遠に続き、人類の始祖まで遡《さかのぼ》る。しかし、そんな馬鹿な話はない。

武士の先祖をたどれば、必ず父が武士でない段階に行き当たる。例えば、源頼朝《よりとも》は武士だ。彼の父義朝《よしとも》も、その父為義《ためよし》も、さらに世代を義親《よしちか》・義家《よしいえ》・頼義《よりよし》・頼信《よりのぶ》・満仲と遡っても皆、間違いなく武士だった。満仲の父経基も「兵（つまり武士）」だった確かな証拠がある。ところが、彼の父の貞純《さだずみ》親王は、親王なので当然武士ではない。そしてその父の清和《せいわ》天皇は、天皇なのでもちろん武士ではない。どの氏族も、どこかでそうなる。

どんな武士の家系にも、「兵の家」でなかった段階から「兵の家」に転換した世代がある。ならば、父が「兵（武士）」でない彼は、どのように武士になった（認定された）のか。その点、つまり右の連鎖が始まる原点を説明せねば、この原理は何の役にも立たない。

これについて、〝延喜勲功者《えんぎくんこうしゃ》〟や〝天慶《てんぎょう》勲功者〟[9]の子孫であることが「兵の家」に認定される要件だ、と説明する専門家もいる。延喜勲功者とは、醍醐《だいご》天皇の延喜年間に東国を荒らした「群盗《ぐんとう》」の鎮圧に功があった武人、天慶勲功者とは、朱雀《すざく》天皇の天慶年間に終息した平将門の乱や藤原純友《すみとも》の乱の鎮圧に功があった武人、という意味だ。

しかしこの説には、大きな弱点が複数ある。平安時代には地方（特に東国や東北）で多くの戦乱があり、勲功者も多数いたはずなのに、なぜ彼らは「兵」になれず、将門・純友の乱の勲功者だけが、「兵」になれるのか。その説明がない。

また、天慶勲功者が卓越した武力で大きな功績を挙げて「兵」として認定されたのなら、その武力はどこから出現してきたのかが、当然問題となる。その出所を、この説は延喜勲功者だと説明する。天慶勲功者を輩出したのは、東国の群盗鎮圧に活躍した藤原利仁《としひと》・藤原秀郷・平高望《たかもち》らの延喜勲功者である、と。しかし、ならばその卓越した延喜勲功者はどこから生まれてきたのか、という問いが当然続くのだが、この説はそれに答えない。

後にも述べるが、この種の説の致命的な弱点は、藤原秀郷や平高望が群盗鎮圧に活躍した証拠がないことだ。高望に至っては武人だった証拠すらない。しかも、群盗鎮圧に活躍した可能性が唯一ある藤原利仁は、子孫に天慶勲功者も、代表的な武士も輩出しなかった。

探究の出発点が史実と合わなければ、どんな興味深い話も砂上の楼閣で、一押しですべて崩れてしまう。本書はそれを避けたいので、絶対に動かない事実を出発点にしたい。

話の起点として信頼できる動かぬ事実は、三つ用意できる。①武士が領主階級であること、②武士が貴種《きしゅ》であること、③武士が弓馬術《きゅうば》の使い手であること、だ。

第二章　武士と古代日本の弓馬の使い手

†「武士」という言葉はいかに現れてきたか

昔の子供向けの学習漫画では、武士は〈平時は鋤《すき》を持って農民とともに田を耕し、「いざ鎌倉」という戦時には武器を執《と》って戦う存在〉として描かれていた。しかし、平安時代から室町時代までの信頼できる史料に、そんな牧歌的な武士は一人も出てこない。

武士は領主階級（領主になれる身分の人）だ。そして武士は決して民のように働かない。武士は「勧農《かんのう》」を行う。勧農は「農業を勧める」ことだが、内実は農業に励めと農民に命じ、そのインフラ（特に治安）を少し用意するだけで、決して自分では耕さない。いかなる形であれ、武士の主な収入源は、自ら生み出した富ではない。収入源が主人からもらう俸禄《ほうろく》であれ、民から直接取る税であれ、課税対象の産業が農業・漁業・林業・商業・工業など何であれ、それは変わらない。武士は、民の労働が生み出した富を直接収奪するか、誰かが収奪して再配分した分け前をもらう。民は生産者だが、武士は徹底した消費者だ。

実は「武士」という言葉自体が、右に挙げた武士の根幹的な性質を物語っている。「武士」と単なる「武人」は違う。しかし、その違いをきちんと説明できる人は研究者にも少ない。歴史学がその違いに注意を払わず、きちんと説明してこなかったからだ。

奈良時代初期の養老《ようろう》五年（七二一）、元正《げんしよう》天皇は各分野の優れた専門家に賞品を与え、その理由を「文人・武士は国家の重んずる所、医《い》卜方術《ぼくほうじゆつ》は古今に斯《こ》れ崇《とうと》し」と述べた。(10) これが「武士」という言葉の最古の用例である。表彰されたのは、明経博士《みようぎようはかせ》（儒教経典に詳しい）・明法《みようぼう》（律令に詳しい）・文章《もんじよう》（漢詩や漢文の作成に優れる）・算術・陰陽《おんみよう》・医術・解工《げく》（土木・工作）などの知識人・技術者や、和琴《わごん》師・唱歌《しようか》師などの音楽家と、「武芸」に優れる四人だった。その四人を元正天皇は「武士」と呼んだのである。

奈良時代末期の宝亀《ほうき》二年（七七一）にも光仁《こうにん》天皇が似たような表彰を行い、「明経・文章・音博士《こえのはかせ》・明法・算術・医術・陰陽・天文・暦術《りやくじゆつ》・貨殖《かしよく》・恪勤《かくごん》・工巧《こうこう》・武士」の一三分野、五五人を賞した。末尾の「武士」が元正天皇の時の「武芸」と明らかに対応し、「武士」は専門的職能の一分野として確立した。しかし「武士」と呼ばれたのは〝武芸に優れる個人〟にすぎない。彼らは後世の「武士」のような、社会集団にはならなかった。

†儒教・《礼》思想の導入と武士の蔑視

前近代では原則として、物ごとは重要な（貴い）順に並べる。右の一覧の先頭は「明経」＝儒学（儒教）で、これが古代〜近世に建前上、最も重要とされた朝廷の価値観だ。

古代日本に儒教が与えた影響は、計り知れない。飛鳥〜奈良時代、わが国は中国から様々な思想を導入した。その中で、聖徳太子や奈良の大仏を造った聖武《しょうむ》天皇などを思い浮かべて、仏教が最も重視されていたと誤解する人は多い。しかし、国家の統治理念を正しく導こうとする儒教に対して、仏教は、統治や個々人の死後の救済にどうやって仏の力を借りようかという、次元が異なる問題を扱う。いわば食事とデザートの関係で、儒教と仏教は別腹だ。生きた人間の統治を導くのは儒教である。

また、古代日本は中国から律令という完成度の高い法体系を学び、模倣した。そのため、古代日本を律令国家と呼び、〈律令国家の確立〉を何より重要な古代の出来事と考える古代史家が跡を絶たない。しかし、律令はどれだけ高度でも、統治の道具の一つにすぎない。重要なのは、その道具を使って実現されようとした社会、つまり統治思想の方だ。

儒教の根本にある《礼《れい》》こそ、その統治思想だったのだが、《礼》という思想についてきちんと教えてくれる本は、探してみても存在しない。古代史学界に探りを入れてみたが、今後もしばらくは、古代史家がそれに取り組む様子はなさそうだ。それでは不便、というより、古代（そして前近代）日本の理解が不可能なので、私の方で一通り調べてみたが、今は詳細を語る余裕がないので、本書と関わる結論の一部だけ示そう。

先の一覧では、「明経《みょうぎょう》・文章・音博士《こえのはかせ》・明法《みょうぼう》・算術・医術・陰陽・天文・暦術・貨殖《かしょく》・恪勤《かくごん》・工巧《こうこう》・武士」という職能が重要な順に並んでいる。その序列に従うと、古代日本の朝廷で最も重要なのは、儒学・《礼》を理解・実現する才能ということになる。最上位の「明経」は儒教の根本である経典を理解する才能、次の「文章」は儒教経典や関連著作を応用して作文する才能、次の「音博士」は儒教経典や詩文を正しく発音する才能である。

次に重要なのは明法、つまり《礼》の理念の実現を補助する法律学だ。次は、それらを補助する実用的知識の数学（算術）・医学（医術）・自然科学（陰陽・天文・暦術）など。学問が必要ない商人の才覚（貨殖）はその下で、愚直なら才覚すらいらない真面目さ（恪勤）はその下、土木や工作の技術（工巧）はその下で、底辺から二番目。そして武芸（武士）は、何と最底辺にある。儒学を重視する国では、「文」とは儒学関係の才能を意味し、常に最上位の価値があり、「武」の専門家は常に、最も低い価値しか認められなかった。

儒教が最も尊んだ産業は農業だ。一粒の種籾《たねもみ》から何十粒もの稲穂を実らせる農業は、まさに生産と呼ぶにふさわしい。しかし儒教を信じた古代中国・日本は、流通や加工が生む付加価値（活用可能性の拡大）を正しく評価できず、商工業（貨殖・工巧）を蔑んだ。商業はモノを右から左へ流すだけ、工業は既製品に手を加えるだけで、全体の富を増やさず、国家への貢献度が著しく低いが、社会に少しないと困る必要悪、という程度の扱いだった。

この、ほとんど価値を生まない（とされた）仕事より下等なのが、相手を傷つけ生命を奪う技能、いわば価値あるものを壊すだけの「武芸（武士）」だった。武士は、この底辺からのし上がったわけだが、「武士」は単なる荒くれ者ではないし、武芸者全般でもない。

†《礼》思想の身分体系（王・公・卿・大夫・士）と「武士」

養老五年の「文人・武士」という表現では、明らかに「武」が「文」と、「士」が「人」と対応している。この「文人」はただの人ではない。儒家《じゅか》（儒学の研究者・教育者や文筆家）であり、学者である。裕福な農民や商人が暇つぶしに学問に励む江戸時代のような現象は、古代にはない。食いつなぐのに精一杯の民が片手間に儒家となるのは不可能で、文人は必ず朝廷に仕えて禄をもらって食べてゆく廷臣《ていしん》だ。したがって「文人」の「人」は廷臣だけを指している。ならばそれと対比される「武士」の「士」も、ただの人ではない。

現代日本には「士業」という言葉がある。弁護士や公認会計士など「士」のつく仕事は専門性が高く、社会的地位も高く、場合によっては桁《けた》違いの収入を見込める特別な職業人とされる。こうした「○○士」は、試験さえ通れば誰でもなれる。しかし本来、「士」はそのような開かれたものではない。それは《礼》思想の、重要な身分標識である。

《礼》思想は、古代中国の周《しゅう》王朝の制度を理想的な社会と見なす。身分制度も例外ではない。それは王・公《こう》・卿《けい》・大夫《たいふ》・士の五段階で、周では天下の唯一の君主が「王」、王に国土と君主権を分与されて（封建《ほうけん》という）国を建てた諸侯が「公」、王や公に仕える最上層の臣が「卿」、卿の指揮下で王や公に仕える中級官僚が「大夫」、下級官僚が「士」だ。

わが国はこれを実情に合わせて読み替え、親王待遇でない皇族を「王」、大臣を「公」、三位《さんみ》以上を「卿」、卿未満で五位《ごい》以上を「大夫」、それ未満（おおむね六位）を「士」と呼んだ。古代〜中世日本では、「士」は六位以下で天皇に奉仕する廷臣だ。拡大解釈しても、その地位にあったか、今後そうなると見込まれるか、それを代々輩出する家の人までだ。

そして古代中国・日本では、王などに仕えて俸禄を食《は》む者（となれる階級）が「臣」、俸禄を食まず自活する者が「民」で、「士」は「臣」の一部なので、断じて「民」ではない。したがって、この階級出身の「武士」が純粋な農民から生まれる可能性は、原理的にない。

†武士の武芸は「弓馬」

武士がこうした領主階級であることは、武士の技能を習得するために決定的に重要だ。

武士の武芸が剣術だと誤解している人は多い。確かに、接近戦では太刀《たち》（いわゆる日本刀の長いもの）で斬撃・打撃を与える戦い方もあるし、最後に敵の首を取る時には刀（日本刀の短いもの）を使った。しかし武士成立論で重要なのは、武士が自分たちを必ず「弓矢（弓箭《ゆみや》《きゅうせん》）」に象徴させ、しかも多くの場合、「弓馬《きゅうば》」に象徴させた事実である。

武士は己を「弓矢（弓馬）の士」と呼び、己の生き方を「弓矢（弓馬）の道」という。近世の『徳川実紀』さえ、徳川家康の戦《いくさ》上手ぶりを「海道一の弓取《ゆみとり》」と表現したほどだ。「弓馬」は、実は法律用語である。律令では、「弓馬」は〝弓術と馬術〟ではなく〝歩射《ぶしゃ》と騎射《きしゃ》〟を意味する。[11] 歩射は地上に立って射る弓術、騎射は馬上から射る弓術である。そして飛鳥時代から、臣の武芸は「弓馬」と決まっていた。それは古代中国の《礼》思想に基づく考え方なので、武士が生まれる十数世紀も前から、実は決まっていたことだ。

†弓馬術の熟達に要する膨大な時間

重要なのは、弓馬の術が、農業の片手間に農民が扱える代物ではないということだ。理由は簡単で、弓馬の術があまりに難しすぎるからである。

『吾妻鏡《あづまかがみ》』という鎌倉幕府の記録を読むと、鎌倉幕府で弓馬の達者と呼ばれるために要求された弓馬芸の水準がよくわかる。一二世紀の末、平家に対抗して源頼朝が挙兵した時、信濃《しなの》の諏方《すわ》盛澄《もりずみ》という武士が遅れて合流し、日和見主義と疑われて捕縛された。しかしこの盛澄は伝説の武人藤原秀郷《ひでさと》の弓馬術の「秘決」の伝承者で、京では鳥羽の城南寺《せいなんじ》の恒例の流鏑馬《やぶさめ》で何度も射手《いて》を務めた。そのため頼朝は処刑を急がず、平家滅亡から二年後、鎌倉の鶴岡《つるがおか》八幡宮の放生会《ほうじょうえ》という祭礼の流鏑馬で、盛澄に技能を披露する機会を与えた。

　頼朝は盛澄にわざと悪馬を貸し与えたが、馬の世話係から馬の癖を知らされた盛澄は、見事、流鏑馬を全射（三発）的中させた。頼朝はさらに、小皿を挿《さ》した五寸（一五cm）の串を地面に三本立てて、小皿を射させた。弓は顔の高さで狙いを定めるから、顔の高さの的を水平に狙って射るのが最も容易だ。人間の骨格上も、水平に引き絞るのが最も容易で、的が上や下に水平から遠ざかるほど難しくなる。まして地面すれすれの小皿を馬上の高さから射るなど困難の極みだが、盛澄はこれもすべて的中させた。頼朝はまだ許さず、今度は地面に残った三本の串を射よと命じた。小皿でさえ狭い面なので当てにくいが、串は面ですらなく、一五cmの線にすぎず、表面積はないに等しい。しかし盛澄はこれもすべて射切り、頼朝はさすがに感激してその場で彼を赦《ゆる》し、御家人に加えた。(12)

　私はかつて、中学校から大学院まで一二年間、部活やサークルで弓道を嗜《たしな》み、しかも才能がなかった。だから盛澄への要求と、それを果たした彼の技能の異常さがよくわかる。それは私のような凡才が一生修練しても到達できそうもない、常軌を逸した水準である。

現代の弓道では、誰にも邪魔されない静寂な空間の中、動かない床の上で、好きなだけ時間をかけて狙い、たった二八mの距離から、動かぬ大きな（直径三六cmの）的を射る。それさえ、才能に恵まれなかった私には、あまりに困難な技芸だった。まして、混乱を極める戦場で、疾駆して揺れ動く馬の上で、極めて限られた時間内に、動く敵の小さな急所を射る武士の弓馬の術は、私から見れば神業に等しい、途方もない超絶技芸だ。

剣や矛《ほこ》・槍《やり》なら、素人でも力任せに振り回せばそれなりの武器になる。しかし、弓矢という精妙な武器は、徹底した訓練がなければ的の近くに矢を飛ばすことさえできず、習熟には膨大な時間を要する。私の経験を振り返ると、学校の弓術部では、四月に入部した初心者は弓に触らせてもらえず、ひたすら弓を彎《ひ》く動作の形《かた》を反復練習し、覚えたら弓を使って形の練習を繰り返し、まともに彎けるようになったら至近距離で矢を放つ形の練習を行う。そして的前《まとまえ》に立つ（実際に的に向かって射る）頃には八月の夏休みになっており、まともに（半分くらい）的中させられるまでには、さらに数ヶ月から一、二年の練習を要する。

†弓馬術の熟達は有閑階級にしか不可能

学校の弓術部員がほぼ毎日放課後の時間を練習に費やしている事実は、実は武士成立論にとって重大だ。弓術部員がわずか四ヶ月で的前に立てるのは、そうした練習時間が確保できるから、つまり部活に打ち込めるほど暇だからだ。それが弓術の核心である。生きるためのコストを保護者に依存し、勉強と部活に集中させてもらえる学生・生徒は有閑階級、つまり暇な時間を持てる特権階級にほかならない。農業などで自給自足で食べるための労働をこなしながら、あれほどの練習時間を確保するのは絶対に無理だ。弓術とは、膨大な時間を割いて訓練に没頭せねば習得できない技芸、有り体にいえば暇人の技芸であり、食うために精一杯の民が、戦場で敵を斃《たお》せるほど弓術に習熟できる可能性はない。

だから古代中国・日本では、徴兵された民は原則的に弓術を期待されない。逆に、主君からの禄で食べてゆける階級は、その余裕を主君のために最大限活用せねばならない。具体的には、主君の敵を最も効果的に斃し、主君を最も効果的に守れる最強の武芸＝弓術を身につけ、日々鍛錬し、いざという時に発揮する義務がある。それが、古代中国の《礼》思想の結論だった。日本のように文官と武士が完全に分離しなかった古代中国で、大夫以上の臣が必ず弓術を身につけ、士もできるだけ身につけるべきとされたのは、そのためだ。

弓術だけでもこれほど困難である上に、騎射で戦う武士は馬術にも熟達せねばならない。その訓練に要する時間は想像を絶し、しかも馬は生き物なので維持費（餌代）がかさむ。馬を飼い、操り、走らせて馬上から弓を射る、という高度な複合技芸を習得し、維持するための時間と経済的コストを、農民が生業の片手間に割けないのは、明らかだろう。

†弓騎兵の供給源——皇族・廷臣・民と蝦夷

実際、弓馬に熟達したわが国最初の騎兵は民ではなく、皇族や廷臣から現れた。『日本書紀』や『続日本紀《しょくにほんぎ》』によれば、飛鳥時代末期の天武《てんむ》天皇の時から平安初期まで、全皇族と全廷臣は弓矢と軍馬を各自常備し、弓術と馬術の鍛錬に日々励む義務を課せられ、定期的に、鍛錬の結果を天皇の前で披露するよう義務づけられた。それは《礼》思想を重視した天武が、弓術・馬術の習熟を、それが可能な有閑階級（皇族・臣）の義務と考えたからだ。平安時代まで五月の端午《たんご》の節日《せちにち》（五月五日）に行われた近衛府《このえふ》の騎射や、現代の葵《あおい》祭《まつり》でも行う馬の操縦術を競う競馬《くらべうま》は、実は天武朝の皇族・廷臣の軍事修練に由来している。

奈良時代に一度、朝廷は民に弓馬を習わせて騎兵化を試みたことがある。養老六年（七二二）、陸奥国《みちのくのくに》の辺境の民が賊の侵略を受けたため、朝廷は陸奥の民の税負担を軽くし、農業と養蚕を振興し、あわせて乗馬と弓を教習させたのである。[13]常識を逸脱して民が弓馬術を仕込まれた理由は、そこが陸奥《むつ》だったからだ。陸奥国は、出羽国《いではのくに》（現・秋田県と山形県の一部）を除く東北全域である。その陸奥では、奈良〜平安時代初期にかけて、日本と蝦夷《えみし》の紛争がしばしば起こり、奥地の辺境に入植した民は蝦夷の攻撃にさらされることがあった。その蝦夷こそ、圧倒的な弓馬術で日本の軍・民に立ちはだかった強敵であった。

一世紀後の承和《じょうわ》四年（八三七）、陸奥国が朝廷に、武器庫の「弩《ど》」の修理と指導者（弩《ど》師《し》）の雇用を申請した。[14]「弩」はボウガンに似た機械式の弓で、敵に狙いを定める間、引き絞った状態を自分の筋力で維持する必要がない、殺傷能力が高い武器だ。「蝦夷は生来、弓馬の戦闘に習熟し、通常の民一〇人でも蝦夷一人に敵《かな》いません（弓馬の戦闘は夷獠《いりょう》の生《せい》習《しゅう》にして、平民の十、其《そ》の一に敵《かな》ふこと能《あた》はず）」と陸奥国司は証言し、蝦夷の弓騎《きゅうき》兵（弓で戦う騎兵）に唯一対抗できる弩の整備・訓練が必要だと訴えたのである。

歩兵に対する弓騎兵の圧倒的な強さが、蝦夷の強さの源だった。そしてまだ日本に弩がなかった奈良時代には、陸奥の民も弓馬術を身につけねば蹂躙《じゅうりん》されるだけだったのである。

†聖武朝、騎射する富豪百姓を弓騎兵に登用

奈良初期の朝廷は、軍を弓騎兵中心にしようと本気で考えたらしい。神亀《じんき》元年（七二四）に聖武天皇が即位する頃までに、朝廷の実権は藤原不比等《ふひと》の子の四兄弟が握っていた。聖武の即位二年前の、陸奥の民の訓練も含む弓馬術重視の政策は、四兄弟の長男武智麻呂《むちまろ》が主導し、彼と歩調を合わせて出世した次男房前《ふささき》と、二人三脚で推進されたと思われる。

その流れを、聖武も加速させたようだ。神亀元年の端午の節日（五月五日）に、聖武は平城京の「重閣《じゅうかく》の中門《ちゅうもん》」（最も重要な政務・儀式空間である朝堂院《ちょうどういん》の、門の上にある楼閣）の

上から、兵を観覧する閲兵式を行った。(15) こうした閲兵式は、端午の行事としては初めてだった。三ヶ月前に即位したばかりの聖武の、強い意欲が感じられる。この時、親王から経済的余裕がある無位の者まで、つまり全皇族・全廷臣が動員されて騎兵を務めるよう命じられた。そのこと自体は、曾祖父の天武天皇以来の方針の踏襲で、目新しくはない。

しかし興味深いのは、「左《さ》・右京《うきよう》、五畿内《ごきない》、近江《おうみ》等の国の郡司《ぐんじ》、幷《なら》びに子弟《しだい》・兵士・庶民の、勇健にして装飾に堪《た》ふる者」を「猟騎《りようき》」として動員したことだ。「猟騎」は珍しい言葉だが、前後の閲兵式を参考にすると、〝美々しく軍装で装飾した軍馬に乗る騎兵〟を指すようだ。しかも騎馬の猟では騎射して獲物を狩るので、「猟騎」は弓騎兵と見てよい。

朝廷はその役を、京を中心とした地域の「郡司」「子弟」「兵士」「庶民」から選抜した〝勇猛・身体強健で見栄えもよい者〟に務めさせた。「庶民」の中にも、そうした戦士（弓騎兵）にふさわしい精神・身体能力の持ち主が一定数存在し、しかも国家に動員されていたことは注目に値する。ただしこの「庶民」は、我々が思う庶民とは違う。奈良時代には、後述のように墾田《こんでん》の私有に邁進して富を集積してゆく「富豪」百姓が現れた。生活に余裕がある彼らの中には、余暇を武芸の修練に費やす者が少なくなかったようだ。「猟騎（弓騎兵）」が務まるほど弓馬術に習熟した「庶民」も、そうした「富豪」の民にほかならず、その種の人々は奈良時代初期に、京中や諸国に一定数いたらしい。

†聖武朝、騎射する郡司と子弟を弓騎兵に登用

とはいえ、弓術も騎射も本来は廷臣＝「士」以上の身分に伴う責務としての武芸であり、本質的に高貴な身分と密着している。その技術に民がいくら習熟しても、その技術に伴う廷臣としての責任感（王や国や民を守る使命感や誇り）は期待できない。そして富豪の数は把握できないし流動的で、量的にも兵力の中核として不安がある。

そこで聖武は、右の閲兵式でもう一つの集団に着目した。身分的に廷臣の末端に連なるので統治者側としての自覚があるはずで、しかも弓馬術の担い手の供給源として量的にも質的にも安定的な供給が期待できる層、それが「郡司」と、その「子弟《しだい》」であった。

日本の国土は六〇あまりの国々に分かれ、国の下に郡があり、郡の行政を担う地方官を郡司という。中央で貴族が任命されて下ってくる国司と異なり、郡司は現地の有力者が登用され、彼らの多くは七世紀半ばの大化の改新より前から現地に勢力を持つ、国造《くにのみやつこ》などの古い伝統的豪族の末裔《まつえい》だった。つまり、郡司は領主階級であり、有閑階級である。

奈良時代に、その郡司から「子弟《しだい》」という集団が派生した。彼らは郡司の子弟（兄弟・子孫など男性の一族）で、百姓でないので徴兵されない。郡司自身は役人として仕事を抱えるが、その子弟は郡司の財力・権力で富裕に暮らしながら暇を持て余す、有閑階級の最

たるものだ。その彼らの中に一定数、暇と財力を弓馬術の習得に費やす者があった。

軍の一員でない彼らが強力な戦闘術を身につける動機は、まず地方の収奪競争で勝ち残るためだっただろう。弓馬術という最強の戦闘術は、地方の有力者同士の抗争で優位に立ち、民から効率よく搾取することに、大いに役立ったはずだ。また、中央での出世も見込める。律令制では、「郡司の子弟の強幹《ごうかん》にして弓馬を便《なら》ふ者（身体強健で弓馬術を心得た郡司の子弟）」を郡ごとに一人選んで国司が中央に貢ぎ、「兵衛《ひょうえ》」として勤めさせていた。(16)

†衛府の舎人とその出世

「兵衛」とは、兵衛府《ひょうえふ》という宮中の警備を担う衛兵組織の実働部隊である。それと同様に、天皇に密着して身辺を警備する近衛府《このえふ》にも、「近衛《このえ》」という衛兵の実働部隊がおり、これも近衛府が実技試験をして「弓馬を便《なら》ふ者」から採用した。(17) 兵衛府や近衛府（と衛門府《えもんふ》）を合わせて衛府《えふ》といい、末端の実働部隊の「兵衛」や「近衛」を衛府の舎人《とねり》という。

トネリは貴人の住居（殿《トノ》）に常駐して警護や雑用を勤める、身分の低い警備要員で、仕える主人ごとに様々な漢字を宛て、天皇なら「舎人」と書く（親王なら帳内、廷臣なら資人、地方官人なら事力）。トネリの提供は律令以前の古い形の主従関係の証の名残で、天皇の舎人のうち精鋭の内舎人《うどねり》（定員九〇人）には三位《さんみ》以上の廷臣（公卿《くぎょう》）の子全員と、四位《しい》・五位（諸大夫《しょたいふ》）の子で容貌端正・明敏な者だけが採用され、その他大勢は大舎人《おおどねり》（左・右の二群、各定員八〇〇人）や東宮《とうぐう》（皇太子）の舎人（六〇〇人）・中宮《ちゅうぐう》（皇妃）の舎人（四〇〇人）になった。彼ら天皇直属の舎人の本質は雑用係だが、それとは違い、警備員として治安維持を期待されたのが衛府の舎人だった。郡司の子弟が弓馬術に熟達すればそれに採用され、それを足がかりに中央と太いパイプができ、中央で出世する道も開ける。

平安初期に池原公綱主《いけはらのきみつなぬし》という人がいた。池原氏の本貫《ほんがん》（戸籍の登録住所）は左京（平安京の東半分）だったが（『新撰姓氏録《しんせんしょうじろく》』）、延暦《えんりゃく》一〇年（七九一）に綱主が「居住地に因《ちな》む姓を賜《たまわ》りたい」と望んで「住吉朝臣《すみのえのあそん》」姓に改めたから、(18) もとは摂津国《つのくに》住吉郡（現・大阪府住吉区）に住んだ一族だろう。改姓の申請に「池原・上毛野《かみつけぬ》二氏の先、豊城入彦命《とよきいりひこのみこと》（崇神《すじん》天皇の皇子）より出《い》づ」とあるように、池原氏は上毛野氏と同族で、上毛野氏は豪族だから、池原氏も単なる百姓ではない。池原（住吉）綱主は郡司富豪層と見てよい。

延暦二四年に七七歳で没した彼の没伝《ぼつでん》（正史で死亡記録に付された伝記）には、「好みて鷹《たか》・犬を愛《め》で、多く士卒の心を得」たとある。鷹・犬は狩猟で使う動物なので、狩猟を愛好したのである。また指揮官として人望が篤《あつ》く、極めて武官の適性が高かった。彼は「射《しゃ》を善《よ》くするを以《もっ》て近衛と為《な》る（弓術の特技が評価され近衛に採用された）」後、「人と為《な》り恪《かく》勤《ごん》、宿衛《しゅくえ》して怠らず（性格が実直で勤務精励、天皇の警備を怠らなかった）」という勤務態度が評価され、近衛将曹《このえのしょうそう》・近衛将監《このえのしょうげん》、そして近衛少将《このえのしょうしょう》まで昇った。将曹・将監は中央の下級廷臣が勤める近衛府の第四等官・第三等官で、地方出身の末端の近衛とは格が違う。近衛府の次官（第二等官）の少将に至っては、貴族と呼べる層の末端が就く名誉の高い武官で、位階も従四位下《じゅしいのげ》、つまり「通貴《つうき》」という貴族予備軍の上層部にまで食い込んでいた。また彼は近衛将監として京に常駐しながら、下総国《しもうさのくに》・常陸国《ひたちのくに》の大掾《だいじょう》（国司の第三等官の上席）も兼ねた。卓越した弓術が、郡司富豪層を貴族の末端や国司に昇らせたのである。

†〝有閑弓騎〟という考え方

このような、騎射を行う郡司・子弟《しだい》・富豪百姓の層は、武士の誕生に直結する。しかし、彼らを一括《くく》りに概念化する必要性が従来感じられなかったためか、彼らを呼ぶ適切な用語がない。その呼び名が本書にはどうしても必要なので、〝有閑弓騎《ゆうかんきゆうき》〟という造語で呼ぼう。

有閑弓騎は、食いつなぐための生産活動以外に割ける時間的余裕を持つ富裕層で（有閑）、馬上から弓で戦う騎射術を心得た人（弓騎）だ。富裕層とは、富豪の百姓か、その上の領主階級、つまり廷臣（俸禄や位・官職を持つ者）やそれを輩出する層（家柄）である。

聖武はその有閑弓騎を、平城京内・畿内《きない》・近江国から徴募した。畿内とは、京の所在国と周囲の、天皇の直轄地的意味合いを持つ特別な五ヶ国＝大和・山背《やましろ》（平安遷都後は山城)・和泉《いずみ》・摂津《つ》・河内《かわち》である。通常なら京と畿内だけで特別扱いされるところ、聖武の閲兵式は近江を加えた点で珍しい。どうやらそこに、有閑弓騎の正体が関わるようだ。

†賀茂祭の騎射——最古の騎射する人々

わが国最古の有閑弓騎は、山背と周辺国に現れる。飛鳥時代末期の文武《もんむ》天皇二年(六九八)、山背の賀茂祭《かものまつり》(上賀茂・下鴨神社の祭礼)に人々が群集して「騎射」するのを朝廷が禁じた記録がそれである。[19] さらに四年後の大宝《たいほう》二年(七〇二)、朝廷は同じ禁令を繰り返しつつ、山背国の住人だけには例外的に祭礼当日の騎射を許した。[20]

山背ばかりでなく、隣接する他国の郡司や富裕層にとっても、賀茂祭は日頃修練した弓馬術を誇示する披露会的な行事だったのだろう。しかし、古代・中世の祭礼は興奮と狂躁《きょうそう》の場になりがちで、ともすればすぐ闘乱が起こる。闘乱はしばしば印地打《いんじう》ち(石合戦《いしがっせん》)の形を取ったが、闘乱が騎射能力に優れた弓騎の間で起これば、大量の死者を出す大惨事になる。朝廷はそうした弓騎の暴徒化を警戒し、禁止したものと考えて間違いあるまい。

とはいえ、朝廷は山背の住人だけには、弓騎としての参加を許可した。平安京の造営以前から祀《まつ》られてきたこの地の地主神である上賀茂・下鴨神社を地元住民が祀る上で、騎射は確かに行うべき重要行事には違いないと、朝廷も認定したのである。しかし、騎射がなぜ祭礼にとって有益なのか。実はそこに、祭礼の本質が関わる。

古代日本でも中国でも、祭礼の本質は神や祖先霊の饗応《きょうおう》であり、要するに、祭とは神霊への接待である。「絃歌《げんか》酔舞《すいぶ》し神霊を悦《よろこ》ばさんと欲《ほっ》す（楽器と歌と酒と舞で、神を喜ばせたい）」と正史に明記された通り[21]、日本の神社祭礼は、神を愉《たの》しませ、喜ばせ、機嫌を取って、特別な力で人間に味方する（敵対しない）よう誘う接待なのだ。

食物や酒を供えるのももちろん接待の一部だが、同時に相撲《すまい》・流鏑馬《やぶさめ》などの高度な武芸、田楽《でんがく》などの歌舞、神楽《かぐら》などの音楽を披露するのも、すべて人間の能力の範囲内で極上の娯楽を提供する接待なのである。後の鎌倉時代、鎌倉の鶴岡八幡宮《つるがおかはちまんぐう》や京都の新日吉《いまひえ》神社の毎年の祭礼では、武士の流鏑馬が奉納された。疾走する馬から矢を射る極めて高度な騎射術を、選び抜かれた射手が演じる百発百中の流鏑馬は、神さえも夢中にさせられる、人間のとっておきの芸として披露された。その流鏑馬の同類であり、飛鳥末期の賀茂祭で地元の有閑弓騎が好んで行った騎射も、祭礼当日に神前で披露された以上、それに値する高度な技芸と自覚されて行われただろう。朝廷は賀茂社を尊重するため、いわば賀茂社の祭神が騎射を愉しむ権利を確保するため、地元住民だけに騎射を許可したのだろう。

賀茂祭で騎射する人々は、疑いなく奈良・平安時代の有閑弓騎の源流だ。その賀茂祭の騎射が制限されたのは、倭《わ》国が国号を「日本国」と改めた大宝律令（七〇一年）の制定以前だ。畿内周辺の有閑弓騎は律令や日本国より古い、倭国の時代に遡《さかのぼ》る存在なのである。

記録上初めての有閑弓騎が、山背に出現する理由は何か。山背は東で近江（淡海）国と隣接する。その近江こそ、聖武の閲兵式の弓騎兵の供給源に、畿内以外で唯一指定された国だ。その視点から見る時、近江の最も重要な特質は、亡命百済《くだら》人の入植地だったことだ。

†近江の百済遺臣・遺民と有閑弓騎の源流

倭国は、六六〇年に唐・新羅《しらぎ》連合軍に滅ぼされた百済の復興を目指す百済の残党を支援したが、六六三年に白村江《はくそんこう》の戦いで連合軍に敗れ、多数の百済の廷臣の残党（百済遺臣）と彼らの民（百済遺民）が倭国に亡命した。倭国の主導者の中大兄皇子《なかのおおえのみこ》（天智《てんじ》天皇）は彼らを近江国の琵琶湖の東に住まわせ、琵琶湖の対岸（西側）に飛鳥の本拠地とは別に造った大津宮《おおつのみや》という宮殿で自分も即位して、しばしば百済遺臣・遺民と接し、手厚く保護した。

その百済遺臣に余自信《よじしん》（余自進）という者がいた。彼は百済王族と同じ「余」姓で、百済の冠位《かんい》の最高位「佐平《さへい》」の地位にあった。彼ら旧百済王一族は奈良〜平安初期に「余」姓を捨て、日本人として「百済朝臣《くだらのあそん》」姓に改姓していった。その一人に、余河成《よのかわなり》という者がいた。仁寿《にんじゅ》三年（八五三）に死去した彼は明らかに日本生まれで、「河成」も日本人としての名だろう。彼は同族と同様に改姓を願って許され、「余」姓を改めて百済朝臣河成

図1　高句麗舞踊塚古墳壁画の騎馬武人の狩猟図
出典：金基雄『朝鮮半島の壁画古墳』より

と名乗った。その百済河成の没伝に、「武猛《ぶもう》に長《た》け、能《よ》く強弓《ごうきゅう》を引く」とある。(22)

実は、百済王室の祖の朱蒙《しゅもう》は、七歳で弓矢を自作して百発百中の腕前を誇り、弓術の達者を意味する「朱蒙」という現地の俗語をそのまま名前にしたとされる人物だ。(23)同じく朱蒙を王室の祖とする高句麗では、舞踊塚古墳《ムヨンチョンゴブン》《ぶようちょう》（中国吉林省輯安県。五世紀初頭頃）の壁画（図1）に描かれたように騎射文化が極めて盛んであり、百済王室でも同様だった可能性がある。その一族が倭国に亡命し、多数の百済遺臣・遺民と近江に定住した結果、近江には他国よりも盛んな騎射文化が持ち込まれて根づき、それゆえに聖武の閲兵式で、特別に弓騎兵の供給源に近江が指定されたのではないか。そして西隣の山背は、近江からその文化の影響を受けたのではないか。この推測が正しければ、畿内の有閑弓騎の弓射術は、少なくとも一部が百済の騎射文化に由来することになる。

†聖武、地方の有閑弓騎（健児）の掌握を組織的に整備

いずれにせよ、勝手に弓馬術を習得してゆく郡司の子弟や富裕な農民を、朝廷が軍に取り込まない手はない。前述の、神亀元年の端午の節日（五月五日）に聖武が行った閲兵式は、一世紀前の推古《すいこ》朝から、変容を重ねつつ散発的に行われてきた端午の閲兵式に、彼らを取り込んだ初めての試みであり、朝廷が彼らを初めて制度に組み込んだ画期でもあった。

その閲兵式の半月前、即位間もない聖武は坂東《ばんどう》九ヶ国の軍三万人に「騎射を教習」した(24)。それは民から徴兵した一般兵士全体に弓馬術を教練する、初めての試みだった。重要なのは、それが坂東出身者に限られたことだ。畿内・西国では郡司や富裕層など有閑階級にしか期待できない騎射の能力を、坂東では訓練すれば農民階級にも期待できた。坂東は西国と民の質が違い、畿内・西国より弓術との関係が密接だったようだ。

四世紀半ほど後の源平合戦期、東国事情に詳しい藤原範季《のりすえ》という廷臣が「西国と違って、東国の武士は夫《ふ》（末端の雑用係の従者）までも弓術に携わるので、西国の平家は東国の源氏に勝てません」と述べた（『愚管抄《ぐかんしょう》』）。源平合戦の勝敗と直結した坂東の広汎な弓術文

化は、聖武朝の頃からの東西の違いに源流を持つに違いない。西国の騎射文化は一部上流階級のものだが、東国の騎射文化は皆のものだった。その違いは、後に将門の乱という形で武士の存在感が初めて爆発的に発揮された場が、東国だった事実と無関係ではあるまい。

話を戻せば、聖武は四年後の神亀五年に、「諸国の郡司等の部下の騎射・相撲《すまい》及び膂力《りょりょく》有る者」、つまり騎射や相撲（素手の格闘技）ができる有閑階級を国司・郡司が日頃から把握・確保し、いつでも京へ貢げるよう備えよ、と命じた。[25] この階級集団は、朝廷が恒常的・網羅的に把握すべき、有用な人的資源（弓騎）のプールと認知されたのである。

そう命じたのは、彼らの有用性に注目して狙っていたのが、聖武だけではなかったからだ。古今東西を問わず、価値ある資源は、裏で不正に横流しした方が儲かる。そのため、国司や郡司らは、それらの人材を需《もと》めに応じて「王公卿相《おうこうけいしょう》の宅《いえ》」、つまり後に「王臣家《おうしんけ》」と呼ばれる最上層の貴人（皇族や上級貴族）に、私兵として提供していた。王臣家に恩を売り、出世や利得などの対価を得たのだろう。こうした有閑弓騎のあり方は、後に源平の武士が摂関家などに奉仕して、見返り（受領《ずりょう》への任官など）を受ける形の源流と思われる。

聖武朝は、右の人的資源に〝有力者の強健な子弟〟＝「健児《こんでい》」というラベルを貼り、一つの社会集団として把握した。閲兵式や坂東出身兵士の騎射教習の翌年の神亀二年から、七年後の天平《てんぴょう》五年（七三三）にかけて、近江国に健児が配備されていたことが『正倉院《しょうそういん》文書《もんじょ》』からわかっている。(26)近江が東国・北陸と畿内を結ぶ軍事的要衝だった上、弓騎兵となるべき健児の調達が可能な百済遺臣・遺民の集住地だったことも無関係ではなかろう。

教習の直後の天平四年、聖武朝は新羅方面を意識した海防強化のため、節度使《せつどし》を設置した。それは東海道・南海道などの「道《どう》」ごとに、一〇ヶ国前後の広域で軍事を総括・強化する重要な地位で、管内諸国で百姓から「健児」を徴募・把握することが役割に含まれたようだ。一旦、目を付けられた健児は、あっという間に軍制に組み込まれていった。

ただし、節度使は設置の二年後の天平六年に廃止され、天平一〇年に新羅との臨戦態勢が解かれると、健児の徴募・運用も止まった。前年の天平九年に武智麻呂が病死しているので、有閑弓騎を健児として組織化する方策は、やはり武智麻呂が主導していたのだろう。

†藤原仲麻呂、一般兵士に騎射を教習し三関国に健児を編成

聖武の没後、藤原仲麻呂《なかまろ》政権が天平宝字《てんぴょうほうじ》五年（七六一）に節度使を復活させたのは、父武智麻呂の政策の踏襲だろう。その節度使は、東海道節度使の場合、遠江《とおとうみ》より東の一二ヶ国で約一五〇隻の船と約一万五千人の兵士らを統轄し、兵士に中国の兵法書に基づく布陣・用兵の訓練を施し、兵器を製造させ、弓馬の訓練を施した。(27)兵士全体に弓馬術を教練する聖武朝の方針が踏襲されているので、聖武朝の節度使の仕事も同様だっただろう。

仲麻呂政権の節度使は、東海道では兵士一万五千人に対して、わずか七八人の郡司の「子弟」を率いた。彼らは、徴兵された一般農民とは出自も能力も異なる精鋭部隊だった。

仲麻呂は翌年、伊勢《いせ》・近江・美濃《みの》・越前《えちぜん》の「郡司の子弟と百姓」から、二〇〜四〇歳で「弓馬を練《ね》り習《なら》へる者（歩射・騎射を修練した者）」を選び、健児として軍に正式に組み込むという、採用条件を確定した。(28) 伊勢は鈴鹿関《すずかのせき》、美濃は不破関《ふわのせき》、越前は愛発関《あらちのせき》と、すべて東の敵襲から畿内を守る三関《さんげん》の所在国で、近江は畿内を守る最後の防衛線だ（平安初期に愛発関が三関から外れて近江の逢坂関《おうさかのせき》が加わる）。仲麻呂は、体力が充実した壮年で、弓馬術に熟達した者だけの精鋭部隊を、平城京を守る重要な防衛拠点に配備したのである。

奈良時代の朝廷、特に武智麻呂・仲麻呂親子は、こうして社会に自生する既存の弓馬術の担い手をスカウトし、組織し、制度に組み込み、通常の兵士とは切り分けつつ国家のために転用した。その手法は、摂関時代に朝廷が武士を「諸家《しょか》の兵士」として国家機構とは切り分けて把握し、国家に奉仕させた運用方法と変わらず、そこにも武士の源流が見える。

†徴兵制を廃止し富豪百姓から有閑弓騎を本格採用

もっとも、節度使が設置されたわずか三年後に仲麻呂が反乱者として敗死したため、一般兵士の弓馬術の教練が成果を挙げる前に、節度使自体が廃止された。陸奥の民に弓馬術を習わせる決定から一世紀あまり後の平安初期に、弩《ど》で蝦夷《えみし》の騎兵に対抗しようとした事実（四四頁）から見ても、陸奥の民は遂に弓馬術を習得しなかったと思われる。

古代の軍は「歩兵隊」と「弓馬を便《なら》ふ者」の「騎兵隊」で構成されたが、[29] 徴兵された農民に弓騎兵の能力は期待できなかった。生活に弓馬術が必要でない農耕民が、弓馬術に習熟できないのは当然だ。それに対して、「蝦夷は生活習慣として弓馬術に習熟している」（四四頁）。彼らは人生・生活が弓馬術とともにある狩猟民として、弓馬術を体得したのである。それは、民族レベルの根底的な生活習慣の違いに根差す以上、解消不可能な差だった。中国でも、農民から徴兵した兵が騎射に習熟したことはなく、何度も騎馬民族に徹底的に叩かれ、農耕民族に広く弓馬術を普及・習熟させるのは不可能だと証明してきた。

奈良時代末期の宝亀《ほうき》一一年（七八〇）、朝廷の政務を統轄する太政官《だいじょうかん》は苦言を呈した。「諸国の兵士の多くは軟弱で、免税特権（庸《よう》の免除）だけ享受して国防の役に立たず、国司や軍毅《ぐんき》（軍団の長）に勝手に労働に駆使され、軍事教練も施されず、支給された弓や馬も使わず、薪《たきぎ》や草を取って運ばされているだけです」と。徴兵された民は歩兵としても役に立たず、生産も納税もしない、社会のお荷物と化していた。そこで朝廷は遂に徴兵制を捨て、三関（伊勢・美濃・越前）の所在国と重要な辺境以外の兵士を解散させた。[30]

かくして軍の梃子《てこ》入れは、弱い兵の鍛錬を諦め、最初から強い兵をかき集める方向へとシフトした。右の兵士削減と同時に「殷富《いんぷ》の百姓の、才、弓馬に堪《た》ふる者（富豪百姓で弓馬術に堪能な者）」を探し出し、輪番制で勤務させ、「専ら武芸を習」わせたのである。

この方式は、富豪百姓に出世の機会を拓《ひら》いた。一世紀後の元慶《がんぎょう》四年（八八〇）、神服部《かむはとりべの》連貞氏《むらじさだうじ》ら一一人は「弓馬を便習《なら》ひ、軍士と為《な》るに堪」え、私財を費やして熱心に出羽国を警備した。彼らは「白丁《はくちょう》」（調《ちょう》・庸の納税義務を負う成人男子）＝百姓だったが、その功績で出羽国司に推薦され、「出身」した。[31]「出身」は初めて官人《かんじん》（廷臣）として立身する流れに乗ることで、父や先祖の身分が高ければ位階や官職を与えられ、民なら式部《しきぶ》省・兵部《ひょうぶ》省（文官・武官の人事を司る役所）に登録され、試験で優秀と判定されると兵衛や大舎人などの宮廷警備隊（四七～四八頁）などに採用された。

私財を辺境警備に費やせた貞氏らは、富豪百姓に違いない。彼らにとって、弓馬術の習得は、民から臣へと転身できる、つまり身分の壁を越えて俸禄と免税特権と支配層の身分を獲得できる近道の一つだった。そのコースに乗りたい富豪百姓は当然殺到し、結果的に納税を担う諸国の「民」が激減するという、別の弊害を生むことになる（一九二頁）。そして武士の中に、これらのコースを経て流入した富豪百姓がいた可能性は、かなり高い。

†光仁朝で有閑弓騎の供給源（郡司富豪層と廷臣）が出揃う

〈弓馬の使い手を肩書と無関係に集めて組織する〉方針が一度成立すると、最も有望な供給源は中央の廷臣だった。飛鳥時代末期に、天武・持統《じとう》・文武《もんむ》天皇らが一貫して、全皇族・全廷臣に武器・軍馬の常備と弓馬術の維持向上を義務づける施策を推進したからだ。

光仁《こうにん》天皇晩年の宝亀九年（七七八）、唐の使者の入京にあたって、警備と威儀のため、朝廷が京中から「六位已《い》（以）下《か》の子孫の騎兵に堪ふる者」を徴募すると、八〇〇人も調達できた(32)。これは、まだ廷臣が有望な有閑弓騎の供給源であることの証明だった。

ここで騎兵の徴募が六位以下の子孫に限定されたことは、武士成立論と関わって重要だ。古代から明治維新まで、廷臣の身分秩序は大きく三分された。最上位は法的に「貴《き》」、慣習的に「公卿《くぎょう》」と呼ばれる三位《さんみ》以上。中間層は法的に「通貴《つうき》」と呼ばれる四位《しい》・五位。最下層が六位以下だ。これらの間の壁は高く、よほどの功績がない限り越えられない。有閑弓騎の徴募対象を六位以下に限ったことは、この五位と六位の間の壁と対応している。そして《礼》思想を導入した日本では、周の身分制度を真似て、六位を「士」と呼んだ。

つまり、ここに史上初めて、「士」身分の有閑弓騎が組織され、一つの集団を形成したことになり、そこに武士の源流が認められる。そして宝亀九年のこの動員で〝郡司・子弟・富豪百姓〟と〝中央の廷臣〟という、有閑弓騎の二つの供給源が出揃った。ここからは話の都合上、前者を〝郡司富豪層〟と呼ぼう。郡司富豪層の出身母体・供給源は全国の地域社会だが、廷臣のそれは京であった。彼らは、当時の朝廷が動員可能な最強の戦士集団であり、そして一〜二世紀かけて、融合しながら武士を創り出してゆくことになる。

†桓武朝の有閑弓騎の総動員と徴兵制の全廃

二年後の宝亀一一年、北陸道諸国の軍が再編成され、「兵士已上《いじょう》、及び百姓の弓馬を便《なら》へる者」を、出身地の遠近に応じて合理的に配置するよう命じられた[33]。この時期にあえて再編成したのは、日本海沿岸諸国にしばしば外国人（主に対岸の渤海《ぼっかい》人）が来着（漂着）するにもかかわらず、兵士の教練が全く足らず、国防を危うくしていたからだ。

その三年後、桓武《かんむ》天皇の代に入っていた延暦《えんりやく》二年（七八三）に、朝廷は次のように命じた。「坂東諸国の民は虚弱で戦闘に堪えないと聞く。それを補うため有力な民や浮浪人の類で、「或《ある》いは弓馬を便《なら》ひ、或いは戦陣に堪《た》ふる（弓馬術や戦闘術を心得た）」者を平時から把握してあるのに、一度も兵として徴発していない。同じ皇民として、負担が不公平だ。そこで坂東八ヶ国に命じて、その国の「散位《さんに》の子、郡司の子弟、及び浮宕《ふとう》（浮浪人）等の類の、身、軍士に堪ふる者」を選び、国の規模の大小によって一〇〇〇人以下五〇〇人以上を編成し、武器の操作法の習熟に専念させ、軍事に備えさせよ」と。[34]

桓武は蝦夷との戦争の主力となるべき有閑弓騎の総動員に力を注ぎ、そこで新たに浮浪人や散位の子が捕捉された。浮浪人（浮宕《ふとう》）は戸籍上の本貫地を離れた人で、本貫地で支給される口分田《くぶんでん》を耕作せず、その税も納めない。そうして臣・民の責務から逃れるなら戦場へ行け、ということだった。また「散位《さんに》」は、位階を持つが官職に就かない廷臣をいう。位禄《いろく》（位階に伴う俸禄）を消費するだけで仕事を持たない彼らは、有り体にいえば朝廷に貢献していない。ましてその子など、父の位禄で養われているだけの、究極の穀潰《ごくつぶ》しだ。桓武はこうした穀潰し集団に対し、仕事がないなら軍事に貢献せよ、と定めたのである。

彼らはこうして純粋に実戦的な軍制の中に本格的に位置づけられ、しかも郡司子弟・浮浪人と、一緒くたに列挙されることで結合し、一つの集団を構成することになった。

五年後の延暦七年、桓武は蝦夷との決戦のため、「東海・東山道の坂東諸国の歩騎五万二千八百余人を徴発して来年三月までに陸奥国多賀《たが》城に集合させよ」と命じた。[35]その「歩騎」の主力は、従軍経験と勲功がある者（つまり使いものになると証明済みの兵）と、選抜された「弓馬に堪ふる者」（有閑弓騎）だった。そして約二〇万人の規模を誇った従来の軍団兵士は、四年後の延暦一一年に（大宰府《だざいふ》・奥羽の辺境を除いて）全廃された。戦場だけに、使いものになる兵だけを送るという、〝選択と集中〟の結果だった。

第三章　墾田永年私財法と地方の収奪競争

†平安前期の地方の収奪競争と王臣家

そうした戦力の〝選択と集中〟が決断された二年後の延暦《えんりゃく》一三年（七九四）、桓武《かんむ》天皇は長岡京を捨てて平安京に遷都した。その頃までに、日本が仮想敵としてきた新羅《しらぎ》との衝突は回避され、また桓武の子の嵯峨《さが》天皇が弘仁《こうにん》二年（八一一）に、光仁の代から続く蝦夷《えみし》との〝三十八年戦争〟をやめ、蝦夷との正面戦争も終わった。その結果、有閑弓騎《ゆうかんきゅうき》の騎射術は、地域社会の富の争奪戦で存分に発揮されることになる。

平安時代の地方社会は、二つの競争を軸に展開した。一つは、各勢力が民からの収奪をどれだけ最大化できるか、という収奪競争。もう一つは、民がその収奪から逃れて収奪する側に回るために、どう手段を尽くし、どの勢力と結ぶか、という脱出競争である。収奪競争という主軸に脱出競争が絡みつくとイメージすれば、わかりやすい。そうした利害の一致と衝突が無限に繰り返される中で、地方社会は救い難い混乱に陥る。そして彼らが荒らした地方社会に、武士が降り立ち、秩序を取り戻し、一つの決着をつけることになる。

古代の地方の収奪というと、国司（受領《ずりょう》）の横暴・貪欲を想起する読者が多いと思うが、それが本格化するのは摂関政治の最盛期頃、つまり武士が生まれた後で、それまで受領は脇役にすぎない。それまで収奪競争の主導権を握り、成長を重ね、最終的な勝者を生み出した母体は、王臣家《おうしんけ》だ。王臣家とは、皇族＋貴族（三位《さんみ》以上の上級廷臣）＋準貴族（五位以上の中級廷臣）で構成される、社会の最上層の総称である。上皇待遇の「院」や、天皇の妻子らを意味する「宮」を区別・特記して「院宮王臣家《いんぐうおうしんけ》」と呼ぶこともあるが、社会の最上層には違いないので、本書では特に必要な場合以外、王臣家と呼んで統一しよう。

王臣家の子孫を王臣子孫《おうしんしそん》という。武士はその王臣子孫から生まれ、王臣子孫の歴史は武士の歴史そのものとなる。そこで本書ではここから、王臣家の軌跡を跡づけねばならない。その主な材料は、『類聚三代格《るいじゅうさんだいきゃく》』という、律令の追加法令集である(36)。

†墾田永年私財法――王臣家、私有地の集積に目覚める

すべての始まりは、墾田永年私財法《こんでんえいねんしざいほう》だった。その有名な法令は、際限ない富の蓄積を可

能にし、それに気づいた国司・郡司富豪層・王臣家は、際限ない収奪競争に突入した。

養老《ようろう》七年（七二三）の三世《さんぜ》一身法《いっしんほう》で、荒野から開墾した田地（墾田）を三世代まで私有できる道が開け、公地公民制に風穴が空いた。そして二〇年後の天平一五年（七四三）に聖武《しょうむ》天皇が定めた墾田永年私財法で、遂に建前上、完全な私有の田地が法的に認められた。それは、墾田だという名目さえ立てば、土地の私物化が可能になったことを意味する。

この法令は、武士の誕生を準備する大事件だった。鎌倉時代以降も武士の重要な経済基盤だった、「開発私領《かいほつしりょう》」が存在する法的根拠が、ここに開かれたからである。この法令で、墾田が生み出す収益は永続化され、墾田を増やす努力と収益が正比例し始めた。それは開墾という投資に対するリターンが最も高くなり、それが未来永劫《えいごう》続くと保証された瞬間だった。したがってそれは、開墾の意欲がかつてなく、永続的に高まった瞬間でもある。

さらに、墾田の無制限な売買が可能になった。一個人の私物なので売る側は自分の一存で売れるし、買う側は将来朝廷に回収されるリスクがないので安心して買える。

これらの二つのメリットが認識された結果、権力者は猛然と墾田を開発・集積し始めた。

†国司の私利追求

ここで、話の大前提として、当時の地方行政の骨格を確認しておこう。日本の国土の行政区分は国―郡《こおり》―郷《ごう》の重層構造である。国の数は約六〇で、平安初期まで新設・分割・統合を繰り返したが、天長《てんちょう》元年（八二四）に多褹島《たねのしま》（種子島）が大隅《おおすみ》国に併合されて以降、最終的に六六ヶ国＋二島（壱岐島《いきのしま》と対馬島《つしまのしま》。国と同等）に固定した。

国の行政を司る官司《かんし》（役所）が国司で、守《かみ》・介《すけ》・掾《じょう》・目《さかん》の四階級（四等官《しとうかん》）があり、長官の守は前任者から国務の書類を受領して引き継ぐので「受領《ずりょう》」と呼ばれた。上総《かずさ》・上《こう》野《ずけ》・常陸《ひたち》では、平安初期に親王が長官（太守《たいしゅ》という）となる親王任国《しんのうにんごく》制度が成立すると、実務をしない親王に代わって介が受領になった。受領未満の国司は任用《にんよう》国司という。国司の四等官は京で任命されて下ってくる。国司には国の規模ごとに定員があるが、定員外でも権《かり》に任じる権官《ごんかん》（権守《ごんのかみ》など）なら増やせた。国司が勤める政庁を国衙《こくが》とか国府という。

国の下で郡の行政を司るのが郡司《ぐんじ》で、大領《だいりょう》・少領《しょうりょう》・主政《しゅせい》・主帳《しゅちょう》の四階級（四等官）がある。郡司、特に大領・少領（長官・次官）は、大化の改新以前の国造という地方豪族を継承したもので、郡司を輩出する家は一定範囲に限られた。郡司が勤める政庁を郡衙《ぐんが》という。

本題に戻ると、墾田永年私財法では、開墾を計画する者は国司に届け出る義務があり、三年以内に開墾に着手せねば別人に権利が与えられた。現地周辺の百姓の生業を妨げないよう、無闇な占有を防ぎ、同じ土地をめぐる開墾者同士の紛争を防止するためである。(37)

しかし、国司や郡司は民政よりも収奪に熱心だった。墾田永年私財法の二年前の天平一三年（七四一）、国司や郡司は「公事《くじ》」（天皇に奉仕する正式な職務）でもないのに百姓を駆り集め、「田猟《でんりょう》」に使役していた。田猟は野原を「田」の字形に柵で仕切って獲物を囲い込み、弓矢で仕留める狩猟だ。狩猟は獲物を追い込む役（勢子《せこ》）を多く必要とし、柵で囲い込む田猟ならさらに膨大な労働力を要する。勢子には百姓が動員されるが負担が大きいので、《礼》思想では、田猟は農閑期に天子（周王）か諸侯だけが行うべきとされた。

その田猟を、日本では国司や郡司が行った。受領が主催し、任用国司や郡司も結託して、狩の享楽と獲物の分け前を貪ったのだろう。「公事（公務）でもないのに」と非難された点から見て、国司らは「公事」と同じやり方で、つまり労働の対価を支払わずに百姓を勢子として狩に動員していたようだ。民の生活を安定させるべき国司が、むしろ民の労働力を私物化し、「民の産業を妨げている」と非難された。(38)

一世紀以上を経た貞観《じょうがん》五年（八六三）にも、国司らが鷹狩《たかがり》を好み、民の馬を奪って乗り捨てる不法行為が問題視されている。国司は百姓の労働力・資産の私物化と浪費をやめられなかった。朝廷はこれらを禁止し、違反者は罷免して「違勅罪《いちょくざい》」に問うと罰則を定めた。

†抑止力なき違勅罪と王臣家の免罪特権

勅《ちょく》は天皇の命令で、それに違反する罪が違勅罪だから、さぞ重い罰が科されただろうと考えたくなるが、全くそうではない。むしろ、この違勅罪の軽さ、抑止力のなさこそ、地方が無法地帯と化した元凶だった。専門家によれば、違勅罪は、実は律（刑法）に規定さえ存在せず、律令制の中で完全に浮いていた。そのため明法家《みようぼうか》（朝廷の法運用の専門家）の間で、違勅罪で罰する法的根拠を探して議論が起こるという、不思議なことが起こった。結局、勅が「格《きやく》」という追加法令の形を取ることに専門家たちは注目し、同じく追加法令である「式《しき》」の違反規定が応用できるという結論に至ったらしい。(39)

しかし、それはあまりに歯切れの悪い法運用だ。朝廷が違勅罪に対応する罰を法に設けなかったならば、その意味は一つしかない。朝廷には本気で罰する気がなかったのである。

律が定める刑罰は、笞《ち》・杖《じよう》・徒《ず》・流《る》・死《し》の五種類がある。細い木の枝で尻を打つ体罰が笞と杖で、一〇回ごとの等級があり、一〇回〜五〇回を笞、六〇回〜一〇〇回を杖といった。徒は肉体労役を強制する懲役刑で、最短一年、最長三年で、半年ごとに五等級あった。流は強制移住（追放）＋懲役刑で、距離ごとに近流《こんる》・中流《ちゆうる》・遠流《おんる》の三等級あった。死は死刑で、比較的罪が軽い場合は「絞《こう》（縛り首）」、重い場合は「斬《ざん》（打ち首）」だった。

実例から割り出されている違勅罪の刑は、徒一年半〜二年という程度の懲役刑だった。

重要なのはここからだ。古代日本では同じ罪に対して、地位の高い人間ほど罰が軽い。特に「六議《ろくぎ》」という六種類の特権階級は、処罰を減免する決まりだった。(40)六議の内訳は、

①天皇の親族、②天皇に長く仕えた側近、③賢人・君子と呼ぶべき大人物、④優れた将軍・政治家、⑤並外れた功績のある人物（莫大な軍功、他国からの帰化、他国への使者など）、⑥「貴《き》」の者（三位以上の位階を持つ者）である。

六議の該当者が罪を犯すと、死刑相当なら天皇の裁決を仰ぎ、律を一切考慮せず、事情を斟酌して個別に罰を定めた。死刑未満に相当する場合は、無条件に刑を「一等減《げん》じ（一段階軽減し）」た。[41] 流刑はすべて徒三年に、徒は一段階（半年）刑期を減らし、刑期が最も短い徒一年は杖一〇〇に、杖一〇〇は杖九〇に……、杖六〇は笞五〇に……、と続いて笞一〇が刑罰なしになる。要するに、天皇に近い人や三位以上の貴族は通常死刑にならず、無条件に罰が軽くなった。王臣家は、まさにこの階級にいた。

「六議」該当者より下の階層も、あまり事情は変わらない。その階層の内訳は、「六議」該当者の近い親族、四位・五位の者（「通貴《つうき》」という準貴族）、勲四《くんし》等《とう》以上（軍功に応じて授かる位）を持つ者である。流刑以下なら六議と同様に無条件に一等減じ、死刑相当の場合は六議と違って事情を斟酌せず、律を考慮して天皇が個別に裁決した。[42]

その下の階層、具体的には右の階層の人の近い親族や、六位・七位の人、勲六等以上の人の場合、流刑以下の無条件減刑は同じだが、死刑相当の罪で特別扱いされない。[43]

ただし、右の優遇規定を無効にする特別な八つの大罪＝「八虐《はちぎやく》」があった。謀《む》反《へん》（天皇に危害を加える)、大逆《たいぎやく》(天皇一家の陵墓や天皇の宮殿の破壊)、謀叛《むほん》(他国への亡命、反乱者への加担など、天皇以外を君主とする罪)や、尊属に対する殺害・暴力・罵倒などが含まれる。要するに、上位者(君主・親・上司・夫など)への適切な敬意、つまり《礼》を損なう罪が八虐だ。六議でも八虐を犯すと右の優遇を得られず、その下の階層なら八虐以外でも、殺人や職権乱用による姦通、盗み・誘拐・収賄などの罪で優遇が取り消された。

右の仕組みで、刑罰は確定する。しかし「官当《かんとう》」といって、廷臣は位階か勲位の剝奪と引き替えに減刑された。(44) 位階と勲位をそれぞれ「一官」と数え、親王・三位以上は「一官」の剝奪と引き替えに徒(懲役刑)三年と、四位・五位は徒二年と、六位〜八位は徒一年と相殺できた。流刑は徒四年と換算して同様に相殺できた。それでもまだ刑が残る場合、勲位という別の「一官」があればそれで刑と相殺できた。それでも刑が残れば、これまでの昇進で獲得してきた位階の位記《いき》(位を与えた証書)と引き替えに相殺できた。

それでも刑が残ったら、「贖《しよく》(贖銅《しよくどう》)」という銅を納める罰金刑になった。(45) 徒半年＝贖銅一〇斤《きん》(一斤＝六〇〇グラム)が相場だったようだ。(46) また、官当でお釣りが出てしまう場合(実刑より相殺可能な刑の方が大きい場合)は、剝奪は不当とされて剝奪自体が免除され、すべて贖(罰金刑)で済まされた。

要するに律令制では、八位以上の位階や勲位を持つ者、つまり廷臣のほぼ全員が、流刑以下の罪ならほぼ確実に実刑を免れた。この優遇の理由は、彼らが臣だ（民でない）からだ。そこには、《礼》思想の「礼は庶人《しょじん》に下らず、刑は大夫《たいふ》に上らず」という原則がある。

大夫以上の臣は手厚い俸禄で生活に余裕があり、学問を修める時間がある教養人で、理性的に善悪を判断して罪を悔い改められるので、刑の恐怖で悪事を禁《いまし》める必要がない。逆に禄の薄い士や禄のない民は、生活に追われて勉学できず、理性的な判断力に乏しいので、刑の恐怖で悪事に走らないよう縛るしかない、と《礼》思想は考える。死刑の適用について五位以上と六位以下に大きな差があるのは、日本では五位が大夫に該当したからだ。

この特権階級、中でも最も優遇される「六議」該当者の大部分、つまり天皇の配偶者一族や側近・功臣には、奈良時代以来、藤原氏が大量に進出していた(47)。大化の改新が天智天皇と藤原鎌足《かまたり》の二人三脚で達成され、天皇と藤原氏の共同統治体制で出発した古代国家は、最初から天皇と藤原氏のものとして構想されたはずだ。その国では、君主である天皇が決して処罰されないのと同様、藤原氏も支配者として処罰されない仕組みが必要だ。その仕組みを六議のような一般論として定めたため、藤原氏に限らず貴人一般（王臣家）が罰を免れることになった。ほぼ何をしても実刑を受けないこの法体系は当然、王臣家の犯罪を全く抑止できなかった。

実例を分析した専門家によれば、違勅罪は徒一年半〜二年に相当する罪だった。これに前述の減刑規定を適用すると、五位なら徒二年と相殺できるが、それだと刑より半年〜一年長く、位の剝奪は重すぎるので、贖銅三〇斤で済む。六位なら位階の剝奪と引き替えに徒一年が減刑され、徒半年が残るかゼロになり、徒半年も贖銅一〇斤で相殺された。この五位・六位こそ、王臣家の末端や国司がいる層だ。彼らは違勅罪を適用されても、位階剝奪か罰金刑で済む。そして、不正な儲けが罰金を上回るなら、罰金など経費にすぎなくなる。違勅罪が王臣家や国司の横暴を抑止できないのは、あまりに当然だった。

†開墾競争から疎外される国司

平城京から長岡京に遷都した延暦三年（七八四）、欲に目が眩《くら》んだ国司らは、利潤を求めて「貪って」開墾し、近隣の百姓を強制徴用して疲弊させ、百姓の農桑地《のうそう》まで侵略する無茶な収奪に走っていた。そこで桓武天皇は、原則として国司の「水田・陸田《りくでん》（畑）」の所有を禁止し、違反者からは収穫も田畑も没収し、国司を罷免し、違勅罪に問うと定めた。(48)違反を隠した「同僚幷《ならび》に郡司ら」も同罪とあるから、同僚の国司や郡司が結託し、国衙《こくが》ぐるみで違反を見逃し合う、持ちつ持たれつの関係が成立していたようだ。

大同《だいどう》二年（八〇七）、桓武の子の平城《へいぜい》天皇は方針転換し、畿内《きない》諸国の守に一〇町《ちよう》（和泉《いずみ》のみ八町）、介に八町、掾に六町、目に四町、史生《ししよう》（書記官）に二町まで田地所有を許した(49)

（一町は約一ヘクタール）。制限つきで私欲の追求を認めれば、暴走を抑制できると甘く考えたのだろう。

四年後の弘仁《こうにん》二年（八一一）、弟の嵯峨《さが》天皇は陸奥《みちのく》・出羽《いでは》の二国のみ、事前に計画を申告していない開墾地でも百姓の私財にすると認めた。当時、「土人《どにん》（本貫地《ほんがん》で口分田《くぶんでん》を耕作する者）」や浪人が申告せずに開墾し、後から巡検して没収しようとする国司と対立する騒動が頻発していた。それは陸奥・出羽では蝦夷《えみし》に対する防備の綻《ほころ》びを生むので、争いの種を除いたのである。(50)争いの中には、国司が制度を悪用して「申告がない」「手続きに不備がある」といい立て、強引に没収したケースがかなりあっただろう。開墾競争に参加できない国司は、国司の権限を駆使して、猛然と墾田の回収に走った可能性が高い。

†王臣家の出現、国司・郡司富豪層の癒着

ところがその国司の前に、強大な敵が立ちはだかった。国司より強い私兵と免罪特権を持ち、私利私欲のために法や国益を躊躇《ちゅうちょ》なく蹂躙《じゅうりん》する最上層の貴人、「王臣家《おうしんけ》」である。王臣家はブラックホールのように富と人材を飲み込み、従順な人材は富をかき集める手足として一体化し、従順でない者を蹂躙してゆく。

墾田永年私財法は、百姓にとっては開墾した田地を私物にできる法令だ。しかし王臣家

にとっては、百姓に開墾させた田地を私物にできる道を開いた法令だった。その墾田は、百姓に強制的に開墾させたり、百姓から買い叩いたり没収できれば効率的だ。それで生活に窮した百姓に高利で生活費を貸し付け、返済が滞《とどこお》ればなおよい。債務を肥大化させ続ければ、負債の返済という名目で百姓を無限に使役し、開墾させた田も無償で没収できる。

この怒濤の収奪の原点である墾田永年私財法の制定も、有閑弓騎を広く集めて軍に組織する初めての試みも、聖武朝の出来事だ。王臣家を軸に一つの問題へと収束し、武士の成立へと帰着するこの二つの前提が出揃った聖武朝は、武士登場の原点と呼ぶにふさわしい。

さらに聖武朝は、国司と郡司・百姓の娘の婚姻を制限する禁令を出した。その法は、前年の墾田永年私財法によって王臣家が墾田の集積に突入したことと、無関係とは考え難い。

その禁令は、「近年、国司が郡司や百姓の娘を妻（正室）や妾《しょう》（側室）にすることが多いので禁止し、違反者は罷免する。相手が隣国の女性でも禁止」と定めた[51]。零細な農民の娘と結婚しても国司には利点がないので、百姓とは富豪百姓のことだ。富豪百姓と婚姻関係を結べば、その財力を国司は使えるし、後述のように、富豪百姓は国司の差配のもとで郡司と年貢の徴収・京進《きょうしん》を行っていたから、婚姻関係で緊密に連携しておけば国司も仕事がスムースになる（というより、現地勢力との癒着は不可欠でさえあっただろう）。

しかし、国司が郡司・百姓と馴《な》れ合うと、朝廷・天皇の地方社会に対する威厳が保てない。また婚姻を梃子《てこ》に、国司が郡司・百姓と私的な主従関係を築いてゆくことも容認できない。国司は彼らの上司であり、天皇の代理人であり、それ以上でも以下でもいけない。

大化元年（六四五）の大化の改新以後、伝統的な豪族である国造《くにのみやつこ》の支配地域は段階的に評《こおり》《ひょう》という行政単位に編成され、国造は評督・助督（評の長官・次官）となり、大宝元年（七〇一）の大宝令で評が郡になると評督・助督は郡司（大領・少領）となった(52)。彼らは長い時間をかけて地域の支配権を積み上げてきたが、国司は中央から下ってきて彼らの既得権を吸い取る。したがって本来なら、郡司と国司の利害は対立するはずだ。

しかし、郡司・百姓の上に長く君臨して旨い汁を吸いたい国司と、国司に収奪（徴税）を委ねつつも原則四年の任期を設けて私物化を防ぎたい朝廷も、利害が必ずしも一致しない。そして郡司や百姓らには、いかに制度の枠内で既得権を守り、生き延びるかが重要だ。ならば国司を味方にして収奪に手心を加えさせ、むしろ自分も収奪する側に加わればよい。

かくして利害が一致した国司と郡司の間で、癒着を永続化する婚姻が流行った。それは国司が任期後も舅《しゅうと》として郡司・百姓を私的に支配し、次の国司を脅《おびや》かすことを意味した。

朝廷はこれを禁止し、違反すれば国司を処罰すると定めた。これは国司の悪事で、国司側に強い（邪悪な）動機があって、地方有力者との永続的な癒着に邁進《まいしん》したと見なしたのである。墾田永年私財法の翌年なので、その動機は、墾田集積への布石と見てよいだろう。

当時の結婚は、妻が実家を出て夫と同居する嫁入婚でなく、妻の実家に夫が定期的に通ったり転がり込む妻問婚《つまどいこん》（招婿婚《しょうせいこん》）だ。これは、国司にとって大変都合のよい婚姻形態だ。任期を終えた国司は京に帰って栄転か失業するが、失業しても妻の実家に転がり込めば、次の就職までその財力で暮らせる。しかも身分が（血統も位階も）はるかに高い元国司は、義父から丁重に扱われるだろう。元国司はその対価として、在任中に得たノウハウや人脈で新たな国司の収奪から守ってやり、結託して墾田の開墾や集積に邁進すればよい。

現地での支配的地位、それを背負ってきた伝統、それがもたらす現地人の信望を合わせ持ち、収奪や恫喝に最も有効な武力（有閑弓騎）を一族に持つ勢力、要するに一番使える現地勢力を、国司は抱き込もうとしていた。しかも婚姻関係である以上、郡司富豪層の娘が国司の子を生むことも計画の一部だったはずだ。その子はいずれ母を経由して、外祖父の財産を相続するし、その財産も開墾や墾田の集積によって今後大いに増える見込みだ。

†百姓の強制徴用で開墾する王臣家と称徳の新規開墾凍結令

ところが、八世紀半ば過ぎに、すでに「天下の諸人」が競って開墾を手がけるようになっていた中で、聖武の娘の孝謙《こうけん》（称徳《しょうとく》）天皇が田地の新規開墾を禁じた。

天平宝字《てんぴょうほうじ》八年（七六四）の後半、朝廷は大混乱に陥った。孝謙上皇に急接近する道鏡《どうきょう》と対立した藤原仲麻呂が、クーデターに失敗して敗死し、孝謙が道鏡に国政を主導する太《だい》政大臣禅師《じょうだいじんぜんじ》の地位を与え、淳仁《じゅんにん》天皇を廃して天皇に返り咲いたのである（称徳天皇）。仲麻呂の乱で国土が荒れた上、その年は干魃《かんばつ》がひどく、米価が暴騰した。翌年の天平神護《てんぴょうじんご》元年春には飢饉が深刻化し、京の行政を司る京職《きょうしき》が京で国庫の米を放出せねばならなかった。

ところがその飢饉の中、容赦なく「勢力の家（王臣家《おうしんけ》）が百姓を駆使」し、強制徴用して田を開墾させた。開墾が流行しても、「貧窮の民」＝百姓は対価もなく労働力を取られ、貯えもなく自活さえ困難だった。そして向上した生産力は、すべて王臣家が取った。

王臣家は免罪特権に守られ、多くの従者（家政機関の職員）を抱え、私的に人を動員できる富もある。しかも、動員の対価は彼らに収奪させた富の中から成功報酬で支払えばよく、その方が彼らは収奪に励む。王臣家はその動員力で百姓を責め、不当な安値で墾田を売らせても、不当に安い労賃で田を開墾させてもよい。富が富を呼ぶ実にうまいシステムで、王臣家は民を慈しむ素振《そぶ》りさえ見せず、収奪に走った。飢饉も戦乱も、百姓の餓死も、国家の都合も正義もすべて眼中になく、ひたすら墾田集積に邁進した王臣家の姿は、狂気さえ孕《はら》む。触れた者の正気を奪って欲望の権化にする〝富の私有〟の魔力が見えるようだ。

その状況が国家を傾けると見た称徳は、天平神護元年（七六五）、新たな開墾を一切凍結させた。(53)ここで一旦、開墾ラッシュは沈静化する。

この禁令は効いたようだ。藤原仲麻呂という強大な権門を軍事的に破って天皇に返り咲く、称徳の実力と強靭な意志を甘く見るのは得策でなかったのだろう。ただ、それは新規開墾の凍結にすぎず、開墾自体は国家の重要事業である以上、いつか必ず禁令は解除される。王臣家は沈潜して時を待った。その間、国司の土着も流行した形跡がない。称徳が新規開墾という無限の富の供給源の蛇口を閉めたため、土着の魅力が減ったのだろう。

†光仁の開墾解禁令と開墾競争の再開——王臣子孫と元国司の結託

その蛇口を再び開いたのは、称徳の没後に即位した光仁《こうにん》天皇だった。彼は宝亀《ほうき》三年（七七二）に新規開墾を解禁した。手ぐすね引いて待っていた王臣家は、怒濤のように地方社会を侵略し、私物化してゆく。朝廷はそれを見越して、開墾解禁に条件をつけた。「勢《せい》を仮《か》りて百姓を苦し」めるのは禁止する、という条項である。(54)

「勢」とは、地位・人数・武力などで他者を圧倒して何かを強制する権勢のことだ。王臣家はその「勢」の持ち主自身なので、開墾解禁令が念頭に置いたのは、現地で王臣家の権勢を「仮りて」威張りくさり、百姓を使役して収奪する何者かだ。彼らと組めば、王臣家も動員力を強めて「勢」を高め、収奪を効率化できるので、両者の利害は一致した。その何者かの正体は、天応元年（七八一）に光仁が没して子の桓武が即位すると明らかになる。

平安京遷都の三年後の延暦《えんりやく》一六年（七九七）、朝廷は九州の大宰府に太政官符《だいじょうかんぷ》（行政命令）を下した。(55) それによれば、この頃、九州では「秩満解任《ちつまんげにん》の人、王臣子孫の徒《と》、党を結び群居《ぐんきょ》し、同悪相済《どうあくあいな》し、官人に佞媚《ねいび》し、百姓を威淩《いりょう》し、農を妨げ業を奪ふ（任期満了後の国司や王臣の子孫が結束して集住し、手を携えて悪事を行い、役人に媚び、百姓を脅し虐げ、農業を妨げ生業を奪っている）」という状況であった。桓武はこれを非難し、禁止した。

「王臣子孫の徒」は王臣家の子や孫である。王臣家自身は高待遇で京で暮らせるが、その子や孫に過ぎない王臣子孫は、父や祖父に寄生し、その七光りのお零《こぼ》れで食いつなぐ。

この王臣子孫と結託して非難された「秩満解任の人」は、任期を終えた元国司だ。国司は任期が終わると豹変して、王臣子孫と手を組んで悪事を繰り返す、地域社会の害悪と化していた。ここに、先の問いの答えが見えてくる。王臣家の「勢を仮りて百姓を苦し」めた悪の元凶は誰か。それは、地方に拠点を設けて徒党を組んだ王臣子孫と元国司だった。

†王臣家の暴走の本格化——共有地の占有と荘園の浮浪人

右の一三年前の延暦三年（七八四）、即位から三年を経た桓武は、すでに王臣家対策に苦慮していた。本来、「山川藪沢《さんせんそうたく》の利」＝山地・河川・藪《やぶ》・湖沼などやそこから採れる資源は、様々な官司や百姓の共有地・共有物で、誰もが必要に応じて必要な分だけ使ってきた。ところがこの頃、王臣家や官司・寺院が山林の地を囲い込んで占拠し、資源を独占して、百姓を排除していた。その不法な占拠は周辺へ拡大し、境界線をねじ曲げ、近隣の氏族の墓地まで侵奪していた。桓武はこれらを禁じ、違反者や共謀者・隠匿者《いんとく》には違勅罪《いちょく》を科すと脅した。(56) 国司も王臣家と同様に「広く林野を占めて(占有して)」百姓の生活を妨げている、と桓武に叱責された。(57) 国司も役所も寺も王臣家も、組織力のある誰もが、土地・資源のなりふり構わぬ独占に血道を上げていた。

王臣家や寺院が争って開発・集積した膨大な墾田《こんでん》は、この頃までに、扱いやすい一定規模の田地の塊《かたまり》にまとめられて扱われるようになり、それらの塊が「荘《しょう》(庄)」と呼ばれ始めた。荘園の源流であり、専門用語で〝初期荘園〟と呼ばれるものである。

その王臣家の「荘」に、この頃から多数の浮浪人が流入した。本貫地を捨てた浮浪人は、口分田《くぶんでん》の班給とそれに伴う租《そ》を納める義務から逃れていたが、新たに自分の墾田を持てば、墾田の租を納めねばならない。彼らはこれを逃れるため、王臣家や寺院の墾田(荘園)に雇われて小作人になり、耕作の手間賃で食いつなぎ、納税義務は雇い主が背負った。

調《ちょう》(特産品の貢納)と庸《よう》(労役義務を物品に換算したもの)は人頭税なので逃れられないはずだが、王臣家やその威光を笠に着た王臣子孫・王臣家人《けにん》(王臣家に仕える人)の権威に、国司・郡司らは手が出せない。それを利用して、浮浪人は諸荘園に集まって王臣家の保護下に入り、納税を迫る国司から逃れた。

もちろん、王臣家も無料《ただ》で浮浪人を保護したりはしない。王臣家は見返りに、手先として使役した。その利用価値を認めて百姓を荘園に受け入れるか、門前払いにするかを決めるのは、荘園の現地を預かる責任者の「荘長《しょうちょう》」であった。

延暦一六年（七九七）、朝廷はこの状況を非難し、国司・郡司に毎年、浮浪者を全員数えて浮浪帳（浮浪人の登録台帳）に登録・更新させ、漏れなく調・庸を徴集せよと命じ、「荘長」が浮浪人調査に協力せねば逮捕して違勅罪に問う、と定めた。(58)ということは、実際には荘長が王臣家の権威を振りかざし、調査を拒否していたのである。

同じ日、朝廷は「親王及び王臣家の荘長」が個人的に「佃《つくだ》」を営み、主人の「勢」を借りて民の生活を脅かすのを禁じた。(59)佃は直営田で、収穫はすべて自分のものになるが、種籾《たねもみ》を用意して百姓に労賃を払って耕作させるのが普通だ。しかし荘長は王臣家の名を出し、同僚・部下を率いて威嚇《いかく》し、周辺の百姓を強制労働させて労賃も払わず、私物の田を耕作させた。この同僚・部下の一部は、保護した浮浪人だ。つまり百姓の内部にも、抑圧され続けるか抑圧する側になるかという、苛烈な競争があったのである。

これらの脱税・浮浪人・荘長対策は、延暦一六年八月に出された。一方、元国司・王臣子孫の土着と百姓陵虐《りょうぎゃく》・搾取を禁止した前述の命令は、わずか四ヶ月前に出されたものだ。時期的に近い上、荘長と元国司・王臣家の無法の内容もほぼ同じだから、両者は一つの問題と見てよい。

†所領（墾田）は半端な貴族制・官僚制から自立する収入源

元国司や王臣子孫が地方で収奪に血道を上げたのは、失業者だからだ。官職の数は一定なので、王臣家が栄えて肥大化するほど、就職できず、自分でうまい話を探さねばならない者が増える。古代の官僚制は、過当競争から大量の落ちこぼれを生み出す構造だった。

その問題点は、後世と比較すればわかりやすい。鎌倉・室町幕府の武士は、昇進するか罷免されない限り、自分のポスト（評定衆《ひょうじょうしゅう》・守護《しゅご》職《しき》や地《じ》頭《とう》職《しき》など）に終身在職できるし、それを子に相続させられる。かつて歴史学者は、武士が腐敗した貴族制を倒したといったが、とんでもない。幕府こそ純粋な貴族制だ。

それに対して、官職は全く違う。左大臣はいつまでも左大臣でいられないし、子が左大臣に昇れる保証もない。また親王の子や孫は、絶対に親王になれない。つまり王臣子孫、特に父の跡継ぎでない庶子は、親の地位を継いで王臣家になれる可能性が低く、自分で収入源（収奪先）を確保せねばならない。それらは、本質的に貴族制であるはずの社会を、建前上、無理に官僚制で運営したために生まれた矛盾である。

古代朝廷にも、貴人の子・孫が二一歳になると位階を無条件に与えられる「蔭位《おんい》」制度があった（皇族は五世王までの子、廷臣は三位以上の子・孫と四位・五位の子）。これが貴族社会を再生産していたと、古代史家はいう。しかし蔭位制では、一位の嫡子でも従五位下《じゅごいのげ》がもらえるにすぎない。そこから位を上げ、高い壁を越えて三位に昇り、真の貴族になるのは、親・外戚や私的な主人の保護と運動がなければ無理だ。実例に目を向ければ、貴族社会の根幹を再生産していたのは、権力者である父や祖父の政治力（子孫を高位高官に就ける人事権・発言権）だったことは明らかであって、決して蔭位制ではない。朝廷は幕府と違い、貴族社会を制度的に保証しきれておらず、貴族の末端は簡単に没落した。

鎌倉幕府の御家人や室町幕府の守護大名が簡単に没落しないのは、経済力の源泉が官僚制の俸禄《ほうろく》（給料）ではなく、世襲的に維持できて、継続的に富を生む所領だったからだ。

ここに、問題の正体と解決法が明らかだろう。不安定な生活を強いられる官僚制から自立し、安心して末永く暮らすには、世襲可能な所領を持つしかない。古代では、墾田の集積だけがそれを可能にした。それを目指して利害が一致した元国司と王臣子孫は現地でつるんで「党（目的を共有する人々が結束した集団）」を形成し、集住したと、延暦一六年の太政官符は証言する（七九頁）。このあり方こそ、武士団の原型である。

第四章　王臣家の爆発的増加と収奪競争の加速

†氷上川継の乱と左大臣藤原魚名の失脚

国司と王臣家《おうしんけ》・王臣子孫の利害は鋭く対立したが、実は彼らの本質に違いはない。国司の出身母体こそ、王臣子孫にほかならないからだ。任期後に失職して現地に居座る元国司は、ただの王臣子孫と変わらない。彼らが王臣子孫の「党」に合流するのは、自然な成り行きである。そして、こうした境遇の人物の中から、武士が胎動してくる。

桓武の即位から一年も経たない延暦元年（七八二）、氷上川継《ひかみのかわつぐ》の乱が発覚した。平城京の宮中で逮捕された武装した不審者が、主人の氷上川継の武装蜂起・桓武襲撃計画を白状したのである。川継の父・塩焼王《しおやき》は天武天皇の孫（新田部《にいたべ》親王の子）で、後継者のない称徳天皇の皇太子候補だったが、姉の夫の藤原仲麻呂がクーデターで彼を次期天皇に祭り上げたのが災いして、反逆者として殺された。乱の背景にはそうした父の不遇がある。

氷上川継は王臣家の一人だ。現天皇からこれほど遠い血統でも皇位を狙い、実際に天皇に牙を剝《む》くほど、王臣家の最上層が潜在的に危険で反抗的であることが、乱で露顕した。

さらに重要なのは乱の余波である。逃れた川継は捕えられ、死罪（八虐《はちぎゃく》の筆頭「謀反《むへん》」）相当のところ、亡き光仁上皇の喪中を理由に刑を免れ、伊豆に流された。その直後、川継と姻戚・交友関係にあった人々が多数失脚した。それは皇族や最上層の貴人・高官に及び、大伴家持《おおとものやかもち》や坂上苅田麻呂《さかのうえのかりたまろ》（田村麻呂の父）などの著名人も含まれた。

その延暦元年の六月、左大臣藤原魚名《うおな》が失脚した。魚名は不比等《ふひと》の孫、房前《ふささき》の子だが、藤原秀郷《ひでさと》の高祖父《こうそふ》（祖父の祖父）だったことが何より重要だ。魚名は光仁天皇が即位すると大納言に抜擢され、曾祖父の内臣《うちつおみ》（最も信頼する個人的ブレイン）藤原鎌足《かまたり》と天智《てんじ》の関係を真似るように、光仁から内臣に任じられ、光仁の晩年に急速に左大臣にまで昇進して廷臣首班となった。それが乱の直後に左大臣を罷免され、大宰帥《だざいのそち》として大宰府《だざいふ》へ下らされた。『続日本紀《しょくにほんぎ》』には「事に坐《ざ》して大臣を免ず」とだけあって(60)、罷免の理由がぼかされているが、時系列的に見て、氷上川継の乱の連坐と見てよい。ただし、それは冤罪だったようだ。『続日本紀』が事実をぼかす場合はだいたい、これを編纂《へんさん》させた桓武天皇の側に後ろめたさがある。事実、延暦四年（七八五）の藤原種継《たねつぐ》暗殺事件と、その黒幕とされて早良《さわら》親王

（桓武の弟）が皇太子を廃されて憤死した事件の記事は、早良の怨霊を恐れた桓武が後から削除させた。早良の処罰を冤罪と認め、歴史上なかったことにして、許しを請うたのである。(61) 左大臣魚名の失脚も冤罪だろう。

事実、摂津まで下ったところで発病した魚名に、桓武は逗留・療養を許し、一年後に京に呼び戻した。魚名はその年に没したが、五日後に「祖父不比等・父房前の功績に免じて許す」という、理由にならない理由で左大臣の官を返され、罷免・左遷の詔勅《しょうちょく》・官符《かんぷ》などをすべて焼き捨てる名誉回復を受けた。(62) 早い段階で冤罪だと気づかれたのだろう。

†元国司・王臣子孫の地方土着と藤原魚名の子孫

ただ、冤罪が判明する以前に、息子の鷹取《たかとり》・末茂《すえしげ》・真鷲《まわし》らは地方に左遷された。さらに、魚名には藤成《ふじなり》という五男もいたが、事件に一切名前が見えない。藤成の没伝《ぼつでん》によれば、父魚名が失脚した延暦元年に藤成は七歳だった。(63) 幼すぎて処分対象から外れたのだろう。魚名は藤成が八歳の時に没したため後ろ盾になれず、藤成は孤立した。

藤成は弘仁《こうにん》二年（八一一）に三六歳で播磨介《はりまのすけ》に、二年後に播磨守《はりまのかみ》に昇進し、九年後の弘仁一三年に四七歳で伊勢守《いせのかみ》在任中に没したことしかわからない。没伝によれば、吃《ども》る癖があって会話が苦手で、国司としても「可も無く不可も無し」という平凡な官僚で終わった。

左大臣の子でさえそこまで墜《お》ちるなら、藤成の子孫が京で出世できる可能性はほぼない。それは彼の子孫に、地方での生き残りと起死回生を狙わせる動機となっただろう。

鎌倉中期の建長《けんちょう》二年（一二五〇）、彼の子孫（秀郷の子孫）の有力御家人の小山長村《おやまながむら》は、「祖先の伊勢守藤成から私まで連綿と一六代、「下野国大介職《しもつけのくにおおすけしき》」を相伝してきた」と主張した(64)。「大介」は国衙で卓越した実権を持つ人を指したようだが、国や時代で内実が違い、よくわからない。知行国主《ちぎょうこくしゅ》（守《かみ》の任命権を持つ院宮王臣家）のいる国で、守が「大介」と名乗ることがあったが、藤成〜長村の一六代が下野守を世襲した事実はないし、知行国の制度は院政期までない。長村は捏造《ねつぞう》に近い誇張をしているが、秀郷流藤原氏が下野で積極的に生き始めた機縁が藤成の代にあることは、認めてよさそうだ。藤成の子の豊沢《とよさわ》は下野少掾《しょうじょう》になれただけだった。左大臣の孫が二世代でそこまで墜ちたのである。

氷上川継の乱がなければ魚名は失脚せず、藤成一家は没落せず、藤成の子孫が坂東《ばんどう》に土着する動機もない。しかも後に述べるが、藤成があの時期に播磨介に零落していたことは、秀郷流藤原氏が一流の武士になる上で決定的な鍵となる。氷上川継の乱と魚名の失脚は、めぐりめぐって、坂東にあのような形で秀郷という武士を輩出する準備をしたのである。

そして、元国司と王臣子孫が土着・集住して党を形成する傾向は、間違いなく秀郷のような武士を生み出す温床となっていた。その武士の温床が、延暦一六年という、平安時代の開始三年後にすでに形成されていた（七九頁）ことは興味深い。武士の源流は根が深い。前述のその年の太政官符は、元国司と王臣子孫の新たな土着を禁じ、すでに土着した人は京に送還すると定めたが、例外的に、今後も居住したいと願うなら可能な範囲で許し、その国の戸籍に登録せよ、と定めた。この例外規定で禁令は笊《ざる》法になった。住み続けたいと願わない土着者がいたとは思われないから、要するに全員の土着が追認されたのである。

もとより免罪特権を自覚する王臣子孫は命令を平然と無視するし、強制すれば癒着していた現地の有閑弓騎を従えて抵抗し、国司と紛争するだけだ。ならばせめて彼らを戸籍に登録し、現状を〝管理されている状態〟と見なそう、と朝廷は考えた。元国司や王臣子孫の土着は公認された既成事実となり、やはり朝廷はちょろい、と彼らは再認識しただろう。

†爆発的に増えた親王が収奪競争を助長

桓武は皮肉にも、この傾向を自ら促進した。比喩《ひゆ》ではなく文字通り、種を蒔《ま》いたのだ。前述の延暦一六年（七九七）の禁令は、「親王及び王臣家の荘長」の不法を非難した。ここに初めて、地方の収奪競争のプレーヤーとして、王臣家とセットで無法を働く「親王」が現れる。それは従来の王臣家より段違いに身分・待遇が高く、そのため、より権勢が強く、特権が多く、したがって、たちの悪いプレーヤーが参戦してきたことを意味する。

その禁令が漠然と「親王」と呼ぶ人々は、実は特定できる。桓武の子たちである。

飛鳥時代末期に天武天皇は多くの男子（親王）を儲けたが、天武の子の草壁《くさかべ》皇子は早世、草壁の男子は文武《もんむ》天皇だけ、文武の姉の元正《げんしょう》天皇は未婚で子がなく、文武の子の聖武天皇の男子も早世した一人だけ、聖武の娘の称徳（孝謙）天皇も未婚で子がない。その結果、称徳の没後に光仁が即位した段階で、親王は光仁の男子数人と、聖武の娘の井上《いのうえ》・不破《ふわ》内親王だけだった。井上は桓武の即位までに死去、不破は氷上川継の母なので乱に連坐して失脚、光仁の男子も桓武以外、問題の禁令が出された延暦一六年段階までに全員世を去った。禁令当時、桓武の世代までの親王は二人の女性しかいなかったのである。

ところが桓武の子の世代から、様相が一変する。彼らの大部分は延暦一六年までに生まれ、男子だけでも、皇后藤原乙牟漏《おとむろ》が生んだ安殿《あて》（平城《へいぜい》天皇）・神野《かみの》（嵯峨《さが》天皇）や夫人《ぶにん》藤原旅子《たびこ》が生んだ大伴《おおとも》（淳和《じゅんな》天皇）を筆頭に、伊予《いよ》・葛原《かずらはら》・佐味《さみ》・賀陽《かや》・万多《また》・葛井《ふじい》・仲野《なかの》・坂本・太田などの親王があり、桓武の皇子・皇女は何と三二人を数える。延暦一六年に百姓の搾取を咎められた「親王」の大部分は、実は彼ら桓武の皇子なのであった。

奈良時代には親王不足が変則的な皇位継承の元凶となったが、親王が多すぎる弊害も、すぐに目立ち始めた。朝廷の繁栄を約束する宝というべきその桓武の多数の子女こそが、桓武が建て直そうとしている朝廷を蝕む元凶になったのだから、皮肉というほかない。

朝廷がこれほど多数の親王を抱えたのは初めてだ。それは、親王身分の皇族の維持費の、未曾有の肥大化を意味する。さらに親王もそれぞれ複数の子を儲け、皇族が鼠算式《ねずみざん》に増えた。一人で四七人も子女を儲けた神野親王（嵯峨天皇）など（『皇族世表』）、一世代ごとの増え方も半端ではなく、本当に鼠のように増えた。朝廷が皇族の大部分に姓を与えて皇族から外す臣籍降下《しんせきこうか》を断行し、皇族の維持費削減を真剣に考え始めたのは当然である。

この親王の肥大化と、不法な侵奪者として親王が目立ち始めたのが、ともに桓武朝だったのは偶然ではあるまい。全体の数が増えれば、比例して無法者の数も増えるのが道理だ。しかも、重要なのは、不法な収奪に彼らの権勢を借りたい者が、地方社会に溢《あふ》れていたことだ。増えすぎた親王は彼らにその回路を多数用意し、そこに元国司・王臣子孫から郡司富豪層まで、様々な無法者が吸い寄せられた。彼らは、荘長などの現場の統率者の判断と私利私欲で吸収され、現地で勝手に肥大化し、親王の意向と無関係に収奪を働く。その仕組みのお蔭で、桓武の子の親王たちは存在するだけで地方社会の混乱を助長したのだ。

†国司・郡司の腐敗の進行

長岡京に遷《うつ》った二年後の延暦五年（七八六）、桓武は地方官の勤務態度の是正に着手した(65)。清廉な者や顕著な実績ある者を昇進させ、逆に解任する八つの条件を定めた。当時の国司・郡司の実態を示す解任条件の中身は、こうだ。①欲深く処置が不公平、②悪巧みをこらして名誉を追求、③際限なく狩に民を動員して生活を阻害、④酒に溺れて公務を放置、⑤一部の人の求めに応じて利益を誘導、⑥子弟を増長させ勝手に振る舞わせ、不公正な利益誘導の申請を公然と受理、⑦苛酷《かこく》な行政で多くの百姓が逃亡、⑧兵を統率できない。

桓武は嘆く。「国司や郡司が職務を怠り、中央への貢納物の未納を放置し、民間に横流しする。私欲がなく公正に民に接する者は一〇〇人に一人もなく、他人の富を奪い利潤を貪る者は一〇人中九人に及ぶだろう」と。国司・郡司制度は、朝廷の目をごまかして民から中間搾取するシステムに堕落していた。というより、律令制（大宝律令）の完成からわずか八五年後なので、律令制は発足の最初から腐敗と堕落を抱えていたのだろう。八年後の延暦一三年（七九四）に平安京に遷都したその日、すでに地方統治は腐敗しきっていた。

†物流の上流を押さえて良品を貪る王臣家

その後に進んだのは、腐敗の洗練と成長、整理統合だ。人は欲望を満たすためなら、凄まじい熱意と驚くべき頭の冴えと行動力を発揮する。収奪者たちは考えた。この国の富はすべて地方から京へ流れる。四世紀後、鴨長明《かものちょうめい》が『方丈記《ほうじょうき》』で「京の習《なら》ひ、何事《なにごと》につけても源は田舎をこそたのめる」と喝破した通りだ。京は、多数の河川から自動的に水（富）

が注ぎ込む湖のように、領主階級の取り分が居ながらに入ってくる、うまいシステムだ。

しかし、王臣子孫や元国司らには、朝廷からの再配分では足りない。下流の者は、常に上流で取られた残り物しか入手できないのだ。だから朝廷に流れ込む前に川を遡《さかのぼ》り、最上流の水源の近くに陣取り、富が湧いて生まれた瞬間に、欲しいだけ取るのが合理的だ。

その富の流れには二種類あった。一つは田地から農作物が年貢として京へ送られる流れで、王臣子孫らが地方の田地を目指すのは、その源泉を押さえて効率よく収奪するためだ。もう一つは、一部地域に固有の特産品や、国内で入手不可能な輸入品が京へ送られる流れだ。生産現場は無理でも、品々が運ばれる物流網の上流に遡って押さえることはできる。

桓武が地方官の勤務態度是正を命じた翌年の延暦六年頃、その発想で王臣家や国司は、争って蝦夷《えみし》から馬や奴婢《ぬひ》(奴隷)を購入していた(66)。陸奥《みちのく》産には最高級の名馬が多く、わざわざ陸奥に下って買い求めた人々の逸話は少なくない。奈良時代から陸奥国司は蝦夷から購入した馬(交易馬《きょうやくば》)を中央に貢納し、一〇世紀後半までに「陸奥国司の貢馬《くめ》(陸奥交易馬)」として制度化され、院政期には奥州藤原氏が貢馬を担い、それを滅ぼした鎌倉幕府が継承してゆく。この交易でしか入手できない馬を所有したい王臣家や陸奥国司が、流通網に殺到して二つの弊害を招いたため、桓武は蝦夷との私的交易を禁止した。

弊害の一つは利敵行為だ。実は、その禁止令の四ヶ月前、桓武は東海道・東山道に専任の担当官を派遣し、諸国の兵を選抜して検閲し、武器を点検させていた。蝦夷との本格的な決戦準備である。(67)朝廷は、先代の光仁朝に始まって桓武の子の嵯峨朝まで続く、三十八年戦争のさなかにあった。その中で、日本の百姓は蝦夷の特産品を買う代価として、綿や鉄を支払っていた。その綿は敵の防寒具となり、鉄は敵の農具となっていたのである。

第二に、蝦夷は「利潤を貪り」、馬を盗んで売り、良民（奴婢身分でない一般の民）を誘拐して奴婢として売る事件まで多発した。盗んで売ったことは、通常の流通経路で供給が枯渇したことを意味し、それは陸奥交易馬の朝廷への供給を圧迫したに違いない。

弘仁二年（八一一）に戦争が終わると、蝦夷との交易は利敵行為でなくなり、再び「権貴《けんき》の使《つかい》、富豪の民、互いに相《あい》往来し」、王臣家の使者や富豪百姓が奥羽で良馬の買い付けに動きだした。彼らは買い占めに走り、売る馬がない蝦夷にも無理に売るよう迫り、馬の値段は高騰し、百姓や陸奥国司は買えず、朝廷の「兵馬（軍馬）」の補充も止まった。王臣家や富豪百姓は、朝廷の物資調達（貢納品）の物流システムに目をつけ、経路の最上流で欲しいだけ横取りした。嵯峨は厳しく制止したが、効果は疑わしい。(68)

またこの頃、「渡島《わたりしま》の狄《えみし》（北海道アイヌ）」が入京したところ、王臣諸家が殺到し、朝廷への献上品の皮（ラッコか）を競って買い取り、売れ残りばかりが献上された。(69)延暦二一年に桓武はこれを禁止したが、処罰規定もなく、効果はなかっただろう。

延暦五年に桓武が地方官の勤務態度を嘆いた時、「国司・郡司が中央への貢納品を「民間の用に漏らし」、貢納品が不足する」と指摘した。実は国司自身が、集めた貢納品を朝廷に送らず「民間」に、つまり王臣家の使者や富豪百姓に横流ししていたのである。地方では王臣家も国司も、朝廷の物資を横取りし、欠乏させて一切顧みない状況だった。

†王臣家を債務奴隷にする高利貸の富豪百姓

興味深いことに、京ではその王臣家の一部が手玉に取られ、逆に搾取されていた。令制では、天皇の兄弟姉妹と子女を親王・内親王とし、その子孫を諸王（王・女王）と呼ぶ。彼らのうち、天皇の子・孫・曾孫・玄孫（五世王）までが「皇親」として禄《ろく》を下され、それ以降の世代は「皇親」扱いしないことで朝廷の出費を抑制した(70)。

皇親の禄は絹・布（麻など植物繊維の織物）・綿などで現物支給され、一部は自分で使うが、残りは生活必需品などの購入資金とするため、支給されるとすぐに売った。ただし、「売る」といっても今日の売却とは違い、質入れに近い。売って入手した現金（銭）は、期日までに利子をつけて返済せねばならない。返済できないと利子がかさみ、債務が膨らみ続け、売った品の担保価値が不足して担保の追加を請求されることになる。

世間知らずで禄が豊富な皇親たちは金銭感覚が麻痺しており、禄を下されるとすぐ目先の現金のために不当な安値で売ってしまう。それにつけ込んで「買う」人（銭を貸す人）は「所司豪民」、つまり関係する役所や富豪百姓であり、彼らは不当に多くの禄を担保に取り、返済期日までに利子が「一倍」になる利率＝年利一〇〇％の暴利で銭を貸した。彼らは「競って利潤を求め、好みて与へ借し」、次の禄の支給日に皇親に殺到して「濫訴《らんそ》（無闇に訴える）」した。「追加の担保をよこせ」と騒いだのだろう。延暦一八年、禄物を担保にした銭の利息は最大で「半倍（元本の五割）」までと定められた(71)。

京で富豪百姓が皇親＝王臣家を債務奴隷に転落させ、際限なく利潤を吸い取る、という関係を見ていると、王臣家はあくまで収奪の看板として利用されていた側面が強いように見える。もっとも、皇親も天皇にロビー活動して有利なルールを作らせたのであり、世間知らずな被害者面をしながら、狡猾な側面が否定できない。いずれにせよ、王臣家は収奪の主体となり、さらにそこに集《たか》る有象無象《うぞうむぞう》の収奪の拠点・旗印として利用されて、二重の意味で地方の収奪の元凶となっていた。桓武はその元凶、混乱を助長する種を自ら、親王という形で社会に大量にばらまき、解決案も残さずに没してしまった。

†土地を囲い込み、荒廃田再開墾に手を出し、国司と結託する王臣家

平城《へいぜい》天皇が即位すると、従来禁じられていた「佃《つくだ》」（直営の私有の田地）を一定面積まで

国司に認める規制緩和がなされた（七二頁）。少しでも法的に認められた田地があれば、それを現地の拠点として人や物資を集め、周囲の土地を侵略して私物化できる。その拠点は、寺社や王臣家の場合は墾田を集めた「荘《しょう》」だったが、国司の場合は「佃」だった。

わずか足かけ四年で平城が退位し、弟の嵯峨天皇が即位すると、開墾競争は加速した。開墾の申告と管理は、面積を基準に行う。田地の面積の単位は三六〇〇歩《ぶ》＝一〇段《たん》（反《たん》）＝一町《ちょう》で、一町がほぼ一ヘクタールに等しい（近代化の時、田地の単位を円滑に町からヘクタールに切り替えられたのはそのため）。開墾者は、荒野か荒廃田の所在と面積を国司に申告し、その面積分だけ開墾と墾田所有が認められた。開墾者が持つのは開墾前の荒地の所有権ではないし、もちろん申告外の田地も、完成した墾田以外の現地の土地も彼のものではない。

ところが、人々は不法に開墾予定地の「四至《しいし》」を標示して土地を占有し始め、嵯峨は即位二年後の弘仁二年（八一一）にこれを禁止せねばならなかった[72]。「四至」は領域の四方（東西南北）の境界で、「牓示《ぼうじ》」という標識が置かれた。国司の帳簿上にあるだけの数値、しかも開墾が果たされた場合だけ発生する未来の所有権が、現実の土地の上で主張され、囲い込まれ始めたのである。しかも開墾者は、開墾予定面積より広大な領域を囲い込み、四至の中に「官舎・人宅（既存の役所や住宅）」が含まれても配慮しなかった。

国衙《こくが》・郡衙《ぐんが》やそれに準ずる公有設備＝「官舎」を無視し、国司への申告を平然と無視したそれらの開墾者は、王臣家だろう。王臣家は開墾予定を口実に、国土のあちこちに線を引き、囲い込み、自分たちの土地だと主張し始めたのである。王臣家は墾田という限定的で合法的な〝点〟を足がかりにして、無制限かつ不法な〝面〟の支配へと乗りだし始めた。一三年後の天長元年（八二四）、常荒田《じょうこうでん》（荒れて耕作が放棄された田）を百姓が再開墾して耕作したら、その世代だけ所有を許すという、墾田永年私財法の基本ルールが再確認された。これは百姓の生活の資とする目的で、百姓だけに許したものだ。しかし、「勢家《せいか》」＝王臣家はこれを拡大解釈し、王臣家の主導で荒廃田を再開墾して王臣家のものとし、立法の意図とは正反対に、そのためにさらに百姓を強制徴用して苦しめた[73]。王臣家が新規開墾に飽き足らず、荒廃田の再開墾にまで魔手を延ばした一因は、桓武・嵯峨の子沢山《こだくさん》で頭数が増えすぎ、財源全体を拡大する必要に迫られたためだろう。

　こうした王臣家の勢力拡大に対して国司は、何と利害が一致して結託し始めた。流れはこうだ。前述の通り、延暦三年段階で国司は百姓の「撫育《ぶいく》（愛情をかけて育むこと）」に目もくれず、「或《ある》いは広く林野を占め、或いは多く田園を営み（広く山林を囲い込み多数の墾田の荘園を経営し）」、百姓を酷使して生活を脅かした。そこで桓武が是正を命じたが、「諸国の国司は朝廷の規範を無視し、「専ら私利を求め」、百の悪事に手を染めて一の改善もない」。国司は墾田を所有できないが、「或いは他人の名を仮《か》り多く墾田を買ひ、或いは言《げん》を王臣に託し競ひて腴地《ゆち》を占め（他人名義で多数の墾田を買い漁《あさ》り、王臣家の開墾事業を装って肥えた土地を囲い込み）」、法の抜け穴をくぐって開墾していた。その労働力は百姓の強制徴用で、すべての「民の失業（生活苦）」の元凶だった。そこで嵯峨は改めて国司の開墾・墾田所有を禁じ、違反したら国司を罷免し田地を没収すると定めた(74)。

ここに、平安初期の地方社会が迎えた一つの必然的結末が明らかだ。王臣家にとって、開墾計画や墾田を管理する国司は目障《めざわ》りで、逆に国司にとって、国司の権限を平然と蹂躙《じゅうりん》する王臣家は目障りだった。しかし両者が結託すれば、地方社会で恐いものはなく、自由に支配・収奪を拡大してゆける。その最適解にたどり着いた者が、この頃から現れ始めた。王臣家は国司に名前を貸し、国司の名では不可能な開墾事業を可能にした。もちろん、国司はこの借りに報いて、以後、国内で王臣家が何をしようと、文句をいわなくなった。

この結託は明らかに王臣家が優位で支配的、国司が劣勢で従属的な関係だった。開墾を禁じられている国司は、無制限に開墾できる王臣家に協力を仰ぐしかないのである。

それに対して王臣家は、国司を敵に回しても恐くないが、国司が文句をいわず、その権限で便宜を図るようになれば便利だ。そのあたりで、王臣家と国司の利害は一致した。

〝国司と王臣家の結託〟という何のひねりもない解決案は、もちろん昔からあった。聖武《しょうむ》朝の頃、国司は朝廷に貢ぐべき国内の有閑弓騎の人材を「王公卿相の宅《おうこうけいしょういえ》」＝王臣家に横流ししていた（五五頁）。そうした人材を網羅的にいち早く把握できる立場の国司と結託することで、王臣家は有閑弓騎を優秀な順に調達でき、精強な私兵を編成できたのだろう。

†年貢京進の責務に押しつぶされる郡司

一方、郡司層は拡大する王臣家勢力と険悪な関係にあった。実は郡司は年貢輸送の要であり、したがって常に、貢納品物流の横取りを狙う王臣家の標的となったからである。大同《だいどう》元年（八〇六）、平城《へいぜい》天皇は地方行政の実態を監察して改善を提言する観察使《かんさつし》を設置した。(75) 二年後、観察使は山陽道の播磨《はりま》・備中《びっちゅう》・備後《びんご》・安芸《あき》・周防《すおう》で、庸《よう》（税の一種。後述）などの未進《みしん》（未納）が延暦四年（七八五）〜二四年の二一年間分、累積していると報告した。(76)「延暦」年号は桓武が没した二五年で終わっているから、右の未進期間は延暦年間のほぼ全体、つまり桓武の治世のほぼ全体に及んだ。

未進が始まった延暦四年は、長岡京遷都の翌年である。一方、未進期間が終わる延暦二四年は、ちょうど〝徳政相論〟の年だった。その年、桓武は腹心の二人の参議・藤原緒嗣《おつぐ》と菅野真道《すがののまみち》に「天下の徳政（天下万民のために最重要の政策）」について論じさせた。そこで緒嗣は「方《まさ》に今、天下の苦しむ所は軍事と造作となり（今、天下万民は蝦夷《えみし》との戦争と平安京の造営に苦しんでいます)」と指摘し、戦争と造都の停止を進言して採用された。[77]つまり、延暦二四年とは平安京造営が終わった年だ。山陽道の庸の未進が累積した延暦四年〜二四年の二一年間は、要するに長岡京・平安京の大規模な造都が立て続けに、延々と続けられた期間とちょうど重なるのである。

この時期に山陽道では不作で、民は飢え続けた、と観察使は報告した。桓武の造都はあまりに民への負荷が高すぎ、税の未納を慢性化させた。平安時代の原点である平安京の存在そのものが、朝廷の税制を破綻《はたん》させていたのである。そして、その皺寄《しわよ》せは郡司に来た。

朝廷の税には、収穫米の約三%を取る租《そ》と、諸国の特産品を取る調《ちょう》と、庸(肉体労役を銭などに換算した税)があった。これらは国ごとに徴収され、租は国の不動倉《ふどうそう》という倉庫で非常時に備えて備蓄され、調と庸が官物《かんもつ》と呼ばれて京に輸送(京進《きょうしん》)される。輸送隊の人夫を京まで統轄する責任者を、国司は郡司や富豪百姓に割り振った。その責任者を、郡司が行う場合は綱領《こうりょう》といい、富豪百姓が行う場合は綱丁《こうちょう》といった。[78]綱領・綱丁の務めは大きな負担で、特に京から遠い国々、中でも東国や辺境の陸奥・出羽からの年貢京進の負担は計り知れない。

問題は、輸送中に生じた官物の紛失・欠損が綱領・綱丁の責任とされ、弁償させられたことだ。郡司富豪層は当然、負担とリスクばかり高いこの仕事を嫌ったが、さらに造都の負担で民は飢え、もはや税が慢性的に満額取れない。しかし綱領・綱丁はそれを満額、京進せねばならない。郡司富豪層レベルで責任の取りようがない、この無理な国家プロジェクトの尻拭《ぬぐ》いから逃れるべく、誰もが全力を尽くしたのは当然だ。平安遷都からわずか二年後の延暦一五年（七九六）、郡司は綱領に指名されても自分は逃げ、別人に代行させていた。年貢の紛失・損害があった時、弁償責任を逃れて知らん顔をするためである。

綱領の郡司はA国を出発し、国境を越えてB国に入ると「具合が悪くなったので代行者と交替したい」とB国の国司に申請した、B国の国司は「そういう事情でB国から先の綱領は交替した」とA国の国司に通達する文書を送り、手続きを済ませてしまう。桓武はこれを禁止し、さらに「結託した国司は郡司と同罪」と定めた。(79) B国の国司が事情を知らないふりをして、郡司の職務放棄に協力する場合があったのである。もちろん無料《ただ》で助けるはずがない。B国の国司は相応の見返りを得たはずで、それはまさにたった今、郡司が弁償責任から逃れたA国の年貢から郡司が横領して、支払われた可能性が高い。

†三十八年戦争の終結で地方社会に有閑弓騎が帰還

嵯峨天皇は破綻寸前の財政を救うため、一つの決断を下した。父の桓武は「軍事と造作」のうち造作（平安京造営）をやめたが、嵯峨はもう一方の軍事を永遠にやめると決断し、三十八年戦争を終わらせた。それは蝦夷の反乱を発端として光仁が宝亀《ほうき》五年（七七四）に着手し、桓武・平城・嵯峨と四代にわたって漫然と続いた、蝦夷制圧戦争である。

延暦二一年（八〇二）、陸奥の胆沢《いさわ》郡に辺境防備の拠点「鎮守府《ちんじゅふ》」が置かれた。そして嵯峨の即位から二年後の弘仁二年（八一一）の正月、胆沢郡の先（北）に、南から順に和《わ》我《が》・薭縫《ひえぬい》・斯波《しわ》の三郡が置かれた。郡の設置は民を定住させる準備、つまり住むべき民と治安の確保を意味する。後にこの三郡と胆沢・江刺《えさし》・岩手《いわて》郡を合わせて「奥六郡《おくろくぐん》」と呼び、平安末期には藤原秀郷《ひでさと》の子孫である奥州藤原氏が支配した。

陸奥・出羽両国で無届けの開墾地を保護したのも同じ弘仁二年正月で、他国にない特典で民の入植・定住を促したのである。翌月の二月には、俘囚《ふしゅう》（帰順した蝦夷）に支給される公粮《こうりよう》（朝廷が支給する食糧）の支給範囲を俘囚の子にまで拡大し、俘囚の懐柔も進めた。

同じ二月、陸奥出羽按察使《あぜち》の文室綿麻呂《ふんやのわたまろ》は、蝦夷制圧の総仕上げに陸奥の最深部の爾薩《にさつ》体《たい》村・幣伊《へい》村の進攻の許可を求めた。村といっても、爾薩体村は岩手県二戸《にのへ》市から青森県南部にかけての一帯、幣伊村は岩手県上閉伊《かみへい》郡・下閉伊《しもへい》郡の一帯にあたる広域で、大規模な決戦だ。嵯峨は翌三月に許可し、四月に綿麻呂を征夷《せいい》将軍に、出羽守大伴今人《いではのかみおおとものいまひと》と鎮守《ちんじゅ》将軍佐伯耳麻呂《さえきのみみまろ》と陸奥介坂上鷹養《みちのくのすけさかのうえのたかかい》を副将軍に任じて、最終決戦に向けた軍制を整えた。

その後、いくつか曲折があったが、七月に俘囚の吉弥侯部於夜志閉《きみこべのおやしへ》が俘囚の精兵を率いて幣伊村を襲い、さらに俘囚の吉弥侯部都留岐《きみこべのつるき》が爾薩体村を襲う計画が許可されて、八〜九月頃に実行されたらしい。一〇月の半ばから、多数の蝦夷の殺害・捕獲・帰順が報告され始め、先に帰順した蝦夷を陸奥・出羽に留め置きつつ、新たに帰順した蝦夷を当人の希望次第で内地諸国に移住させる計画を策定した。戦後処理が意識され始めたのである。

そして一二月、嵯峨は征討完了を宣言して綿麻呂以下に位を授け、翌月の閏《うるう》一二月には綿麻呂の進言通り、城柵《じようさく》（朝廷軍の基地）にしまい込む兵器・兵糧の運搬の警備や、前線だった地帯の城の防備、陸奥国内の防備のため計四千人だけ兵士を残し、ほかを解散した。

すでに桓武が、収奪の旗印となる皇親（王臣家）を無闇に増やし、二度の造都で百姓を貧困に追い込み、徴税を担う郡司を職務放棄に追い込んで、社会不安の火種を撒《ま》き散らしていた。そこに戦争から解放されて武力を持て余した有閑弓騎が大量に投入されたのだから、社会が荒れない方がおかしい。王臣家は増えた頭数に比例して、多数の私兵を必要としたに違いない。それは、戦地から帰還した有閑弓騎の格好の就職先だっただろう。

†「夷俘専当」藤原藤成と曾孫秀郷と蝦夷の騎射術

三十八年戦争の終結は、さらに二つの影響を武士の成立に与えた。藤原秀郷の祖先と蝦夷との接点を生み、桓武平氏の祖・葛原《かずらはら》親王と東国との接点を生んだことである。

前者から述べよう。三十八年戦争末期に朝廷に帰順した蝦夷（俘囚《ふしゅう》）は、日本各地に移住した（前述）。俘囚は移住先ですぐに、「国司が請願を真剣に取り上げない」と不満を募らせ始めた。放置すれば俘囚の生来の反逆心を呼び覚ます危険性があると判断した嵯峨は、弘仁四年に山陽道の播磨《はりま》・備前《びぜん》・備中《びっちゅう》と、九州北部の筑前《ちくぜん》・筑後《ちくご》・肥前《ひぜん》・肥後《ひご》・豊前《ぶぜん》に、特別な対応を命じた。介《すけ》以上の国司の一人を「夷俘専当《いふせんとう》」という専任の対応者とし、俘囚への対応に専従させたのである。その対象国に含まれた播磨では、介の藤原藤成が夷俘専当となった[80]。藤原魚名の子で、秀郷の曾祖父となる、あの藤成（八七頁）である。

俘囚と国衙の接点となる彼の仕事は、俘囚との特別に濃密な交流をもたらしたに違いない。そして蝦夷（俘囚）がこの機会に、藤成の一家に蝦夷の戦術を伝えた可能性が指摘されている[81]。その説では、それは疾駆する馬上から太刀《たち》で斬る剣術だといい、その伝来を〝戦術革命〟と高く評価しているが、論証が不十分で、残念だが本書では採れない。むしろ、蝦夷は「生来騎射に長じる」と定評があり（四四頁）、後に弓馬術が武士の代名詞となり、藤成の子孫の秀郷が伝説的な弓馬術の達人と評されたのなら、違う答えが導かれるはずだろう。藤成一家に戦術が伝えられ、それが武士の成立に影響を与えたとしたら、それは騎射術と考えるのが自然だろう。その異民族由来の特別な騎射術があってこそ、藤成の曾孫に秀郷という弓馬の達者が輩出された、という筋書きは、十分にありそうだ。

†葛原親王、東国に牧を獲得

三十八年戦争が終わった弘仁二年は、桓武平氏の成立にも重要な年だった。桓武平氏の祖は葛原《かずらはら》親王で、彼は桓武の皇子、つまり桓武が量産した収奪の元凶の一人である。仁寿《にんじゅ》三年（八五三）に六八歳で没した葛原親王の没伝(82)によれば、彼は桓武の三男で、天皇にならなかった桓武の皇子としては、ほぼ筆頭にいた。葛原は嵯峨天皇の兄だが、淳和《じゅんな》天皇も含めた兄弟三人は皆、延暦五年（七八六）生まれだ（皆、母が違う）。葛原は嵯峨・淳和と全く同じ時代を生き、そして最も長く生きた。延暦一七年に大伴《おおとも》親王（後の淳和）と同時に内裏《だいり》（天皇の居宅）で元服しているので、淳和と同じ程度には桓武に可愛がられたようだ(83)。

葛原親王は儒学に通じた学者肌の有能な官僚で、中国の史書に精通し、（儒教由来の）儀礼を司る式部省《しきぶしょう》の長官を務め、嵯峨・淳和・仁明《にんみょう》・文徳《もんとく》天皇の朝廷で特別に重んじられ、輦車《てぐるま》（人が牽《ひ》く貴人の車）に乗って宮中に入れる破格の特権を与えられた。その経歴に武人らしさは微塵もないが、そこからなぜ武士が生まれるかは、後に述べよう（第九章）。

三十八年戦争が終わった弘仁二年、葛原親王は嵯峨から上野《こうずけ》国利根《とね》郡の長野牧《ながののまき》を与えられた(84)。牧は朝廷の軍馬を生産・育成・管理する施設で、大多数が東国に置かれ、考古学的な痕跡によれば、東国の牧は五世紀まで、つまり馬が朝鮮半島から日本列島に輸入された時代にまで遡る。[85]古代日本では、馬の生産目的は第一に軍馬の確保である。つまり牧は戦争と直結しているが、葛原親王が蝦夷との戦争に携わった形跡はない。

少し前、葛原の妹の甘南備《かんなび》内親王が安芸《あき》国で牧の用地の原野三〇〇町を与えられた。[86]女性で、しかも当時五歳だった彼女（弘仁八年に一八歳で死去）が軍事に携わる可能性は皆無だから、その牧は純粋な収入源である。葛原が獲得した長野牧も、事情は同じだったと類推してよいだろう。葛原が牧を与えられた同じ月の半ばに、朝廷は戦後処理を立案している。とすれば、朝廷は蝦夷との終戦が見えたため、牧を、皇親に与える恩典として再利用し始めたのだろう。

重要なのは、多数の牧が東国の騎射文化の成長と、間違いなく密接に関連したことだ。東国の牧は北関東や西隣の信濃《しなの》に突出して多い。下野《しもつけ》では藤原秀郷流という伝説的で高度な弓馬術が生まれて子孫に伝わり、信濃国にも伝わって、頼朝に超絶技芸を披露した諏方《すわ》盛澄《もりずみ》のような（三九～四〇頁）、諏方社の神官一族らしき武士の諏方氏が伝承した。嵯峨にとってはただの恩典授与でも、葛原が北関東の上野に牧を獲得したことは、一世紀後までに子孫が有力な武士（騎射の使い手）として北関東に確立する重要な基盤となったはずだ。

†嵯峨朝で嵯峨源氏が、淳和朝で桓武平氏が成立

鎌倉幕府の成立に至る内乱（いわゆる治承《じしょう》・寿永《じゅえい》の内乱）を同時代の人が「源平合戦」と呼び、武士の代表格が「源平の輩《ともがら》」と呼ばれたように、武士を代表するのは源氏と平氏である。その源氏が初めて誕生したのは嵯峨朝、平氏が初めて誕生したのは淳和朝だった。

弘仁五年（八一四）、嵯峨天皇は多数の子女に「源朝臣《みなもとのあそん》」姓を与えて臣籍降下《しんせきこうか》させた。嵯峨が「男女稍《や》や衆《おお》し。未だ子の道を識《し》らず、還《かえり》て人の父と為《な》り、辱《かたじけな》く封邑《ほうゆう》を累《かさ》ね、空しく府庫《ふこ》を費す」（87）と述べたように、彼らの多額の俸禄《ほうろく》が国庫を圧迫したからだ。

以後、臣籍降下した天皇の子は原則として源姓を与えられ、嵯峨天皇の子に始まる源氏を嵯峨源氏という。嵯峨の時代以降、日本人の名は原則として漢字二文字となったが（藤原道長・源頼朝など）、嵯峨源氏は漢字一文字の名を持ち（源信《まこと》・源常《ときわ》・源融《とおる》など）、子孫まで頑なに守り続けた。その子孫に渡辺党《わたなべとう》という武士の一族が生まれ、「渡辺の一字名乗《なのり》の者共《ものども》」（『平治物語』中）と呼ばれて存在感を示した。もっとも嵯峨源氏は棟梁《とうりょう》格の武士を輩出できず、渡辺党も、源頼政《よりまさ》などの清和源氏の嫡流に、郎等《ろうとう》として仕えることになる。

嵯峨は弘仁一五年（八二四）に弟の淳和《じゅんな》に皇位を譲り、その淳和朝で、今度は桓武平氏が誕生する。嵯峨が子女を臣籍降下させても、皇親の増殖速度の方が上回っていた。桓武

の子（嵯峨の兄弟）が成長し、年長の者は孫まで儲け、収拾困難になっていた。淳和自身は子《こ》沢山《だくさん》でなかったが、増殖を続ける皇親全体のリストラは、断行せねばならなかった。

その淳和の苦衷を察して自ら手を挙げたのが、あの葛原親王である。淳和の即位から二年後の天長二年（八二五）、葛原親王は自分の子女を皇族から外し、「平朝臣《たいらのあそん》」姓を下されたい、と淳和に願い出た。歓迎すべき申し出だったが、葛原は淳和の異母兄である。桓武が重視し、嵯峨が加速させた《礼》思想では〝長幼《ちょうよう》の序《じょ》〟といい、兄が必ず弟より貴い。葛原は兄の嵯峨が払った自己犠牲に弟として追随したのだろうが、淳和も簡単に兄の犠牲を受け入れられない。淳和は兄に敬意を払い、兄の申し出を一度却下したが、葛原は同年中にもう一度申請し、今度は許可された。桓武平氏が地上に姿を現した瞬間である。

ただし、この時に平姓を賜《たまわ》った人々の子孫は、武士化していない。葛原の長男の高棟《たかむね》王（平高棟）は、没伝によればこの時二二歳で平姓を賜って臣籍降下し、文官を経歴して大納言まで昇り、貞観《じょうがん》九年（八六七）に六四歳で没した。彼は一度も武官を経歴せず、その人物も「好んで書伝《しょでん》（漢籍、特に歴史書）を読む」という学者肌だった。[88]

彼の子孫は桓武平氏高棟流といわれ、嫡流《ちゃくりゅう》は院政期までに、人生の大部分を諸大夫《しょたいふ》身分の実務官僚（弁官《べんかん》や蔵人《くろうど》）として過ごす「名家《めいか》」という家格を形成した。その子孫は平清《きよ》盛《もり》の妻・時子《ときこ》やその弟の時忠《ときただ》を出し、時忠の兄弟の子孫は後に安居院《あぐい》家・西洞院《にしのとういん》家などを立てて、近世まで続いた。彼らは純粋な文官で、武士化した形跡は全くない。子孫から武士を出した高見王《たかみ》（葛原の子）が生まれたのは、高棟らの平氏賜姓より後だろう。

†葛原親王と親王任国制度と牧――坂東の平氏の原点

葛原親王の息子が平氏になった翌年の天長三年、親王任国制度《しんのうにんごく》が発足した。これも増えすぎた皇親の処理に関わる制度で、その点で嵯峨源氏・桓武平氏の誕生と根が同じである。親王は天皇の子なので相応の処遇が必要で、位階は諸王・諸臣とは別系統の品階《ほんかい》（一品《いっぽん》～四品《しほん》の四段階）を用い、官職は主に八省《はっしょう》の卿《きょう》を与えてきた。八省は太政官《だいじょうかん》の下で行政を分担する中務省《なかつかさ》・式部省《しきぶ》・治部省《じぶ》・民部省《みんぶ》・兵部省《ひょうぶ》・刑部省《ぎょうぶ》・大蔵省《おおくら》・宮内省《くない》である。

桓武～淳和朝で、行政の枢要であるはずの八省の卿（長官）に、政務に熟《な》れない親王が無闇に就いた結果、行政に深刻な悪影響を与えた。朝廷は親王を八省の卿から外すため、代わりの地位として上総《かずさ》・常陸《ひたち》・上野《こうずけ》の三ヶ国の長官を用意し、太守《たいしゅ》と呼んで親王専用とした。それが親王任国制度だ。太守は全く収入源の意味しか持たない地位で、国の収益は無品《むほん》の親王（品階を持たない親王）の生活費に充てた。(89) 親王は京にいて一切政務に関与せず、次官の介《すけ》が受領《ずりょう》（実質上の長官）となった。

この親王任国制度の目的を、「王胤《おういん》を配することで王威《おうい》を坂東の地に再生する」ためだと主張する説がある。その説では、荒廃・混乱した地方社会を立て直すべく、天皇の権威を強く直接的に現地に届けるため天皇の子を国司に任命し、葛原親王もその役割を担った、という。彼の孫の高望《たかもち》王（平高望）が上総介《かずさのすけ》として坂東に赴任したのもその延長で、彼の「皇孫としての〝血統証〟は、坂東にあっては大きな力となったはず」なので、「王威を背にした武力の保持者」として現地制圧を期待されたという(90)。

こうした説は、古代・中世史家がしばしば表明する、比較的ポピュラーな考え方である。ただ唯一の欠点は、確実な裏づけが一つもなく、反証が豊富にあることだ。ここまで王臣家の行動を執拗《しつよう》に追ってきたのは、すべて、こうした誤解を避けるためにほかならない。

地方社会を荒らしたのは、王臣家の勢力（王臣子孫や王臣家人《けにん》）と、後に紹介する群盗だ。これまで見てきた動向の中で、王臣家が天皇の権威を少しでも尊重した形跡があっただろうか。まして群盗は、天皇の法を犯して略奪・殺戮を生業にすると決めた犯罪者集団だ。天皇を尊重しないと腹をくくった彼らが、天皇の息子などに恐縮する可能性はゼロだ。

そもそも親王任国の親王は現地に赴任せず、実務にも関与せず、遠い京の人事の手続き上・書類上だけの存在だ。そんな者が、どうやって自分の貴い血統や天皇の権威を現地に伝えるというのか。地方を荒らす人々に太守となった親王の存在を、実感させる術がない。下手をすれば現地人、特に群盗などは、親王が太守に就任した事実さえ、永久に知るまい。

しかも、葛原親王が武力を持っていた形跡は皆無で、むしろ学者で文人だ。高望王も武力を持っていた証拠が一切ない。証拠がない話や先入観から始まる話は、学問ではない。読者諸氏にはぜひ、大事なことを〝天皇の権威〟で説明して「証明終わり」とするような歴史の本を、すべて疑って欲しい。一般読者の目が厳しくなれば、歴史学は〝天皇権威〟という魔法の言葉でお茶を濁すことを諦め、もっと学問らしくなるよう腹をくくるだろう。

話を戻そう。親王任国制度や葛原親王は、次の意味で、武士成立論と大きく関係する。

重要なのは、親王任国の三ヶ国がすべて坂東にあり、うち二ヶ国の太守を葛原親王が経歴し、彼の孫・曾孫世代の平氏が常陸・上総などの親王任国に強固な足場を築いた事実だ。葛原親王は常に重要な地方官を帯び、弘仁三年に式部卿《しきぶきょう》で大宰帥《だざいのそち》を兼ね、天長七年に弾《だん》正尹《じょうのいん》で常陸太守を兼ね、承和五年（八三八）に式部卿で上野太守を兼ね、承和一一年に常陸太守に移り、嘉祥三年（八五〇）に大宰帥に移った。陸奥と国境を接する上野・常陸は、蝦夷との戦争を直接支える兵站《へいたん》基地として重要な国だ。そこに収入を取るだけの太守を、行政の手間を増やす非効率とともに押し込めたのは、蝦夷と終戦した余裕の産物だろう。

承和二年（八三五）、その葛原親王は甲斐《かい》国巨麻《こま》郡の馬相野という地に、「空閑地五百町」を与えられた[91]。それは開墾すれば膨大な利益を生む、桁《けた》外れに広い空閑地（未利用地）で、ここに葛原親王は、百姓を強制労働で開墾に駆使する王臣家として東国に立ち現れる。

こうして葛原親王は、多様な足場を東国に獲得していった。彼は当時、武士の誕生を促す、二つの顔を持った。第一の顔は、地方の有閑弓騎のなりふり構わぬ利潤追求の旗印として利用される王臣家。第二の顔は、騎射文化を最も直接支える牧の所有者だ。それらは本来全く無関係だが、双方を一身に兼ねる葛原親王は、両者を結びつける接点だった。

接点といえば、葛原親王が甲斐で巨麻郡の土地を得たことも見逃せない。甲斐は古い名馬の産地で、特に巨麻郡には、毎年八月に合計六〇疋《ぴき》の馬を天皇に献上する三つの牧（柏《かしわ》前《さき》牧・真衣野《まえの》牧・穂坂《ほさか》牧）や、小笠原牧・逸見《へんみ》牧・八田牧・飯野牧など多数の牧が集中する。だいたいコマ郡という名自体が、「ここは駒（馬）の生産地だ」と声高に主張している。

しかも、葛原親王が与えられた原野の地名は「馬相野」だった。「相」という字は「みる」と読める。「馬相野」は「うまみの」などと読み、牧で生産された馬の成長や品質を見極めるのに使う原野だったに違いない。つまり、葛原親王が手に入れた空閑地は、近隣の牧との非常に密接な関係のもと、馬の生産に関わる土地だった。牧そのものである上野の長野牧と合わせ、葛原親王が東国に得た土地は、すべて軍馬生産と関わっていた。そのような親王はほかになく、そこから騎射を得意とする子孫が生まれてこない方がおかしい、とさえいえよう。

清和源氏の義光《よしみつ》（義家《よしいえ》の弟）の子孫で甲斐源氏と呼ばれた武田氏の一族に、鎌倉幕府の創立に参加した小笠原次郎長清《ながきよ》・逸見冠者《かじゃ》光長《みつなが》という武士がいた。[92] 小笠原長清の子孫は、室町時代に信濃守護《しゅご》家《け》や武芸故実の家を出し、近世まで続いた。彼らの存在だけでも、葛原親王が土地を得た甲斐国巨麻郡内の小笠原牧・逸見牧が武士を生み出していた様子を推察させるが、より興味深いのは、平姓の小笠原氏だ。

全く同じ時期に、小笠原（笠原）平五《へいご》頼直《よりなお》という武士がいた。平五は〝平氏の五男〟を意味し、実際に源平合戦で「平家の方人《かとうど》（味方）」として木曾義仲《よしなか》を襲撃している。[93] 武士となった平氏は葛原親王の子孫だけで、平姓小笠原氏も例外ではない。彼らが土着した経緯は不明だが、小笠原牧を足がかりに力を蓄えた武士だった可能性が高く、その由緒の少なくとも一部は、同じ巨麻郡に葛原親王が広大な土地を得たことに由来する可能性が、かなり高い。

第五章　群盗問題と天皇権威の転落

†仁明朝の承和年間、群盗問題が始まる

仁明《にんみょう》朝の承和《じょうわ》年間（八三四〜八四八年）は、葛原《かずらはら》親王が馬相野《うまみの》に空閑地をもらったばかりでなく、武士の成立を促す出来事が相次いだ。何より重要なのは、「群盗《ぐんとう》」という弓騎《きゅうき》の犯罪集団が表面化したことだ。群盗の登場は、ただでさえ国司・郡司富豪層や王臣家《おうしんけ》が荒らしていた地方社会を、絶望的に悪化・複雑化させた。そして、単体では武士を生まない王臣家問題が、群盗問題を触媒として、武士を生み出してゆくのである。

群盗の正体は、王臣家人《けにん》と同じ層、つまり郡司富豪層の有閑弓騎が、王臣家を主人に仰ぐ手間を省いて、独自に集団行動したものだ。桓武朝の延暦《えんりゃく》一七年（七九八）に美濃《みの》国で、百姓襲撃の拠点として自宅を「群盗」に提供した人物が流《る》刑《けい》に処された、という記事が

「群盗」の初見だ。[94] また一四年前の延暦三年、遷都直後の長岡京で「物を街路に掠《かす》め火を人家に放つ」盗賊が増え、役所が駆除できないと問題になっていた。[95] 桓武は住人の自警団的な治安維持活動を徹底させ、見つけ次第処罰できるよう、「遊食博戯《ゆうしょくはくぎ》の徒《と》」に杖《じょう》一〇〇の体罰、「放火劫略《こうりやく》の類」は「法に拘《かかわ》らず」処刑せよと定めた。長岡京を脅《おびや》かした犯罪者たちは出仕も生業もせず、博打をし、通行人を襲ったり人家に放火して財物を奪った。この〝放火する押し込み強盗〟という犯行形態が、後の群盗と同じだ。

その後、平安京に遷都してからの約四〇年間、「群盗」という言葉は現れない。ところが仁明朝の承和年間から突然、〝群盗の時代〟が始まる。以後一世紀の間、群盗の被害や群盗捜索が記録上に溢《あふ》れ、問題は悪化の一途をたどった。そうした記録への現れ方から見て、群盗問題は一般的な盗賊ではなく、仁明の時代に特有の原因から生じた可能性が高い。

その〝群盗の時代〟は九世紀半ば～一〇世紀前半の、仁明・文徳《もんとく》・清和《せいわ》・陽成《ようぜい》・光孝《こうこう》・宇多《うだ》・醍醐《だいご》朝だ。それが摂関政治の胎動～確立期にあたることに、注意を払う必要がある。

仁明の即位から五年後の承和五年（八三八）、「畿内の諸国、群盗公行《こうこう》し（大っぴらに往来し）放火・殺人す」と最初の記事が現れる。[96] 二年後の承和七年には、京でも「群盗遍《あまね》く起《た》つ（群盗がそこら中で活発化した）」状況に至り、六衛府《ろくえふ》（六つの武官の役所）が「夜行《やぎょう》（市街の夜間巡邏《パトロール》）」に動員された。[97] それは実に、あっという間の出来事だった。

†群盗の実態と取り締まれない理由

「盗賊、群を為《な》す」と記録されたように、(98) 群盗は集団化した盗賊だ。群盗は、「放火・殺人」以外に何をする盗賊なのか。代表的な例を挙げてみよう。(99)

①昌泰《しょうたい》二年（八九九）、「去年より京畿《けいき》（京と畿内）の群盗蜂起し、人家を焼き、人を殺す」ので、左右近衛府《このえふ》・衛門府《えもんふ》が京中夜行を強化。検非違使《けびいし》が近郊の「野宮《ののみや》の群盗」を捜索したが逃げられた。

②延喜《えんぎ》四年（九〇四）、前安芸守《さきのあきのかみ》の伴忠行《とものただゆき》が「群盗の為に射殺」され京中の群盗を捜索。左衛門府《さえもんふ》が「群盗の首《こうべ》」を得、生け捕りした群盗に陽明門《ようめいもん》の前で着鈦《ちゃくだ》（足枷《あしかせ》を付けて獄へ送る）。

③延長《えんちょう》九年（九三一）、「近日、群盗、京に満ち、人の物を掠《かす》」めるので、左右近衛府・衛門府・検非違使に夜行強化を指示。

④承平《じょうへい》三年（九三三）、「近日、群盗、京中に入《い》り交《まじ》はり、人物を掠め取る」ので、衛府の夜行を強化。

⑤承平三年、左大史《さだいし》の坂上経行《さかのうえのつねゆき》が皇嘉門《おうかもん》（天皇の内裏や官庁が建ち並ぶ宮廷地域＝大内裏《だいだいり》

の門。宮中と市街地の境界）の前で群盗に衣裳《いしょう》を奪われる。
⑥天慶五年（九四二）、群盗が京極《きょうごく》の住宅で「財物を奪」う。
⑦天暦二年（九四八）、群盗が左少弁《さしょうべん》の橘好古《たちばなのよしふる》の執務室に入って「雑物を掠め取」ったため、衛府の夜行を強化。
⑧天暦三年（九四九）、群盗が紀伊守《きのくにのかみ》の藤原棟和《むねかず》の宅を襲う。

右を総合すると、群盗とは、通行人を襲って衣類や所持品を強奪し、住宅や役所に押し入って財物を強奪し、居合わせたり抵抗した人を殺害して放火する強盗団であった。

群盗の生態については、貞観《じょうがん》八年（八六六）に出された、六衛府の舎人《とねり》を取り締まる法令も参考になる。彼らについては後にまた述べるが（第六章）、彼らは地方のあちこちの神社で祭礼の宴に現れ、無理に賓客待遇《ひんきゃく》を要求し、争って宴会場に乱入し、酒食を貪り、帰り際に被物《かずけもの》（価値が高い衣類）を要求し、拒まれると怒って罵詈雑言を尽くし、「この祭の神がお前を呪うぞ」と「恐喝」して財産を強奪した。興味深いのは、彼らのこの振る舞いが「群盗に異ならず（群盗と同じだ）」と非難されたことだ。(100) つまり、六衛府の舎人が群盗化していたのであり、これが群盗の日常なのであった。

朝廷は何度も京・近郊の巡邏《パトロール》や群盗の拠点の捜索を行ったが、劇的な成果が出た形跡はない。群盗が最初から「公行（大っぴらに往来）」して隠れようともしなかったのは、衛府や検非違使が恐くないからだ。

衛府や検非違使が群盗を制圧できないのには理由がある。衛府は天皇の身辺や宮中・京中を警備する役所で、検非違使は衛府から選抜して「追捕《ついぶ》」（捜査・逮捕）に専従させた集団だ。そのトップ（衛府の督《かみ》や検非違使別当《けびいしのべっとう》）は、代々武官を経歴して武芸の伝統を誇る氏族が多く務め、弓矢と太刀《たち》で武装した人員が多く所属した。例えば文徳朝の天安二年（八五八）、「京中の群盗」捜索隊を率いた左近衛少将《さこんえのしょうしょう》の坂上当道《まさみち》は著名な田村麻呂の孫で、「当道、少《おさな》くして武事を好み、弓馬を便《なら》ひ、射《しゃ》を善《よ》くす」と記録された騎射の達人だった。[101]

しかし、衛府の業務を末端で担う実働部隊は舎人で、彼らの本質は警備員であって（四七～四八頁、一九三頁）、兵士ではない。つまり衛府の本質は警察力であって軍事力ではない。そして群盗の襲撃は合戦の様相を呈する時があり、それは警察ではなく軍で対処すべき種類の相手だ。

衛府とその職員が警察・警備員であって軍隊・軍人でないことは、武士成立論にとって極めて重要である。軍人には警察の真似事ができるが、逆は無理で、警察は軍隊になれない。そして、武士は疑いなく軍人だ。ならば、その武士（軍隊・軍人）が衛府（警察・警備員）から生まれるという説は、どうしても成り立たなそうなのである。

話を戻そう。仁明朝末期の嘉祥《かしょう》三年（八五〇）、六衛府の次官を分派して「京中の群盗」を一斉捜索し、左・右近衛府の舎人一〇人ずつに右京・左京を巡検させた。合計わずか二〇人で、それは時に一〇〇人を超える群盗に対して（一五六頁）、あまりに貧弱な数だ。

七年後の天安《てんあん》元年（八五七）にも「六衛府舎人」が旧平城京に群盗逮捕のため派遣されたように、(102)衛府の群盗取り締まりの実働部隊は舎人だ。しかし、後に述べるように（一九三頁）、彼らは免税特権のためにお金で舎人の地位を買い、京に上りもせず、全く職務を務めない幽霊職員ばかりだった。舎人の多くは実在せず、群盗追捕に動員しようがなかったのだ。

しかも、その悪徳の衛府舎人こそ、地域社会で略奪・恐喝を重ねて「群盗と同じ」と指弾された無法者だったことを思い出されたい。京で群盗を取り締まるべき衛府の舎人が、むしろ地方で群盗化していたのだ。彼らを用いて群盗を取り締まれるはずがない。

かといって、軍は三十八年戦争の終結を最後に、辺境の防備を残して解体されていた。では、「健児《こんでい》」として組織していた郡司富豪層の有閑弓騎をぶつけてはどうか。それも駄目だ。そこが問題の本質だった。恐らくその有閑弓騎たちこそ、群盗の正体だったのだ。

†経済的に追い詰められて群盗化する郡司富豪層

人はどうして「群盗」となるのか。延喜一七年（九一七）の「七月以後、炎旱《えんかん》は月を連ね、民庶《みんしょ》は飢渇《けかち》し、群盗は巷《ちまた》に満《み》つ」という記録がある。(103) 秋の収穫前の端境期《はざかいき》、食糧が最も不足する時期に干魃《かんばつ》が追い打ちをかけ、民は飢え、社会は「群盗」だらけになったという。あたり前のようだが、生活が極端に窮迫すると、人々は群盗になる。ならば、群盗問題が表面化した直前頃に、生活が破綻《はたん》し（かけ）た人々が、群盗の正体だと推定できる。

初めて畿内で群盗が表面化したのは承和五年（八三八）、京に突然充満したのは二年後の承和七年だ。ではこの頃、急速に生活が破綻しつつあった人々は誰か。それは、地方の収奪競争で最も損な役回りを負わされ、加速度的に生活が破綻し始めた郡司富豪層である。

前述の通り、彼らは綱領《こうりよう》・綱丁《こうちよう》に指名されて年貢の徴収・京進《きようしん》を請け負わされ、欠損が生じれば弁償させられ、民が満額納税しないと不足分の補塡を請求された。他人の納税逃れの責任転嫁で苦しむ綱領の郡司は、「諸司・諸家の出挙銭《すいこせん》を借り」て、不足分を穴埋めした。諸司とは様々な役所、諸家とは王臣家で、出挙銭とは高利の融資だ。彼らは安易な借金で、それも、あろうことか王臣家からの借金で問題から逃れようとしたのである。

役所から役所への金の融通は互助活動に見えるが、実態は余裕のある役所が窮乏する役所を食い物にする朝廷内部の苛酷な競争だ。そして富裕な王臣家も潤沢な資本で郡司を支援するふうを装い、地方行政そのものを王臣家の債務奴隷に仕立て上げようとしていた。

役所や王臣家に借金を返すのは誰か。それは、少なくとも自分ではない未来の誰かだ。今の日本政府と同じではないか、と思った読者は正しい。今の日本政府のように未来の誰かに借金返済を押しつけ続けると、最後にどう破綻するかを平安初期の郡司は教えてくれる。どうやら、盗賊になるしかなくなるらしい。今の日本はその轍《てつ》を踏もうとしている。

綱領・綱丁に指名された郡司富豪層は、こう考えた。今年逃れられないなら、未来に押しつけよう。綱領・綱丁は毎年替わるから、来年は自分ではあるまい。問題が起きても、表面化や解決を来年まで先送りすれば、困るのは来年の担当者であって自分ではない、と。

今年の綱領Aは、安易に王臣家などから借金して未進分を補塡し、京進する。その契約書には、「来年の綱領Bが利子をつけて年貢の中から返済する」と書かれていた。翌年、そんな借金契約など知らされていない綱領Bのもとに債権者が殺到し、元本+利子が回収され、年貢にはさらに大きな穴が空く。以下、その繰り返しだ。当時の記録に「利を廻《めぐ》らして本と為《な》し」とあるので、この融資は、利子が元本に組み込まれる複利計算だった(104)。

しかし当時、借金の複利計算は違法だ(『養老令』雑令)。したがって、次のようなことがあったのだろう。綱領Aが拵《こしら》えた借金を、翌年に綱領Bが年貢から返済しても、その年の年貢にまた穴が空く。その穴は補塡せねばならないが、綱領Bが自腹で補塡する義理はない。そこで綱領Bも、綱領Aの借入額+利子の総額を元本として新たに借金し、その債務を翌年の綱領Cに押しつけたのである。以下、その繰り返しで複利計算と同じになる。

ところで、こうした手段で損失を補塡できるなら、損失を水増しすれば利益にできる。記録には、彼らが「調庸《ちょうよう》の欠《けつ》を塡《う》め、并《なら》びに直《あたい》の物を減《げん》ず（調・庸の不足を穴埋めし、また手許に残った調・庸の品質が悪く納税額に足りない）と称して」借金したとある。朝廷には、消えた年貢のどこまでが本当に王臣家の横取りなのか知る由もなく、王臣家の横取り額を水増し（その分、自分で横領）して報告しても、発覚するはずがない。こうして、複利計算に加えて毎年不正が積み重なり、年貢未進はひたすら完済から遠のいていった。

記録には「動《ややもす》れば数倍と成り、年中に報《むく》ゆる所、殆《ほとほ》と万貫《まんがん》に及ぶ（債務は簡単に数倍まで膨らみ、毎年の返済額が一万貫にも及んだ）」とある。銭一貫（一貫文《かんもん》）は千文《もん》（千銭《せん》）、一万貫で一千万文だ。米価は建前上、銭一文＝米一合なので[105]、銭一貫文で米一石、銭一万貫は一万石の米に相当する。毎年それほど年貢を金貸しに吸い取られて、諸国の財政も綱領の生活も成立するはずがない。承和六年（八三九）、朝廷は京進年貢の補塡を目的とする融資を禁止したが、無視された[106]。

そして重要なのは、右の状況を上野国《こうずけ》が朝廷に報告した仁明朝の承和六年（八三九）が、ちょうど畿内の群盗発生の一年後、京の群盗発生の一年前だったことだ。時系列的に見て、群盗は、救い難い債務超過に陥った郡司富豪層の末路だった可能性が高い。

†年貢を強奪し天皇に挑戦する王臣家人――仁明朝の自力救済社会

六年後の承和一二年、摂津《つの》国司が次のように嘆いた。「租税の徴収・納付は郡司の役割で、集めた税からはまず官物《かんもつ》（中央の取り分）を納めるべきなのに、近年は京に届く前になくなってしまう」と。徴税の時期になると、京の「王臣諸家」の使者が「郡司及び富豪の宅《いえ》（当年の綱領・綱丁の家）」に乗り込み、封鎖して輸送隊を出発させず、「負物《ふもつ》（負債）をまず返せ」と迫って蓄えてある稲を持ち去る。綱領は次年度の綱領に全部押しつけようと考えているから、王臣家に対する負債は一向に完済されず、毎年こういうことが起こる。

しかも、王臣家の使者の王臣家人《けにん》の振る舞いがひどかった。王臣家人とは、王臣家に仕える人のことだ。彼らは、「負債を回収する正当な権利がある」と主張して「家印」を捺《お》した、王臣家（皇族や貴族）の家政機関が正式に発行した牒《ちょう》（通達書）を現地で振りかざした。そんな文書の存在が、中央に運ぶ年貢を強奪してよい理由にはならないはずだが、彼が間違いなく王臣家の使者だと証明できればよい。その権威で誰もが舌を巻き手を拱《こまね》いて、反抗をやめると王臣家人は信じた。現代の非行少年が、「俺たちのバックにはヤクザがいるんだぞ」と凄むと、周囲の対応が変わる（と非行少年が信じる）のと同じである。

国司が非難すると、王臣家人は様々な理由をつけて聞く耳を持たないばかりか、ほとんど正面から「公家《くげ》と争ふ」ような態度を見せた。一般に、「公家」は廷臣を意味すると思われているが、古代・中世では天皇や朝廷全体を指す。つまり、王臣家人は「天皇や朝廷と正面から争ってもいいんだぞ」といわんばかりの挑戦的な態度を平然と取ったのである。

彼らは、その程度のことで、自分たちが法的にも実力的にも処罰されないと知っていた。王臣家は手厚い免罪特権に守られ、王臣家人はその王臣家に庇護され、そして自分たちを捕らえて処罰・処刑できる力を、地方社会で誰も持っていないことを自覚していた。

朝廷は、王臣家が牒を振りかざして現地で財物を奪うのではなく、国司に牒を送って債権を主張し、国司が法に従って処理するよう、五畿内に命じた。しかしもちろん、実力による債権回収で何も困らない王臣家の中に、その定めに従うお人好しはいなかった。

承和一二年の摂津国司の報告書は、右の状況を「頃年《けいねん》（ここ数年）」の様子だという。七年前に畿内で群盗が、五年前に京中で群盗が発生している。郡司富豪層が右の年貢強奪で余計に窮迫し始めた時期は群盗の発生期と重なり、両者には相関を認めてよいだろう。

郡司富豪層を債務奴隷にし、債権回収のため彼らの家を制圧し、年貢を強奪し、国司を無視し、天皇・朝廷にさえ「文句があるならかかって来い」という態度をはっきり見せる王臣家人の行動様式は、中世史ではおなじみの〝自力救済〟そのものだ。中世的な弱肉強食の自力救済社会は、仁明天皇の承和年間に、すでに京の至近の畿内社会に到来していた。

†文章経国の国庫圧迫に直撃された郡司富豪層が群盗に

その仁明天皇には、実は浪費癖があった。それは朝廷財政を圧迫し、年貢完済を郡司富豪層に迫る圧力となり、やはり群盗化を後押しした可能性が高い。

延喜一四年（九一四）、三善清行《みよしのきよゆき》が醍醐《だいご》天皇に提出した「意見十二箇条」（『本朝文粋《ほんちょうもんずい》』二）は、歴代天皇の放漫財政に苦言を呈した。「まず飛鳥～奈良時代に無闇に仏教が流行し、寺や仏像の造営・寄進に財産を注ぎすぎ、特に全国の国分寺・国分尼寺《にじ》の造営で諸国の財を使いすぎ、天下の富の一〇分の五が消えた。次に桓武天皇が巨大な宮都を二度も造って調・庸を使い尽くし、残る富の五分の三が消えた。そして仁明天皇が奢侈《しゃし》を好み、美麗に飾りつけた宮殿で、前代未聞の豪華さで行う宴会を繰り返し、残る富の二分の一が消えた」と。

仁明が宮殿の装飾や豪華な宴会に富を浪費し続けた理由は、〝文章経国《もんじょうきょうこく》〟を実践するためだ。仁明は、父の嵯峨の影響を受け、父に輪をかけて《礼》思想の実践に没頭した。詳細は省くが、仁明の出す詔勅《しょうちょく》は、極めて高度な技巧を凝《こ》らした漢文で綴られ、古代中国の故事で埋め尽くされた。仁明はこの国が、《礼》思想を正しく実践する「中国」の一つだと本気で信じ、自分の責務は「中国」の「皇帝」として正しく振る舞うことだと信じた。

中でも彼が最も熱中した〝文章経国〟は、〈作者の死後も永久に残る文章（漢詩文）の力で《礼》の価値を讃え、《礼》の秩序を維持・向上し、国家を永く繁栄させよう〉という古代中国の思想である。仁明は廷臣と頻繁に、全力で漢詩を詠《よ》む宴を開いた。仁明朝はその作詩に途方もないエネルギーを割き、その分だけ現実の政治が疎《おろそ》かになった。しかも、文章経国には経費がかかりすぎた。漢詩を詠む場の宴会が安っぽくては駄目だとして豪華な宴会が重なり、しかも詩の詠み手に毎回、身分に応じて下された禄が馬鹿にならない。

元から苦しい財政の中、仁明は湯水のように浪費して〝意識高い系の皇帝〟を演じた。それは年貢の確実な納入を促す圧力になったはずで、その圧力は郡司富豪層だけを直撃した。彼らは朝廷と王臣家の双方に、永久に完済できそうにない債務を背負い、国司と王臣家と朝廷から責められた。進退谷《きわ》まって破れかぶれになるのに、さほど時間はかかるまい。

どうせ完済できず、何をどうしても誰かに責められるなら、返済しようとか、何かをどうにかしようという努力は無意味だ。どうせ年貢を王臣家に強奪され、賠償責任を朝廷に問われるなら、王臣家にむざむざ渡すよりも、年貢を自分が横領する方がましだ。

朝廷はそれを、口頭や文書で責める以上のことはできまい。取り締まりに来ても小規模、それも何度も口頭・文書で対話を繰り返した末のこと、いざ戦いになっても、郡司富豪層は有閑弓騎を抱える階層なので、騎馬の機動力と弓射《きゅうしゃ》の攻撃力を合わせ持っている。

以上を総合する時、郡司富豪層が年貢の護送者から強奪者に転身するのは、極めて合理的だ。地方の収奪競争の果てに追い詰められた郡司富豪層の有閑弓騎は、仁明朝で耐え難い淘汰圧に晒《さら》され、弓馬術を本格的に飯の種として食べてゆく形に転身を図ったのだろう。その際、彼らには二つの選択肢があったはずだ。王臣家と結託してその走狗となるか、独立して誰の命令も受けない自由を謳歌するか。そして後者を選んだのが群盗だった。

仁明は文章経国、つまり〝浪費を伴う作文〟を統治だと信じた。その浪費が群盗の出現を招き、平安京という「万代《よろずよ》の宮（永久不変の都）」で桓武が目指した朝廷を破綻させた。しかし顧みれば、最初に破綻の種を蒔《ま》いたのは桓武自身だ。京中の強盗も、「群盗」という言葉も、桓武朝に初めて現れた。しかもその時期は延暦三年や一七年、つまり際限のない造都の過負荷で百姓が飢え、山陽道の庸の納税が滞った時期（一〇一頁）と全く重なる。造都が百姓らを苦しめ、それが群盗の元祖を生み出したのなら、群盗とは、平安京の存在そのものが必然的に生み出す、切っても切れない平安京の一部だったことになる。

ちなみに、綱領の郡司が王臣家への負債に苦しんでいた、群盗化直前の状況を承和六年（八三九）に報告し、是正を求めてきたのは上野国《こうずけ》だった。この時、上野太守《たいしゅ》だった人物こそ、武士の平氏の祖・葛原親王だ。国務に関与しない親王に代わって報告書を作成した上野介《こうずけのすけ》は、太守の葛原親王に配慮してか、この状況を〝郡司の無節操な借金〟の問題として報告した。無節操に貸す王臣家と、それを見逃す国司の責任に触れず、彼らを露骨に守ったのである。

王臣家人と群盗は根が同類

王臣家人《けにん》と群盗には共通点があまりにも多く、群盗発生に王臣家が無関係とは思えない。

第一に、六衛府の舎人は国司・郡司の指示を聞かず、罵倒し、暴行し、納税の義務を拒否した。その行動は王臣家人と同じで、出身母体も同じ郡司富豪層の有閑弓騎だ。そして舎人の行動は「群盗と変わらない」と非難された。ならば、王臣家人と群盗は同類である。

第二に、六衛府の舎人は地元の祭礼で「手土産をよこせ」と恐喝して財物を奪い、「群盗と変わらない」と非難されたが、実は王臣家人も同じやり口を非難されている（一七一頁）。

第三に、王臣家人の動き方が、後に一世を風靡した「僦馬《しゅうば》の党《とう》」という強盗団と酷似する。僦馬の党は群盗の一種なので（一九八頁）、これも王臣家人と群盗を結ぶ回路だ。

群盗問題が表面化してすぐの承和一一年（八四四）、「他国の漁人《いさりびと》ら三千余人」が海を越えて淡路《あわじ》国に押しかけ、海岸の官舎（役所）や駅家《はゆまや》（早馬を使った連絡網の拠点）の隣に勝手に住み着き、王臣家の「牒《ちょう》」（通達書）を淡路国司や周辺住民に突きつけた[107]。

王臣家の牒を誇示したのなら、この三千人の自称「漁人」は王臣家人だ。この牒は、債権回収などの理由をつけて、収奪を正当化する内容を通達したのだろう。三千人の自称漁民は浜辺に「群集」し、「土民を冤《とが》め凌《おか》し（現地住民を責め苛《さいな》み）」、勝手に山林を伐採し、好き放題に資源を奪った。漁を行った形跡がなく、漁民という自称が嘘であることを暴露している。そもそも三千人の漁民が海を渡って他国に押し寄せること自体がおかしい。彼らの中に少しは本物の漁民がいただろうが、大部分は王臣家人だろう。その動員力は驚くべきものだ。

彼らの機動性《フットワーク》は実に軽かった。他国から大挙して渡海して「雲集霧散《うんしゅうむさん》」、つまり攻める時は雲のように集まり、攻められると霧のように分散して逃げ隠れるので制圧できない。

これは、群盗の一種の僦馬の党とも、海の群盗である海賊とも全く同じ行動様式だ。実際に、二二年後の貞観九年（八六七）、瀬戸内海の海賊制圧が困難な理由として、「海を縦横に移動し定住もしないので、追跡が困難で本拠地も潰《つぶ》せない。追えば鳥のように散って逃げ、諦めて追うのをやめるとまた鳥のように集まって悪事を働く」という機動性が指摘されている。[108] 瀬戸内海の海賊は、間違いなく王臣子孫・王臣家人であるから、それと行動パターンが同じ承和一一年の自称漁民も、出自は同じだろう。

このように、王臣家人と群盗は、実に紙一重の存在だ。出身階層は同じで、実体としてもかなり重なるのではないか。彼らが「王臣家の牒」を出せば「王臣家人の横暴」として記録され、ただ暴れれば「群盗蜂起」と記録される、という程度の違いではなかったか。

群盗の本格化から数年後の承和一二年（八四五）頃から、王臣家人の態度が目に見えて悪化し、「公家（天皇）と争ふ」態度を見せた事実も、両者の密接な関係を仄《ほの》めかす。日本の臣民が「天皇でも何でも来るなら来い」という態度を取ったのは、記録上、仁明朝が初めてだ。仁明の意識の高さと裏腹に、仁明朝こそ、天皇が舐《な》められ始めた時代だった。

†摂関政治の到来と天皇権威の凋落

天皇権威の凋落《ちょうらく》は、短命な天皇が続いたために幼帝の出現が不可避になった結果、加速した。仁明が嘉祥《かしょう》三年（八五〇）に四一歳の若さで没し、二四歳で後を継いだ息子の文徳《もんとく》天皇は八年後の天安《てんあん》二年（八五八）に三二歳で没した。後を継いだ息子の清和《せいわ》天皇は、たった九歳の少年だった。

清和天皇の出現により、天皇の威厳どころか政治的な人格が空白になり、それを外祖父の藤原良房《よしふさ》が代行して埋めた。その制度的根拠が太政大臣《だいじょうだいじん》という特別な地位だ。当初は摂《せっ》政《しょう》と呼ばれなかったが、内実は摂政と変わらず、摂関政治は事実上、この時から始まった。

良房は仁明朝ですでに右大臣として廷臣の頂点にあり（左大臣は空席）、文徳は母の兄で実績もある伯父良房を尊重した。良房は娘の明子《あきらけいこ》を皇太子だった文徳に娶《めと》らせ、舅《しゅうと》として融合した。嘉祥三年（八五〇）、文徳の即位直後に明子が惟仁《これひと》親王を生むと、文徳は良房に押し切られ、後継者候補だった長男惟喬《これたか》を退け、生後九ヶ月の四男惟仁（清和）を皇太子に立てた。そして七年後の天安元年（八五七）、文徳は右大臣良房を太政大臣に抜擢した。

清和（惟仁）の一歳の立太子も、九歳の即位も、外祖父良房の絶大な権力も、何もかもが前代未聞だった。貞観八年（八六六）、大内裏の応天門を放火したとして大納言伴善男《とものよしお》が失脚した応天門の変が起こると、政情不安を収拾するため、良房は一七歳の清和から「天下の政《まつりごと》を摂《と》り行《おこな》ふ」よう命じられ、名実ともに摂政が成立した。[109] 天皇が幼少だから、という理由が消滅したので、新たに天皇から委任される手続きを踏んだのである。

良房が貞観一四年に没すると、養子の基経《もとつね》（兄の子）が家と権力を継承した。清和は四年後の貞観一八年に二七歳の若さで退位し、元慶《がんぎょう》四年（八八〇）に三一歳で没する。後を継いだ清和の子の陽成《ようぜい》天皇も、即位時にわずか九歳だった。天皇の年齢をわざと低く抑え続けて、やむを得ず藤原氏が天皇を代行する体制が維持され、朝廷の実権は摂政基経が握った。しかも陽成は素行に問題が多く、基経に見限られて元慶八年に一七歳で退位に追い込まれた。臣下が天皇を辞めさせたのも、記録上初めてだ。藤原氏の摂関家はもはや、次の天皇を決めるばかりか、容赦なく暗君・暴君のレッテルを貼って天皇を引きずり下ろす最高権力者と化した。

退位時に若すぎた陽成には子がなく、次の天皇は基経の推薦で、仁明の子（文徳の弟）で五五歳の時康《ときやす》親王＝光孝《こうこう》天皇と決まった。それまで時康は、皇位どころか先細りする未来を待つだけの、さえない王臣家の一人だった。彼にとって、摂関家は雲の上の、天皇さえ一存でいつでも辞めさせる恐るべき権力者だった。

その摂関家に棚からぼた餅で皇位をもらった光孝は、全力で迎合した。光孝は政務をすべて基経に判断させ、事実上の関白を創始した。しかも光孝は子女の全員に源姓を与えて臣籍降下させ、「皇統を自分の子孫で独占する気はない」と恭順の意を基経に示した。

この低姿勢は天皇と基経の関係を良好にし、結果的に彼の子孫に皇位が約束された。即位の三年後に光孝は没したが、その直前、基経は光孝の子・源定省《さだみ》を皇族に戻して皇太子とし、光孝の没後に宇多天皇として即位させた。光孝は臨終間際、基経と宇多の手を執り、「基経の恩は誠に深い。それをよくよく肝に銘じよ」と宇多に念を押したと、宇多の日記に書かれていたという証言がある。(110) 皇位を基経にもらった光孝が摂関家にここまで低姿勢に徹したことは、天皇権威の低下を加速した。

光孝の遺言と裏腹に、宇多は即位直後に〝阿衡《あこう》の紛議《ふんぎ》〟事件で基経と揉《も》めてしまう。宇多が基経を関白に任じる詔《みことのり》で、古代中国の周《しゅう》王朝の故事を踏まえて基経の地位を「阿衡の任」と表現したところ、「阿衡は職務のない名誉職だ」と基経が抗議し、出仕をやめて宇多を見捨てる素振りを見せたため、最後には宇多が折れた。天皇と基経の行き違いは、天皇側が折れない限り解決しないことが天下に明示され、天皇の権威はさらに低下した。

顧みれば、わが国は豪族連合だった倭国を、大化の改新で天皇（天智《てんじ》）と藤原氏（鎌足《かまたり》）の二頭体制に再設計した国家だ。その再設計では《礼》思想が導入・活用されたが、天子（天皇）を唯一の頂点だとする《礼》思想を強調しすぎると、豪族連合の後裔である廷臣が共感できず、二頭の一方だったはずの藤原氏にとっても話が違ってくる。祖父桓武・父嵯峨を経て《礼》思想を強調した仁明は、やりすぎたのだ。良房が権力の奪回、つまり改新の取り決め通りの二人三脚体制の制度化を急いだのは当然で、それが摂関政治だった。

群盗問題の拡大が天皇権威の転落と比例するなら、摂関政治が続く限り群盗問題は解決できない。摂関政治は、天皇の権威を削り取る形で権威を獲得するからだ。しかも、摂関の権威は天皇の代行者としての権威なので、天皇権威の低下に正比例して摂関の権威も低下する。このジレンマにより、摂関が天皇から権威を吸い取るほど、天皇・摂関を合計した権威の全体量、つまり摂関が代表する政府自体の権威が減ってゆく宿命だった。特に基経は、陽成を退位させ、光孝に阿諛追従《あゆついしょう》させ、宇多を阿衡の紛議でやり込めて、天皇権威を傷つけすぎた。基経は結局、それが朝廷全体の権威の総和を貶《おとし》めることを見落とした。

†中井王の横暴

こうした摂関政治期のあり方を踏まえて、王臣家《おうしんけ》と群盗の動向を改めて追跡しよう。すでに桓武朝の段階で、九州では元国司や王臣子孫（王臣家の末端）が集住して百姓の生活を脅かしていたが、仁明朝に入ると、彼らの具体的な名が判明するようになる。

国司は任期を終えると、解由《げゆ》という監査を受ける。仕事内容、特に任期中に都に官物《かんもつ》（年貢）を満額納入したか否かを次の国司が精査し、未進《みしん》や不正がない場合か、未進を全額完納すると解由状《げゆじょう》（認定証）を与える。解由状がない前国司は職務怠慢と見なされ、帰京できず、次の官職にありつけない。だからこの監査制度は、廷臣の再就職を人質として、廷臣を不正や怠慢から遠ざけて職責を遂行するよう誘導する、素晴らしい制度になるはずだった。

ところが、四年の任期全体を調べる監査は時間を要し、完了まで前国司は現地に足止めされ、まして未進が発覚すれば完済するまで帰れない。その足止めは一種の罰だったはずだが、嬉々として現地に残り、年貢未進も補塡せず、利益を求め、「常に農商を妨げ、百姓を侵し漁《あさ》る（百姓の農業・商業を妨げ搾取する）」邪悪な国司が九州に現れた。承和九年

（八四二）、九州を監督する大宰府は朝廷に「最低限の引き継ぎが済んだ前国司はすぐに京に帰らせ、監査の是非はその後で検討して欲しい」と申請して許された(111)。

その半月後、同じ月のうちに、まさに大宰府の苦情通りの悪事を行った前豊後介《さきのぶんごのすけ》・中井《なかいの》王《みこ》の罪を問わず、朝廷が本貫地に帰らせた記録がある(112)。大宰府が念頭に置いていた邪悪な前任国司とは、この中井王に違いない。彼は、初めて名前を特定できる悪徳王臣子孫として、専門家の間ではちょっとした有名人である(113)。

有名人の割に、中井王（仲井王とも）の系譜は不明で、これまで探求された様子もない。しかし、彼は斉衡《さいこう》三年（八五六）に臣籍降下して「文室真人《ふんやのまひと》」姓を得ている(114)。天平勝宝《てんぴょうしょうほう》四年（七五二）に智努《ちぬ》王が臣籍降下して文室真人浄三《きよみ》と名乗ったのが文室真人姓の最初で(115)、智努王は天武天皇の孫（長《なが》親王の子）なので(116)、中井王も天武の子孫なのだろう。

中井王は豊後介の在任中、郡司や百姓の調・庸の未進を、私財から立て替えて朝廷に納めていた。租を立て替えたとは見えないから、徴収後に京進する分だけの立て替えで、綱領・綱丁の郡司富豪層に不足分を借したのだろう。中井王は任期を終えると、豊後国日田《ひた》郡の「私宅」に居座り、国内の各郡で「私営田《しえいでん》」（個人所有の田）を経営し続け、さらに郡司富豪層の自宅や倉に乗り込み、手荒な債権回収に取りかかった。中井王は元本と同額の利子を課し、さらに自宅や倉から郡司や富豪の「私物」まで取り立てと称して持ち去り、

「意に任せて郡司・百姓を打ち損《そこ》なふ（好き放題に暴行傷害した）」という。

しかも中井王の行動半径は豊後にとどまらず、隣国の筑後《ちくご》や肥後《ひご》へも流浪して、「百姓を威陵《いりよう》し、農を妨げ業を奪ひ」、つまり百姓を脅し、暴行し、農繁期もお構いなしに強制徴用して使役・収奪して、九州北部の広域に害を与える「蠹《と》（害虫）」と認識されていた。

国司は王臣子孫の部分集合

彼はなぜ国司を辞めた途端、私利私欲に任せて新国司の統治を邪魔するのか。実はそこに、国司と王臣子孫の関係の本質がある。中井王という典型的な王臣子孫が豊後介だったように、国司は王臣子孫の部分集合で、四年の任期を終えればただの王臣子孫に逆戻りだ。国司とは、王臣子孫の人生を四年間だけ彩る一過性の肩書にすぎない。国司は中央に王臣家の横暴を報告するが、それは自分もかつて行い、任期後に自分も行う予定の行動なのだ。

国司と王臣子孫の対立も、本質的な対立ではない。王臣子孫がたまたま国司の肩書を手に入れ、任期中だけ国司の権限を最大限に活用しているに過ぎない。元国司の土着・収奪とは、地方官から収奪者への堕落ではない。もともと堕落した王臣子孫という収奪者が、途中で国司になり、任期後にまた元に戻っただけだ。桓武朝から問題視された、元国司と王臣子孫が結託して「党」を結んで収奪に勤しむ現象も、そもそも同類なのだから当然だ。

延暦八年（七八九）、桓武は三関《さんげん》（愛発関《あらちのせき》・鈴鹿関《すずかのせき》・不破関《ふわのせき》）を廃止した。三関は東国方面からの敵襲から畿内を守る防衛線だが、この頃には存在意義がなく、関の大規模な施設を守る大人数の人件費ばかり浪費し、人やモノの往来を無闇に妨げる前時代の遺物だった。ところが文徳の即位から三年後の仁寿《にんじゅ》三年（八五三）、美濃国司が三関廃止の弊害を訴えた。東海道諸国の国司や五位以上・孫王《そんおう》（天皇の孫である王）が自由に美濃に入り、人民の生活を脅かして騒がし、行政を著しく妨げるという。この五位以上や孫王は王臣子孫以外の何者でもなく、民の生活を脅かすとは開墾や耕作・狩猟への強制徴用を指すだろう。

朝廷は、すでに禁止されていた五位以上の自由な畿外下向《きがい》を再度禁止し、新たに孫王の畿外下向も禁止した。(117) そして二年後の斉衡《さいこう》二年（八五五）には、元国司の土着を禁止した。(118) 同じ禁令はかつて桓武朝でも出され、三六年後の寛平《かんぴょう》三年（八九一）にまた繰り返された。

これほど禁令が繰り返されたということは、平安時代の最初の一世紀、禁令が破られ続けたことを意味する。そして平氏の祖の高望《たかもち》王も禁令を破って土着し、成功してゆくのである。

第六章　国司と郡司の下剋上

†対馬守立野正岑の射殺事件――気に入らない国司を殺す郡司富豪層

斉衡《さいこう》二年（八五五）の土着禁止令の二ヶ月後、朝廷は別のルールを再び立法した。王臣《おうしん》家《け》が郡司富豪層の家を封鎖して、債権回収と称して官物《かんもつ》を強奪するのを禁止し、その債権回収に国司を介在させて仲裁させるよう義務づけるルールである。

それは一〇年前の仁明《にんみよう》朝で定めたルールだが、それを王臣家に守らせる努力を、実は畿内諸国の国司が全く行っていなかった。それどころか国司らはむしろ、「力貴《りきき》の家を仮《か》りて巧《たく》みに公責《くしやく》を避け」、つまり有力な王臣家と結託して勢威を借り、朝廷の叱責から守られようと図った。どうせ王臣家が国司の手に負えず、どのみち朝廷に叱責されるなら、むしろ王臣家と結託して、王臣家の無法を見逃すかわりに保護を受け、責任の追及を逃れた方がました、という、合理的だが退廃的な考え方が、国司の間に蔓延していた。

仁明朝の段階で、すでに地方では自力救済社会が成立していた（一二五頁）。自力救済社会では、人は力のある者に従う。地方では、それは王臣家以外にない。こうして国司が出身母体の王臣家と堂々と再合流し始め、郡司富豪層が割を食った。王臣家の年貢強奪を国司が黙認するようになり、綱領《こうりょう》・綱丁《こうちょう》となる郡司富豪層がますます孤立したのである。

こうなったのも、国司が地方で振りかざすはずの天皇・朝廷の権威が転落したからだ。理屈抜きに天皇や朝廷の命令は聞かねばならない、という帝王への畏《おそ》れが、誰の心にもなかった。天皇や朝廷は、実現の裏づけを欠く命令を繰り返し、国司の職務怠慢を責めるばかりで、必要な力を国司に何も与えなかった。実力の裏づけがないなら、国司の肩書は無闇に地域の王臣子孫や郡司富豪層を敵に回すだけで、統治どころか命さえ危ない。

それは誇張ではない。文徳《もんとく》朝こそ、現地勢力が受領《ずりょう》（国司の長官）を殺す時代の幕開けだった。受領が責務を果たせば王臣家の権益を侵害するので、受領は王臣家の敵だ。また受領はふらりとやって来て、何世紀も現地で力を積み重ねてきた地方豪族の郡司に、年貢徴収の責任を押しつけ、王臣家に襲われるリスクと王臣家の債務奴隷に成り下がるリスクを負わせ、彼らを追い詰める。王臣家や郡司富豪層にとって、天皇の威光を背負う受領は気に食わない。まして天皇権威が大幅に低下した今、殺すのを我慢する理由さえない。

国司は天皇の代理人なので、国司を殺すことは、天皇や朝廷に対する反逆に等しい。だからこそ、承平《じょうへい》・天慶《てんぎょう》の乱の途中で平将門が常陸《ひたち》国府を襲撃したことを、研究者は重視してきた。平氏一族の私闘から国家的反逆へと飛躍し、後戻りできない一線を越えた、と。

しかし、承平・天慶の乱よりも前から、国司の殺害や国衙《こくが》の襲撃はありふれた事件になっていた。皆の意識が変わり、「反逆に等しい？　だから何？」と考える人が増え始めたのである。国司を殺害すれば天皇や朝廷は怒るだろうが、怒るだけだ。彼らはちょろい。どうせ誰も我々を滅ぼせず、大した処罰もできないということに、皆が気づき始めた。気に入らない国司は殺し、国衙は焼いて、物資は奪おう。そうすれば次の国司は恐れて、我々の利権を侵害しなくなるだろう、という考え方が、文徳朝から現実化し始めた。

文徳が没する前年の天安《てんあん》元年（八五七）六月、対馬守《つしまのかみ》の立野正岑《たつののまさみね》の館が三〇〇人以上の軍勢に包囲・放火され、正岑を含む一七人が射殺された、と大宰府が急報した。襲撃者の内訳は対馬の上県《かみあがた》郡・下県《しもあがた》郡の郡司（擬大領《ぎだいりょう》・擬少領《ぎしょうりょう》・擬主帳《ぎしゅちょう》）と彼らが率いた「百姓」だった。[119] 被害者の死因はすべて「射殺」なので、加害者の「百姓」も弓術の使い手、つまりただの農民とは違う富豪層の有閑弓騎《ゆうかんきゅうき》だ。上県郡・下県郡の二郡しかない対馬で、二郡の郡司が三〇〇人もの有閑弓騎と決起したこの事件は、島内の郡司富豪層が受領を総がかりで排除した事件といってよい。それが悪政への抗議だったのか、善政への逆恨みだったのかは定かでないが、国内の郡司富豪層全体と対立した受領は、郡司富豪層の総意として排除してよいし、その排除は殺害という形で構わない、と結論されたことは間違いない。

　国司が天皇の代理人である以上、この事件の根底には、明らかに天皇権威の失墜があり、前代未聞の驚くべき事件だ。しかし真に驚くべきは、事件の処理である。事件の主謀者は下県郡擬大領・外少初位下《げしょうそいのげ》の直氏成《あたいのうじなり》と、下県郡擬少領・無位《むい》の直仁徳《ひとのり》の二人で、彼らは位階が低すぎて六議《ろくぎ》や官当などの免罪特権（六八～七一頁）に該当しない。しかし、法に従って「斬《ざん》（死刑）」相当と結論された彼らは一等を減じられ、遠流《おんる》で済まされた。減刑理由は不明だが、裁判中に文徳天皇が没したので、その喪中であることを憚《はばか》ってのことだろう。

　これは、〈主犯格二人が流刑〉という程度のペナルティさえ受け入れるなら、郡司や百姓には気に入らない国司を殺すという選択肢がある、と天下に告知したに等しい。前代の仁明朝で登場したばかりの「群盗」が、その選択肢を最も早く取り入れたのは当然だ。

　これ以後、国司襲撃事件の被害者は、ほぼ例外なく「射殺」された。それは、すべてが有閑弓騎同士の争いだったことを意味し、武士成立論において決定的に重要な事実だ。

†王臣家に従う商人、禁野を横行する軽狡無頼の輩、山に満ちる群盗

　右の事件の裁判中だった天安二年（八五八）、文徳が没して、日本の君主が政治的人格

のない幼帝の清和天皇になった。その空白を衝《つ》いて、京では商人が朝廷から離反し始め、これを王臣家が勢力下に取り込んで、京の物流が王臣家の餌場《えさば》となり果てた。[120]

京には、東市《ひがしのいち》・西市《にしのいち》という二ヶ所の朝廷公認の市場がある。京中の物資の取り引きは建前上、必ずこの二つの市で行われ、東市司《ひがしのいちのつかさ》・西市司《にしのいちのつかさ》が統轄した。京の民の中には市《いち》町《まち》（東・西市の居住区）に住んで「市籍《しじゃく》」に登録され、国家公認の商業民となる者がおり、彼らは東・西市で商売できる特権を持つが、逆にほかの仕事を禁止されていた。

貞観《じょうがん》六年（八六四）、朝廷は市の商人らが「勢家《せいけ》（勢力ある家）」の家人《けにん》となるのを禁じ、「市籍」の商業民と知りながら家人とした「諸司・諸院・諸家」と「四位已下《いか》、無位已上《いじょう》」は違勅《いちょく》罪と定めた。「諸院・諸家」は王臣家、「四位已下、無位已上」は王臣子孫を含む。彼らは市の住人を私的な主従関係に組み込み、それによって諸国の物産が集約される京の物流を支配しつつあったのである。良い品物を素早く、安く手に入れるのが目的だろう。

市の住人はこの関係を盾に市司に従わず、責められると「高家《こうけ》の従者」＝王臣家人が大挙して現れ、市司の官人を「陵轢《りょうれき》（暴行）」した。重要なのは、「去就は意に任せ、好みて勢家に仕《つか》ふ」と記録されたように、商人が自分の意思で王臣家人となったことだ。ボスを排除し税を拒否するため、京の商人は主人として朝廷より王臣家《ギャング》を選んだ。民は与えられた支配者に従う時代を卒業し、支配者を選ぶ時代になった。まさに自力救済社会である。

まして都から遠く、天皇という存在に大した現実味もない地方社会では、浮浪する有閑弓騎が天皇専用の狩猟地まで蹂躙《じゅうりん》した。平安初期には桓武をはじめ狩猟を好む天皇が多く、畿内に天皇だけの狩猟地「禁野《きんや》」が数ヶ所設けられた。しかし貞観五年（八六三）、禁野で「軽狡無頼《けいこうぶらい》の輩《ともがら》」が勝手に狩をした[121]。現存する『類聚三代格《るいじゅうさんだいきゃく》』は「軽狡」に「ハヤワザ」という読み仮名も振って、彼らの機動性の高さを表現している。そして狩を行ったのなら、彼らは弓馬術に携わる者＝有閑弓騎だろう。彼らは騎馬の機動性を活《い》かして神出鬼没、追えば蜘蛛《くも》の子を散らすように行方を眩《くら》ました。そして彼らは「無頼」、つまり特定の組織や主人に属さなかった。主人を持たずに徒党を組んで地方社会を横行するこの有閑弓騎は、間違いなく群盗の同類である。そしてもう一つ間違いないのは、彼らが、四半世紀ほど後に「僦馬《しゅうば》の党《とう》」と呼ばれた機動的な盗賊団（一九八頁）の源流であることだ。

その二年前の貞観三年（八六一）、武蔵国《むさしの》で郡ごとに警察活動に専従する検非違使《けびいし》が設置された。「凶猾《きょうかつ》を以《もっ》て党を成す群盗、山に満ち（凶悪で狡《ずる》くて徒党を組む群盗が山中に充満し）」ていたからだ。本格的発生から二〇年で、群盗問題は全国に拡大していた。

†東国で群盗化する俘囚

かくして東国に飛び火した群盗問題は、東国が抱える別の火薬庫に引火するという、意外な展開をたどった。俘囚《ふしゅう》の問題と結合し、救い難いまでに拗《こじ》れたのである。

朝廷は、三十八年戦争で抱え込んだ俘囚（帰順した蝦夷《えみし》）から希望者を募り、九州まで含む全国に移して日本の民と同化させようとしたが、都から最も遠く、蝦夷の故郷の奥羽《おうう》に最も近い坂東《ばんどう》は俘囚の動揺が起こりやすく、起これば最も対処しにくい地域だった。

武蔵が群盗の巣窟になった九年後の貞観一二年（八七〇）、今度は上総《かずさ》で「群盗」の大規模な破壊・略奪活動が報告された。彼らは民家に放火し、「兵」を編成して、人を襲い財物を奪った。その構成員が俘囚だった。朝廷はこう考えた。彼らは「猶《な》ほ野心を挟《さしはさ》み、未だ華風《かふう》に染まらず（帰順した今も野獣のような凶暴な本能を捨てきれず、華やかで文明的な中国〔日本のこと〕の風俗に染まらない）」ため、つい暴力に訴えてしまう。彼らに必要なのは処罰ではなく教育と更生だ、と。朝廷は上総国司に、彼らを捕らえ、「悪行を続ければ奥羽の奥地に追い返すが、先非を悔《く》いて天皇の導きに馴染《なじ》めば優遇する」と諭《さと》させた。(122)

蝦夷の反抗は終戦直後から問題化していた。終戦二年後の弘仁四年（八一三）、数ヶ国に俘囚問題の専従者が設置されたが（一〇五頁）、その対象に漏れた出雲《いずも》で翌年、早くも荒橿《あらかし》という俘囚が反乱し、国内の三つの郡を荒廃させた。(123)

実は上総でも、貞観一二年の蜂起の二二年前、仁明朝の承和一五年（八四八）に、俘囚の丸子廻毛《わにこのつむじ》が反乱を起こし、相模《さがみ》・下総《しもうさ》など南坂東の五ヶ国に朝廷が追討を命ずる大騒動となり、二日間で俘囚五七人が斬られて鎮圧された。よくよく仁明朝とは、古代社会の崩壊要因を取り揃えた時代だ。

上総で俘囚が群盗化した五年後の貞観一七年（八七五）、今度は北隣の下総で俘囚が反乱し、役所や寺を焼いて民を殺し財物を奪った。この時、朝廷が制圧を命じた勅符《ちょくふ》（天皇の命令書）に、「俘虜《ふりょ》の怨乱《おんらん》」と書かれていた。(124) 俘囚は朝廷を「怨」んでいたのである。

彼らが何を「怨」んでいたかは、明らかでない。ただ、日本の民の間に、彼らを蛮族として蔑視する差別が広く根づいていたのは間違いない。恐らくそうした差別やトラブルが原因で、諸国の蝦夷は日本の民の居住地から隔絶した場所に配置され、中には長門《ながと》国の見《み》島《しま》（現・山口県）のような、絶海の孤島に配置された実例もある。(125)

しかしその一方で、諸国の俘囚は朝廷から食糧・衣服など一切の生活物資を支給され、納税義務も終身免除という優遇を受けていた。むしろ彼らを、生活が決して楽でない日本の民の税で養ったのだから、日本の民こそ怨む側だった。ただ、延暦一九年（八〇〇）に出雲国司が俘囚の優遇を高めたいと申請した時、桓武天皇は「蝦夷は貪欲なので、優遇するならやり続けねば、優遇が欠けた時にきっと怨む」と懸念して拒否した。(126) 確かに人は、一度特権を手に入れるとそれを当然と思うようになり、剝奪すると騒いで反抗するものだ。

そこで気になるのは、嵯峨《さが》朝の弘仁二年（八一一）に、「俘囚を養う公粮《こうりょう》（食糧）の支給対象を、帰順後に誕生した子の世代まで拡大するが、孫世代には拡大しない」と定めたことだ。上総・下総で俘囚の乱があった貞観一四～一七年はその約六〇年後で、帰順直後に生まれた世代が一生を終える頃、つまり食糧支給が完全終了する時期にあたる。六〇年も完全な不労所得で養っておいて、「来年からは働け」といっても労働意欲を生むのは無理だ。食糧が途絶えれば、働くのではなく「よこせ」と騒ぎ、奪うのが自然だったのだろう。

その頃、諸国では、「群盗」という新しい生き方が流行していた。力のある者が徒党を組んで略奪に走るその生き方は、優遇期間の延長を腕ずくで奪い取ろうという安易な決意を固めた俘囚にとって、最も手っ取り早くて合理的な解決の仕方に映っただろう。

かくして、地方の収奪競争で追い詰められた郡司富豪層の有閑弓騎と、生活保護を失って追い詰められた俘囚という、由来も性質も（人種さえ）異なる二種類の暴徒が、同じ「群盗」という形に行き着いた。弓馬術の使い手という、彼らの唯一の共通点が、群盗の最も重要な素質だったからだろう。その弓馬術に基づく強力な戦士が、治安を攪乱《かくらん》する側ではなく維持する側の武士として立ち現れる結末は、もう半世紀ほど先にまで迫っていた。

†桓武が投げた時限爆弾の爆発――出雲で蜂起した源氏・平氏

貞観一〇年（八六八）、一三年前の、王臣家の債権回収に国司が介在するルール（一三九頁）が再度、対象を全国に広げて発令された[127]。郡司富豪層が徴収して保管する年貢を、債権回収と称して王臣家が強奪する行為は、全国に拡大していた。それは全国の郡司富豪層を群盗に転身させる引き金となったはずだ。

二年後の上総の俘囚の群盗化も無関係ではなかろう。王臣家が税を奪えば、税を財源とする俘囚への食糧支給も滞り、俘囚が「食わせろ」と暴動を起こす原因になるからだ。

その直前の貞観七年（八六五）、出雲国で一四人の浮宕《ふとう》（浮浪人）が「国郡《こくぐん》に拒捍《こかん》し、百姓を陵轢《りようれき》（国司・郡司に実力で抵抗し、百姓を暴行傷害）」した[128]。犯人の名は「源永・藤原興《おき》蔭《かげ》・直世《なおよ》・道主《みちぬし》・藤原連《つらぬ》・（以下藤原氏）春藤《はるふじ》・秋宗《あきむね》・春行《はるゆき》・安継《やすつぐ》・俊成《としなり》・恒雄《つねお》・真藤《まふじ》・利《とし》貞《さだ》・吉雄《よしお》」で、源氏が一人、残りはすべて藤原氏だった（「直世・道主」を「直世道主《なおよのみちぬし》」という一人の人物と見なす説があるが、「直世」姓は日本に存在しないので、成立しない）。

右の大部分は何者か不明だが、一一番目の藤原恒雄だけは正史に見える。彼は事件の九年前の斉衡《さいこう》三年（八五六）に従五位上《じゆごいのじよう》で相模権介《さがみのごんのすけ》に[129]、六年前の貞観元年に相模介《さがみのすけ》になった[130]。藤原姓で五位で、介クラスの国司を歴任する彼は、典型的な王臣子孫だ。正史は人を位階順に列挙するので、藤原恒雄が九年前に従五位上だったなら、彼より前に列挙された一〇人も従五位上かそれ以上で、彼ら全体が五位を中心とする王臣子孫だったことになる。右の構成と行動様式は、元国司と王臣子孫が党を結び、集団で百姓から収奪に勤《いそ》しんだ延暦一六年（七九七）のパターンと同じだ。しかし源氏・藤原氏の彼らは、姓の貴さが昔と違う。特に源氏を含む点が衝撃的だ。延暦一六年にまだ存在せず、弘仁五年（八一四）に初登場した源氏の中に、わずか半世紀でもう、群盗のような反逆者に転落する者がいた。王臣家出身者がここまで落ちてきた理由は、時限爆弾が世代の経過で爆発したからだ。

それまでまれだった親王を、子沢山《こだくさん》の桓武は一代で三二人も拵《こしら》え、王臣家に占める親王の割合を急増させた。親王はその数と身分の高さで、王臣家の中核となり始めた。その桓武の親王たちも子沢山で、桓武の孫世代が量産された。この世代は親王の子なので諸王ばかりで、諸王の子孫も諸王だから、あとは諸王の数が鼠算《ねずみざん》式に増えるばかりだった。

天皇が交替すれば、新たな天皇の子として親王が補充されるが、増え方が諸王とは全く違う。一世代につきｎ人の子が生まれるとすると、親王はｎ＋ｎ＋…という足し算式にしか増えないが、諸王はｎ×ｎ×…と指数関数的に増える。だから世代を経るほど、王臣家全体に占める親王の割合は減り、諸王は割合を増やし、全体の絶対数も膨張し続けた。

加えて、嵯峨が皇子・皇女の臣籍降下を始めたことで、天皇ごとに一定数の親王が補充されるサイクルが崩壊した。子沢山でなく、目立った子孫を残さなかった淳和《じゅんな》を除いて、嵯峨以降の天皇は皆、皇子の一定数を臣籍降下させて源氏にした。（陽成《ようぜい》の子を除いて）清和の孫は全員源氏になったし、光孝に至っては皇子全員を源氏にした。諸王の家も、何世代も後まで諸王ではいられず、そのうち臣籍降下する運命を避けられない。

かくして、天皇自身が身を切る皇室歳費の節減に励んだ結果、天皇一族の末端で鼠算式に膨張を続けた人々は、源氏・平氏ばかりになった。

ただし、廷臣のポストには限りがある上、既存の勢力、中でも藤原氏と取り合いになる。藤原氏もまた、飛鳥時代末期の藤原不比等の子の四兄弟から、つまり桓武の子孫より一世紀も早く鼠算式の増加を始め、清和朝までに二世紀もかけて増えに増えた。右の出雲の事件で、一四人中一三人までが藤原氏だった事実は、その人数比を如実に示している。

こうして無軌道に増殖する諸王や源・平・藤原氏に対して、官職の数は絶望的に不足し、彼らの大多数は出自に不相応な低い官職に就くか、無職の王臣子孫となった（後の平将門の乱に登場する源経基《つねもと》が賜姓一世なのに武蔵介にすぎず、嵯峨源氏らしき源護《まもる》が常陸大掾にすぎなかった事実を想起されたい）。そのうち、藤原氏以外は全員が桓武の子孫だ。桓武の子作りのペースが常軌を逸していると気づかれた段階で、同じペースで増えればこうなると予測可能なはずだった。桓武の子世代の親王さえ処遇に困るほど多く、孫世代でポストが不足し始めるのは目に見えており、曾孫世代で完全にポストが枯渇することもあらかじめわかっていた。私がいう〝時限爆弾〟とはこのことだ。清和朝（桓武の四世代後）の源氏・藤原氏の群盗的な蜂起は、その時限爆弾が予定通り爆発した結果なのである。

†武士と家人の主従関係の原型——王臣子孫と王臣家人との結合

かくして地方社会には、増えすぎて落ち零《こぼ》れた王臣子孫が、〈諸王＋源平両氏＋藤原氏〉という構成で大量流入した。そしてこの構成は、半世紀あまり後に迫った平将門の乱の主役たちの構成と、完璧に同じだ。ならばこの王臣子孫たちこそ、武士の源流だろう。

親王の出行《しゅつこう》（外出）は「行啓《ぎょうけい》」と呼ばれ、かなりの人数の従者と、親王の従者にふさわしい装束《しょうぞく》（服装・装備品など）を必要とした。後に鎌倉幕府が宗尊《むねたか》親王を将軍に迎えた時、そうした親王将軍の行啓があまりに幕府財政を圧迫するので、将軍の出行を減らそうと決めたほどだ。親王は簡単に出行できないし、まして密かに地方に下向するのは無理だ。

しかし諸王・諸大夫《しょたいふ》（四位・五位）クラスの廷臣なら、一人一人の動向は世間の関心を集めないし、出行に要する格式も格段に低い。孫王や五位以上は京に居住する義務があったが（一三八頁）、彼らはその気になれば、単身で（わずかな供だけを連れて）自在に都と地方を行き来した。

最上級の貴さを失ったかわりに身軽さを手に入れた王臣子孫は、自ら地方に下り、これまで独自に活動していた現地の王臣家人《けにん》と対面し、合流し、直接指揮して、収奪活動に自ら勤《いそ》しむことが可能になった。また、王臣子孫には自ら国司となって合法的に地方に下向《げこう》し、任期後に地方に居座り、周辺諸国を渡り歩いて地縁作りと収奪に勤しむ手もある。もう、想像がつくだろう。この、現地で合流した源平の王臣子孫とその家人《けにん》（郡司富豪層の有閑弓騎）こそ、源平（貴姓）の武士とその家人（卑姓《ひせい》の郎等《ろうとう》）の原型と考えられる。王臣家と家人の主従関係は遠隔地間の薄い関係だったが、王臣家から零落《れいらく》して地方に下向した王臣子孫が現地で王臣家人と結合したことで、直接的で緊密な関係になった。それが地方における武士と家人の主従関係の原型だと考えるのが、最もシンプルで自然な説明だ。

†群盗問題と結合し、現地勢力と融合し始める王臣子孫

源永《ながし》らが百姓を暴行傷害した貞観七年（八六五）の出雲の事件は、従来の王臣子孫の収奪事件と性質が共通する。源永らが王臣子孫なのだから当然だ。しかし朝廷が出雲国司に「防援《ぼうえん》を差《さ》し加《くわ》へ、早く入京せしめ」た点が新しい。朝廷は国司に加勢する援軍を与え、国司自身を帰京させて身柄を匿《かくま》ったのである。匿ったのは国司の生命が危ないからで、援軍を与えたのは軍事的な抗争だったからだ。それは、貞観一二年に群盗化した上総の俘囚が国衙《こくが》を襲った事件や、天安元年（八五七）に対馬の郡司富豪層が対馬守の立野正岑《たつののまさみね》を射殺した事件の延長上にある。つまり源永ら一四人の事件は、王臣家の収奪行為であると同時に、「群盗」事件の延長でもあり、ここに王臣家問題と群盗問題が結合したのである。

そもそも、群盗は進退谷《きわ》まった郡司富豪層と考えられ、郡司富豪層は王臣家人の出身母体でもある。したがって、群盗問題と王臣家問題の結合は、自然な結末ではある。

王臣子孫と郡司富豪層の結合の形は、主従関係だけではない。実は、郡司富豪層が王臣子孫に変身するという、理想的な手段があった。王臣子孫は、必ず父が王臣家（王臣子孫）でなければならないが、母の素性は関係ない。そこに郡司富豪層が食い込む余地がある。郡司富豪層もその娘も王臣子孫になれないが、その娘らが王臣子孫の男に嫁いで生んだ子は王臣子孫だ。つまり、郡司富豪層は娘を介して、孫を王臣子孫にすることができる。

王臣家の収奪で追い詰められた郡司富豪層には、生き残れる選択肢が限られていた。一つは群盗化だが、その完全に違法な生き方は最終手段だ。それよりも王臣家と結託すれば、収奪される側から穏当に抜け出せる。その結託を強固にするには王臣子孫に娘を嫁がせて姻族となればよいし、その娘が男子を生めば、娘の父である郡司・富豪百姓は外祖父、その一族は外戚となって、王臣子孫と一体化でき、子孫は王臣子孫そのものになる。

貞観一〇年（八六八）、聖武朝の天平一六年（七四四）に出された国司と郡司富豪層の娘との婚姻禁止令が再度、発令された。前回は国司の横暴防止が立法趣旨だったが、今回は初めて「郡司が率先して娘を嫁がせたら郡司も罷免する」と定められた。明らかに、郡司側からの率先した違反への対策である。京から下ってくる国司は、前途有望な王臣子孫の貴重な供給源なので、郡司富豪層が争って姻戚関係を結んだのだろう(131)。

朝廷は聖武朝の頃から、支配する側の国司と、される側の豪族・民を峻別《しゅんべつ》するため、相互の通婚を禁止してきた(七四頁)。しかし、支配する側同士や、される側同士の通婚を制止する理由はない。国司が現地人と通婚するのがまずいのなら、現地人を下級国司にして通婚すればよい。その回路から、藤原秀郷《ひでさと》という最初期の武士が生まれてくるのである。

†最大の王臣家である摂関家は王臣家問題を本気で取り締まれない

話を戻そう。すでに文徳朝末期には、群盗化した郡司富豪層が対馬守の立野正岑を射殺する事件が起こり、次の清和朝の貞観年間までには、群盗化した王臣子孫も登場した。そして続く陽成《ようぜい》朝に入ると、従来型の群盗と王臣子孫の群盗の双方が、手がつけられないほど凶悪化してくる。

陽成が退位した直後の元慶《がんぎょう》八年(八八四)秋、上総国司の申請を受けて、朝廷は国内の浪人を追放するよう命じた(132)。国内に充満する王臣子孫らを一掃するためで、元国司や王臣子孫を本貫地《ほんがん》に帰らせる命令は、文徳朝や、さらに遡《さかのぼ》れば、桓武朝にも出されていた(一三八頁、七九頁)。

しかし実は、その命令には桓武朝以来、「残りたい者は許して現地の戸籍に登録せよ」

という例外規定があった（八九頁）。現地で収奪を続けたい浮浪人は皆、居住継続を願い出たに違いない。実際、陽成朝の元慶元年には「前司の子弟」や「富豪の浪人」が国司の行政に背き、納税の季節に国司に実力で抵抗し、郡司に容赦なく暴行を加える状況だった。

朝廷は、例外規定が抜け穴となって法令の効力が完全に損なわれる失敗を、二度も犯しながら、なぜ三度目も繰り返すのか。学習能力がないのか、無意味と知りながら繰り返すことに意味があるのか、それとも王臣家問題の解決を本気で望んでいないのか。

もっともありそうなのは、最後のパターンだ。というのも、朝廷の主導者がもはや藤原摂関家、つまり王臣家の代表格だったからだ。九世紀後半〜一〇世紀に、王臣家問題に解決の目途《めど》が立たなかった根本的な原因は、朝廷の主導者が王臣家の一員だったからで、王臣家潰《つぶ》しを本気でやると自分の首を絞めることがわかっていたから、と考えると綺麗に腑《ふ》に落ちる。

†相次ぐ俘囚の反乱——元慶の乱と上総の俘囚の乱

浮浪人の一掃が三度目の失敗を喫する六年前の元慶《がんぎょう》二年、秋田城介《あきたのじょうのすけ》（秋田城の管理に専従する出羽介《いではのすけ》）の俘囚《ふしゅう》に対する苛斂誅求《かれんちゅうきゅう》（苛酷な収奪）に対して、俘囚が大規模に反乱した。元慶の乱である。坂東のたび重なる俘囚と国司の抗争に学んでか、蝦夷《えみし》の本場の奥羽でも、国司に対して武力行使を辞さないという選択肢を、俘囚が取り始めていた。

そして五年後の元慶七年、また上総で俘囚が反乱して群盗化した。(133)仁明朝の丸子廻毛《わにこのつむじ》の乱、清和朝の俘囚の乱に続く三度目、隣国下総の貞観一七年(八七五)の大規模な俘囚の「怨乱」も含めれば、房総半島で実に四度目の俘囚の乱だ。上総国市原郡の俘囚三〇人(一説に四〇人)あまりが官物を盗み、民を殺害・傷害したため、上総介《かずさのすけ》(上総の受領)藤原正範《まさのり》が千人の兵で追討を試みた。反乱軍は民家に放火して攪乱《かくらん》し、山中に逃げ隠れたため、上総介正範が「山狩りのため数千の兵が必要なので、周辺国の兵の動員を命じられたい」と朝廷に申請した。ところが関白基経《もとつね》の率いる朝廷は、「『俘夷《ふい》の群盗』は罪を恐れて逃げ隠れただけで、数十人に過ぎないので、数千の兵は無用」と要請を一蹴し、「人夫(非戦闘員)」を動員して「追捕《ついぶ》」(捜索・逮捕)せよと命じた。三十八年戦争の終結から七二年も経つのに、俘囚は三〇~四〇人程度で、国司軍の千人に勝つほど強かった。これだけの戦力差は、俘囚がまだ蝦夷の騎射術を伝えていたことを推察させる。

†筑後守都御酉の射殺事件――全階層の有閑弓騎が結託して殺害

四ヶ月後の元慶七年(八八三)六月、今度は「群盗百余人」が夜間に筑後守《ちくごのかみ》の都御酉《みやこのみとり》の館を包囲し、「御酉を射殺し財物を略奪」したと大宰府が報告した。(134)ほかの国司が兵を率いて駆けつけたが群盗は分散して逃げ、夜間で無勢なので取り逃した。大宰府は将兵を派遣して群盗を捜索中と報告したが、朝廷は対応の遅さと捜索の不手際を責めた。

犯人は二年後の仁和《にんな》元年（八八五）に逮捕された。[135] 主謀者筆頭の二人は筑後掾《ちくごのじょう》藤原近《ちか》成《なり》と筑後少目《ちくごのしょうさかん》建部貞道《たけべのさだみち》、つまり受領《ずりょう》の部下の任用国司だった。これは任用国司が受領に対して起こした反乱だったのである。残る主謀者は「左京の人」大宅宗永《おおやけのむねなが》、「蔭子《おんし》無位」在原連枝《ありわらのつらしげ》、「蔭孫大初位下《おんそんだいそいのげ》」大秦公宗吉《うずまさのきみむねよし》の三人だった。蔭子・蔭孫は、父・祖父の位階に応じて、二一歳になると自動的に位階をもらえる蔭位《おんい》制の対象者だ。最も低い従五位の庶子でも従八位下が与えられるが、大秦公宗吉の大初位下はそれ未満、在原連枝は無位で、まだ蔭位制で位を得ていない。それは、彼らが二一歳未満だったことを意味する。

蔭子や蔭孫は、必ず王臣子孫である。姓としても、在原氏は平城《へいぜい》天皇の子の阿保《あぼ》親王の子孫なので王臣子孫だ。大秦公は貴姓でないが、外祖父が三位以上の貴人なので蔭孫扱いされたと思われ、母系が王臣子孫といえる。ただし、もう一人の主謀者の大宅宗永や、共謀者で彼の近親らしい大宅近当《ちかまさ》（近直）らは「左京の人」、つまりただの浮浪人だった。

共犯者は蔭子の清原利蔭《としかげ》、無位の藤原宗扶《むねすけ》、「前医師《さきのくすし》」日下部広君《くさかべのひろきみ》、「白丁《はくちょう》」八多久吉岑《やたのくきみね》の四人だった。清原氏も、桓武朝で天武の子孫の繁野《しげの》王（清原夏野《なつの》）らが臣籍降下したことに始まり、源平や在原より劣るが貴姓に近く、王臣子孫だ。日下部氏は貴姓でないが、

「前医師」という肩書は諸国に配置された「医師」だった経歴を意味する。共謀したが犯行に加わらなかった前筑後掾《さきのちくごのじょう》の藤原武岡《たけおか》と合わせ、任期後に無職となり土着した筑後の任用国司が二人もいた。そして白丁は庸・調の納税義務を負う成人男子、つまり百姓である。

こうして見ると、この事件は、任用国司や元任用国司、郡司富豪層の浮浪人や百姓、都から流れて来た無職の若い王臣子孫などが「数十人」も結託して、受領を襲った事件だった。対馬守の立野正岑の射殺事件では犯人が郡司富豪層だけだったが、今回の事件では、い、あらゆる階層の有閑弓騎の不満分子が、任用国司を核に結集し、受領を殺した。

無官の二〇歳以下（一〇代の可能性が高い）の王臣子孫などに、受領を殺す理由も、大した不満もあるまい。蔭子・蔭孫の彼らは、生まれつき恵まれた部類だ。ただ、親の七光りは彼らに栄達を約束するほどではなく、就職のあてもなく、勉学に励むでもない。持てあます暇と活力、行き場のない若さのはけ口として、地方で闘乱に参加したと考えられる。

受領の御酉に、非があったか否かはわからない。ただ、朝廷への苦情申し立てや弾劾などの手続きを踏まず、気に喰わない受領は皆で結託して殺してしまおう、という発想が多くの支持を集め、実行されてしまう点に、地方社会の救い難い退廃があった。

しかも、例によって逮捕者の処断は甘かった。主犯五人のうち筑後掾藤原近成だけが死刑（斬刑）、筑後少目建部貞道は官当《かんとう》（七〇頁）で減刑して除名（官位・勲位をすべて剝奪して庶人に貶《おと》す刑）、大宅宗永は贖銅《しょくどう》一〇〇斤（罰金刑）、在原連枝と大秦公宗吉は近流《こんる》（近国への流刑）で済んだ。共犯者では元筑後国医師の日下部広君だけが死刑（斬刑）で、残る清原利蔭は官当で減刑して除名、藤原宗扶と八多久吉岑は近流、共謀者では藤原武岡が除名、大宅近直（近当）は徒《ず》（懲役）三年だった。

要するに、主犯・共犯・共謀者一一人のうち死刑判決はわずか二人、それも判決当日に詔《みことのり》で死刑を減免されて遠流《おんる》とされた。寄って集《たか》って受領を謀殺しても誰も死刑にならず、重くても流刑や懲役刑や罰金刑で済み、位階があれば罪と相殺されて罰を受けなかった。

†石見守上毛野氏永の襲撃事件——任用国司と郡司富豪層の下剋上

翌年の元慶八年、今度は石見《いわみ》で、邇摩《にま》郡大領《だいりょう》の伊福部安道《いおきべのやすみち》と那賀《なか》郡大領の久米岑雄《くめのみねお》が「百姓二百十七人」を率いて石見守《いわみのかみ》の上毛野氏永《かみつけぬのうじなが》を包囲し、「政《まつりごと》、法に乖《そむ》く（行政が違法だ）」と弾劾《だんがい》した。郡司・百姓らは、地方統轄官の地位を示す印鎰《いんやく》（国衙《こくが》の公印と倉庫の鎰《かぎ》）と駅鈴《えきれい》（朝廷の飛駅《ひえき》＝早馬を使う権限を示す鈴）を氏永から奪い、国司の次官に渡した。受領に国司不適格の烙印を押し、適格な人物を国司に推戴したのである。

氏永は石見介《いわみのすけ》の忍海山下氏則《おしぬみのやましたのうじのり》の館に避難したが、その後に氏則が裏切ったと早合点し、怒って氏則の妻とその侍女を剣で打擲《ちょうちゃく》し、衣類を奪って山中に隠れた。その後、「郡司・

百姓卅《さんじゆう》七人を率」いた石見掾《いわみのじよう》の大野安雄《おおののやすお》に発見され、捕縛・拘禁された。任用国司らは氏永を殺そうとし、杖で打ち、杭に手足を縛り、倉庫に幽閉した、と氏永は訴えている。

氏永を襲った郡司二人と氏永を幽閉した石見掾は罪に問われたが、例によって官当の免罪特権が行使され、主犯格の伊福部安道は外正八位下《げしようはちいのげ》の位階の剝奪と引き換えに、邇摩郡大領の解任と徒（懲役刑）二年・贖銅（罰金刑）一〇斤で済み、従犯格の久米岑雄は外正六位下の位階の剝奪と引き換えに贖銅九斤で済み、那賀郡大領は解任もされなかった。氏永を幽閉した石見掾の大野安雄は、徒一年を官当で減刑し、解任で済んだ。被害者だったはずの氏永は、石見介の妻と侍女に対する傷害罪で近流、官当で減刑して従五位下を剝奪、石見守も解任された(136)。

この事件は最初、受領に対する郡司富豪層の反抗だったが、途中から受領対任用国司の全面抗争に拡大していた。しかも掾が郡司富豪層の受領に対する不満を汲《く》み取って組織し、協同して受領を倒す戦い方が生まれていた。人数も最初の襲撃者だけで二一七人という大人数で、二七年前の三〇〇人規模の対馬守襲殺事件と同様、受領襲撃が大規模化している。

そしてもう一つ、見逃せない中世の胎動がある。処罰者の中に、主犯と共謀して徒一年と還俗《げんぞく》（僧籍を剝奪し俗人に戻す刑）に処された、一道《いちどう》という名の延暦寺の僧がいた。彼は俗名を藤原数直《かずなお》といい、父の本貫は右京だった。本貫の京から浮浪して地方で暴れる王臣子孫のゴロツキが、地方の紛争に首を突っ込んで暴れていたのである。しかも彼は僧の姿をしていた。平安後期以降、不法行為と濫妨狼藉に明け暮れた「悪僧」の源流であり、王臣子孫が寺院社会を開拓して生き残ろうとし始めた証左だった。

†数々の国司襲撃事件の延長上に将門の乱がある

こうして陽成朝の末年の地方社会では、成果とリスク（罰）を天秤にかけると、有力者が対立する受領を殺した方がコスト・パフォーマンスがよいという、間違ったバランス配分が成立していた。特に免罪特権を持つ有位者にとって、社会は〝殺した者勝ち〟だった。朝廷が事実上これを容認したことは、要するに圧倒的な力さえあれば何をしてもよい、と国家が請け合ったに等しい。それは、半世紀後の平将門の乱の直接的な素地となった。

将門の乱の後半は、将門が常陸国衙を襲撃し、国家への反逆に踏み込んだ大事件だと、誰もがいう。しかし、そんな事件は九世紀末〜一〇世紀前半には珍しくなかった。国司を殺さなかった将門の方が、穏便なくらいだ。むしろ重要なのは、共通性の方である。地元の郡司富豪層（足立《あだち》郡司武蔵武芝《むさしのたけしば》ら）と結託し、受領と対立する国司（武蔵権守興世《むさしのごんのかみおきよ》王や武《むさ》蔵介《しのすけ》源経基《つねもと》ら）と結託・対立し、地元で流浪しながら収奪に勤しむ王臣家（藤原玄明《はるあき》ら）と結託して国衙を襲うという将門の行動は、右の三件の事件と本質的に変わらない。

将門だけが反逆者として歴史上に強烈な記憶を残した理由は、右の反乱者たちの誰にもない独創性を発揮したこと、つまり天皇に代わる「新皇《しんおう》」になると公言した一点にある。朝廷は、天皇を尊重せず、その権威を蹂躙《じゅうりん》するまでは黙認できても、天皇と対等の王位の新設だけは容認できなかった。そこが、朝廷が見逃せる悪事とそれ以外の分水嶺だった。

それは《礼》思想からは当然の結論だが、それをいうなら、数々の事件で任用国司・王臣子孫・郡司富豪層がしたことはすべて、個々人の身分や権限を越えた振る舞いを絶対に認めない《礼》思想が許さない悪事だ。天皇の命令を何一つ聞かずに天皇の代理人を殺害することと、自分がもう一人の君主になってしまうことは紙一重で、ほとんど同レベルではないか。私たちの大多数にはその違いがわからないが、将門もそうだったのではないか。将門は素朴に、朝廷がそこに一線を引いたことに気づかなかったのではないか、と私は疑っている。

将門は、かつて個人的に仕えた藤原忠平《ただひら》に出した書状で、「私も桓武天皇五世の孫なので、天下の半分を領して何が悪い」と述べた。これが、王臣子孫の致命的なたちの悪さだ。

本来、《礼》思想では、天下は天子が一〇〇%領する。天子の一族や功臣を諸侯として、土地と民を割き与えて国を持たせる「封建《ほうけん》」は行われたが、諸侯の上に天子があり、天下を統《す》べることに変わりはない。しかし、王臣家・王臣子孫はそう考えなかった。自分たちは天皇の血＝権威の何％かを受け継ぐ者、いわば部分的に天皇であり、だから自分たちは威張ってよいのだし、天皇の権威にさえ一〇〇％従わなくてよいのだ、と考えたようだ。

　王臣子孫は、天皇の血統を受け継ぎながら、相応の経済的待遇を奪われて、「あとは自分で何とかしろ」という扱いを受けた人々だ。それならば、と王臣子孫が取った行動が地方の収奪競争である。そして「そう仕向けた以上、後《ご》は口出し無用」とばかりに、天皇の制止を聞かなくなった。そうして王臣子孫と関係を拗らせた朝廷が、最終的に払わされたツケこそ、将門という最強の王臣子孫の登場と、彼が東国ごと独立してしまう危機だった。

平氏の祖高見王・高望王と源氏の祖貞純親王の登場

　地方で国司襲殺事件が相次いだ文徳・清和・陽成朝の間に、中央でも王臣家の中で武士の卵が胎動し始めた。桓武平氏と清和源氏の本格的な成立がそれである（図2・図3の系図参照）。

　まず、文徳朝の仁寿三年（八五三）に、葛原《かずらはら》親王が六八歳で没した[137]。彼の子の高見《たかみ》王はそれまでに生まれたはずだ。高見王は平将門や貞盛《さだもり》の曾祖父だが、情報は極端に少なく、「彼《かの》（葛原）親王の御子《みこ》高見王、無官無位《むかんむい》にして失《う》せ給《たま》ひぬ。其《その》御子高望《たかもち》王の時……」（長門本《ながとぼん》『平家物語』）という系譜と経歴だけだ。情報が少なすぎて高見王の実在を疑う専門家もいるが、無位無官というどん底に落ちぶれた祖先を捏造《ねつぞう》する動機が、彼の子孫の平氏にはない。それに、没落した一族が苦労を重ねて出世する成功物語ではない『平家物語』が、筋書きに何の影響も与えない高見王を捏造する動機もない。

高見王の父の葛原親王は特別な好待遇を受け、長男の高棟王《たかむね》(平高棟)もその恩恵を最大限に蒙って大納言に昇った。その父や兄を持つ高見王が正常に人生を歩めば、無位無官で生涯を終えるはずがない。高棟は二〇歳で従四位下、(138)次兄の善棟《よしむね》も二二歳までに従四位下に叙され、(139)二人とも当時は無官だった。ならば弟の高見王も似たような人生を送るはずだっただろう。それが無位で没したなら、二〇歳前後より前に若死にしたということだ。

高棟・善棟らが平姓を賜《たまわ》ったのに、弟の高見王だけ臣籍降下していない理由も、それで説明できる。高見王は、天長《てんちょう》二年(八二五)に兄たちが平姓を賜った後に生まれた。葛原親王は、その高見王も臣籍降下させる予定だったが、その手続きが済む前に没したのだろう。

高見王は天長二年(八二五)〜仁寿三年(八五三)の間、淳和・仁明・文徳朝のどこかで生まれ、遅くとも八八〇年頃(陽成朝の元慶年間頃)に没した。彼の子の高望王はそれまでに生まれたはずだ。高見王の臣籍降下が頓挫したため、その子も自動的に諸王(高望王)として生まれた。彼は陽成・光孝・宇多《うだ》朝あたりに幼少期を過ごして成年に達しただろう。それは、清和源氏の初代経基の父、貞純《さだずみ》親王の活動時期とちょうど重なる。

貞純親王の経歴も不明点が多い。延喜《えんぎ》一六年（九一六）に没したのは確実だが、享年が三説もある。六四歳か四三歳説（いずれも『尊卑分脈《そんぴぶんみゃく》』）、三二歳説（『日本紀略《にほんぎりゃく》』）である。生年は、六四歳説なら仁寿三年（八五三）、四三歳説なら貞観一六年（八七四）、三二歳説なら仁和《にんな》元年（八八五）になるが、貞観一五年に貞純が親王宣下された確実な記録があるので、それ以後に生まれたとする四三歳説・三二歳説は嘘だ。また、貞純の兄の貞保《さだやす》親王（陽成の同母弟）が、貞観一二年九月一三日に生まれた記事が正史にある。[140] その弟の貞純が、一七年前の仁寿三年に生まれたとする六四歳説も嘘だ。つまり三つの説はすべて間違っている。

貞保・貞純兄弟は揃って貞観一五年に親王宣下されたので、貞純の生年は貞観一二年（兄貞保の生年）〜一五年に絞れる。延喜一六年に没した時の享年は四四〜四七歳で、清

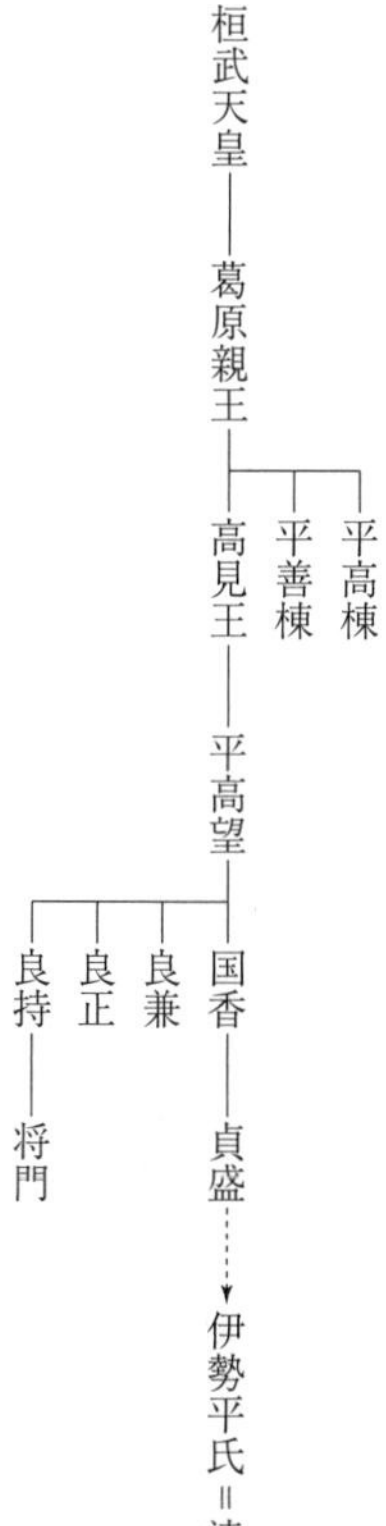

図２　桓武平氏略系図

図3　清和源氏略図

和・陽成・光孝・宇多・醍醐《だいご》の五代の朝廷を生きたことは間違いない。これが高望王の生きた時期とほぼ重なり、そして王臣家と群盗が凶悪化して地方が乱れた時期と重なる。貞純・高望の子世代は、その混乱を助長・制圧する武士として出現してくる。武士の誕生はもう目の前だ。しかし、あと少しだけ、中央（政府）と王臣子孫の動向を確認し、何がどう武士とつながるのかを、慎重に見極めてゆこう。

第七章 極大点を迎える地方社会の無政府状態——宇多・醍醐朝

†基経の死と宇多親政の始動、菅原道真の抜擢

第五章で述べた通り、宇多《うだ》天皇は阿衡《あこう》の紛議《ふんぎ》で関白藤原基経《もとつね》と緊張関係に陥ったが、途中で流れが変わった。基経は天皇に「言葉に気をつけないと関白になってやらないぞ」といえる権力の持ち主だったが、寛平《かんぴょう》三年（八九一）正月に没し、後継者の長男時平《ときひら》は二一歳の若輩だった。これは、光孝《こうこう》・宇多の二代で〈天皇は完全に摂関家に屈従する存在〉という構図を固めてしまった天皇が摂関家から自立し、政治を取り戻す好機だった。

当時、時平は蔵人頭《くろうどのとう》だった。天皇の身辺の世話から天皇個人の財産管理、太政官《だいじょうかん》との意思疎通まで、およそ天皇の生活万般を補佐するのが蔵人《くろうど》で、彼らを二名の蔵人頭が統轄した。蔵人（頭）は、いわば天皇の手足・耳目というべき枢要のポストである。

しかし、基経が死去すると、宇多は腹心と頼む儒学者・菅原道真《すがわらのみちざね》を政権中枢に登用し始める。基経が没した二ヶ月後の三月九日、宇多はまず道真を式部少輔《しきぶのしょう》に任じた。式部省は朝廷の礼節や儒学を統轄する省で、日本が《礼》国家であるために最も重要な官庁だ。

その一〇日後の三月一九日、宇多は蔵人頭時平を参議《さんぎ》に昇進させ、公卿《くぎょう》にした。順当な出世で、基経に恩がある宇多が当然の配慮として、基経の死後も藤原氏の勢力が保たれるよう計らったまでだが、時平は宇多の側近でなくなった。一〇日後、宇多はその蔵人頭に道真を抜擢し、一一日後の四月一一日には左中弁《さちゅうべん》を兼ねさせた。これで、希代の儒学者・道真が式部省で日本国の《礼》思想の実践を統轄し、天皇に最も忠実な耳目・手足＝蔵人頭として宇多の意向を受け取り、それを弁官として太政官の政務に直接反映させる体制が成立した。

この一連の道真の抜擢から一ヶ月後の寛平三年五月以降、宇多朝は本格的な王臣家《おうしんけ》対策を始動させる。時期的に両者の連動は明らかだ。最大の王臣家の摂関家が基経という強力なリーダーを失った今こそ、王臣家を掣肘《せいちゅう》する最大の好機であり、それは天皇が正当に君主扱いされる《礼》国家の再建だった。道真は《礼》思想に精通する儒学者であり、また直前まで讃岐守《さぬきのかみ》、つまり受領《ずりょう》だった。彼は地方の実情、特に国司の地方行政を妨げる王臣家の実態を知っており、その経験や教訓は、王臣家対策に直ちに影響を与えたに違いない。

†地方に下る王臣子孫と京戸の民

道真の地位が右の通り固まった二ヶ月後、朝廷は早速動いた。王臣家の「徴物使《ちょうもつし》」を禁止し、その三ヶ月後に郡司の不正を禁止し、地方社会の実態を調査したのである。

当時の地方は、「頃年《けいねん》、京貫《きょうかん》の人庶《にんしょ》・王臣子孫、或《ある》いは婚姻に就き、或いは農商を遂げ、外国《げこく》に居住し、業は土民に同じ。既にして凶党相招《きょうとうあいまね》き、村里《そんり》を横行し、宰吏《さいり》に対捍《たいかん》し、細民《さいみん》を威脅《いきょう》す（近年、京戸《きょうこ》〔京を戸籍の本貫とする戸〕の民や王臣子孫が、地方に住んで地方の女性と結婚したり農・商業を営み、現地人と同じ生業をする。無法者同士で結託し、集落を横行し、国司・郡司に逆らい年貢を納めず、武力で弱い民を脅す）」という状況にあった。宇多は、こうした地方の実態を全国的に調査せよ、と命じた(141)。

この状況は平安初期（桓武朝）と似ているが、京戸の百姓も流れに乗ってきた点が違う。かつては逆に、京に百姓が流入した。京戸の税制上の優遇（調《ちょう》は畿外の半額、庸《よう》は免除）を狙う地方の民が、戸籍を京に移すため虚偽の申請を行った。口分田《くぶんでん》を騙《だま》し取るため人数を水増ししたり、蔭位《おんい》制で位階を騙し取るため別人になりすます不正も横行した。延暦一九年（八〇〇）、桓武はこうした戸籍偽装を取り締まり、文徳朝の斉衡二年（八五五）にも再度取り締まったが、むしろ巧妙化・大規模化し、その実態調査も宇多は命じていた(142)。

判明したのは、昔と逆に、京から地方へ下る百姓の流れだった。本貫から離れた浮浪人として納税義務から逃れる手法が横行し、京戸の免税特権は意味を失っていた。朝廷は浮浪人の捕捉と課税に努めたが、王臣子孫の家人《けにん》になってしまえば朝廷の催促など恐くない。

彼らは「農・商業を営んだ」というが、王臣子孫や王臣家人の〝農業〟とは、〝武力や債務で支配した非力な農民の口分田や墾田を奪い取り、彼らを強制徴用して対価も払わず田畠を耕作させる〟ことだ。また王臣家は、京の市で商人を私的従者に編成したが（一四三頁）、地方ではより露骨に市の商人を支配しただろう。その支配には暴力団のみかじめ料のような、商売を認めて保護する代わりに徴収する上納金を伴った可能性が高い。

しかも、王臣家は各地で物流の上流を押さえ、良質な諸国の特産品を買い占めた（九三頁）。それは京に届く品の品質低下と品薄を招くが、その中で買い占めた良品を転売すれば高値になる。王臣家はそうした形で不正な「商《あきない》」を行っていた可能性が否定できない。

†郡司が追い詰められ、なり手が消滅する

地方では、ますます増長する王臣家の圧迫に、郡司が音を上げ始めた。この頃、「諸司・諸家の徴物使《ちょうもつし》」という物品の取り立て役を役所や王臣家が置き、役人や家人に担当させていた。徴物使の標的は、年貢（調・庸）を京進《きょうしん》する綱領《こうりょう》の郡司一行だ。徴物使は多数

の「党類《とうるい》（仲間）」と待ち構え、入京した郡司に殺到して、「前回までの年貢未進の滞納分を弁済せよ」といって官物《かんもつ》（朝廷の取り分）から自分の取り分を責め取り、「土毛《どもう》（挨拶の手土産）をよこせ」と称して郡司らの私物の食糧を略奪し、応じないと陵轢《りようれき》（暴行）した。

王臣家や寺社は封戸《ふこ》を持っていた。封戸とは、皇族や功臣を優遇するため、特定の行政区の一定数の戸が納める租の半分と調・庸・労役の全部を与えることで、その取り分を封《ふ》戸物《こもつ》という。郡司は京に着くと、封戸物を勝手に抜き取って徴物使に渡した。徴税が不調で京進年貢が不足すると、誰かの取り分に穴が空く。貧乏くじを引きたくない王臣家が、物流の上流で確実に取り分を取ったのである。すると、取りはぐれたくない王臣家の誰もが直接取り立てを始め、しかも債権（未進）回収と称して多めに取る。郡司も徴物使に賄賂として多めに渡すから、この段階で朝廷に入る官物に回す分はほとんど残らない。

さらに、郡司の到着が遅れると徴物使は、年貢京進の公文《くもん》（帳簿書類）を管理する「雑《ざっ》掌《しょう》」という事務職員を責め立てた。丹波《たんば》・伊予《いよ》・土佐《とさ》国司の苦情により、宇多はこの徴物使を禁止し、違反者は捕らえて重科に処し、糾弾させると定めた[143]。

しかし、もはや問題はそこになかった。朝廷や国司は、郡司に年貢京進の責任ばかり負わせ、年貢を奪う王臣家から郡司を守らず、奪われた分の弁償を郡司に請求してくる始末だ。馬鹿らしくなった郡司らは、発想を換えた。どうせなら王臣家に強奪されたことにして、自分で着服し始めたのである。朝廷は責めるが、大した罰は科されないし、いざとなれば王臣家に賄賂を渡して守ってもらえばよい。郡司らは王臣家らの徴物使に率先して協力し、朝廷に納めるはずの年貢から勝手に抜き取って、徴物使への賄賂に使った。

しかも郡司らは、その横領した年貢を財源にして、朝廷に「贖労《しょくろう》出身」した。「出身」は官僚として歩む流れに乗る手続きで、「贖労」は、位階を持ちながら官職に就けない人（無官・前官の人）を救済するため、金銭を支払って次の任官に必要な「労《ろう》（勤務実績）」を貯めたことにする売官制度だ。郡司は何と、朝廷から横領した官物を、任官の代価として朝廷に支払い、箔をつけて国元に帰ったり、地方官になったり、京官《きょうかん》（京で勤務する官僚）になったのである。しかも彼らは、京に残るのに必要な住宅も、横領した官物で購入した。そこで、徴物使の禁止から三ヶ月後の寛平三年九月、宇多はこうした不正を察知するよう諸国に命じ、発覚すれば捕らえて重科に処すと定めた[144]。

こうしてこの頃、朝廷・王臣家・国司の板挟みになって力尽きた伝統的郡司（国造《くにのみやつこ》の末裔《まつえい》）が、没落し始めた。空席となった郡司には、京下りの末端の官人や富豪百姓を、国司が自由に採用した。彼らを「擬任《ぎにん》郡司」という。擬任郡司は本来、欠員補充のため国司から推薦された、朝廷の承認待ちの郡司候補者だった。しかし国司の推薦はまず覆らないので、国司の推薦が事実上の任命を意味し、擬任郡司は国司が任命した郡司を意味した。

そうした中、寛平五年（八九三）に近江《おうみ》国司が嘆いた。(145) 郡司の役を担える（財力・動員力を持つ）百姓は、各郡に一〜二人しかいないので、国司は彼らを擬任郡司に任命するしかない。しかし、彼らは年貢を真面目に京進しない。前に綱領だった時に預けた年貢の欠損の弁償を求めたり、今年の年貢京進を綱領として任せようとすると、「諸国の吏《り》に任《にん》ずと称し、親王の家司《けいし》を拝《はい》すと号《ごう》し、公事《くじ》を勤めず、専ら私門《しもん》を利《り》す」有様だった。「よその国の国司に任官しましたので」「某親王の家司（家政機関の上級職員）を拝命しましたので」といって命令に従わず、年貢も弁償しないのである。

ここに、郡司が横領した資金で地方官（任用国司）になろうとした理由が判明する。他国の任用国司になれば、「もうあなたの部下ではありませんので」といって受領の命令を拒否できる。そして「親王の家司」＝王臣家の上級職員になれば、受領など何でもない。

このように、旧来の郡司は消え、国司に採用された擬任郡司の富豪百姓は速やかにその地位を逃れて、国司か王臣家の一員に収まろうとした。郡司のなり手は枯渇し、郡という行政機構も、郡の役所である郡衙《ぐんが》も、この頃消えつつあった。(146)

†不法な王臣家人の増加と「強雇」

一方、王臣家は肥大化を続けた。元来、王臣家の従者はトネリといい、制度的に朝廷から与えられ、人数や採用条件が法的に定まっていた。親王に与えるトネリを「帳内」と書き、一品《いっぽん》親王の一六〇人から四品《しほん》親王の一〇〇人まで定数があった。五位以上や中納言以上の諸王・廷臣に与えるトネリは「資人」と書き、一位の一〇〇人から従五位《じゅごい》の二〇人まで、太政大臣の三〇〇人から中納言の三〇人まで定数があった（『養老令《ようろうりょう》』軍防令《ぐんぼうりょう》）。ところが、この制度を逸脱して勝手に人を召し使う王臣家が目に余ったため、宇多は寛平三年にトネリ以外の王臣家人を禁じた。それは同年の、前述の一連の王臣家対策の一部だった。ところがそれらの施策には処罰規定がなく、事態は何も改善しなかった。三年後の寛平六年には、「無頼姦猾《かんかつ》の類《たぐい》（反抗的で邪悪な者ども）が王臣家の人と称して好き勝手に獰猛《どうもう》に暴れ、国司・郡司に従わずに侮《あなど》り、地域を騒乱に陥れている」といわれ、再度禁令が出された。[147] 王臣家の求心力は高まる一方で、そこに富豪層の有閑弓騎《ゆうかんきゅうき》が急速・大量に引き寄せられ、大規模なマフィア的な地域権力が形成されつつあったのである。そして二度の禁令は、裏返せば「現状に対して、ほかに打つ手がない」という朝廷の告白に等しい。

その二度目の禁令から四ヶ月前の寛平六年七月、朝廷は、上総《かずさ》や越後《えちご》で「諸院・諸宮《しょぐう》・諸司・諸家の使ら」が、街道や航路を往来する船・車や人馬を「強雇《ごうこ》」するのを禁じた。「強雇」とは、調を運ぶ馬や、官米《かんまい》（朝廷に納める米）を運漕する船を、多人数で街道や港で待ち受け、馬（船）上の人を引きずり下ろし、荷物を刀で切り落として馬（船）を持ち去ることだ。この手口は、後に問題化する「僦馬《しゅうば》の党《とう》」（一九八頁）と同じである。

年貢京進を担う綱領・綱丁《こうちょう》は、強雇に襲われて運送手段を失って路頭に迷い、京進を遅らせたと叱責され、王臣家と朝廷の板挟みになった。富豪百姓はこれを嫌い、国司から綱領に任命されそうになると逃亡して他国に隠れ、綱領の引き受け手が枯渇して、年貢京進が行き詰まった。殺人や放火をしなくとも、他者の所有物を強奪する悪質さは同じだとして、宇多は強雇を「強盗」の一種と見なして禁じた。(148)

この強雇の流行で、年貢が京まで届かずに綱領が賠償請求されるリスクが高まった。そこで郡司・百姓らは、国司に差し押さえを諦めさせる技を考案した。私物に「これは宮家《みやけ》（皇族）に寄進した物」「これは王臣家から借りた出挙物《すいこもつ》（融資）」「これは王臣家に貸した物の担保」などと記した札を立て、杭を打ち縄を張って囲むのである。そして寄進・貸借・担保関係を証言する国司宛ての王臣家の「牒《ちょう》」（通達書）を、国司に突きつけてくるようになった。

この手法は、国司の徴税を逃れるために田地を王臣家に寄進して成立する荘園、いわゆる〝寄進地系荘園《きしんちけいしょうえん》〟の作られ方と全く同じだ。国司はこれがでっち上げだと知っていても、「権勢を恐れ」て手出しできない。これでは、朝廷の税収は皆無に近くなる。そこで寛平七年（八九五）、宇多は「牒」の有無にかかわらず、それらの寄進・貸借関係を無効とし、徴収できる権限を国司に与えた。[149]

†税制の破綻、出挙の失敗、里倉というごまかし

その同じ日、宇多はもう一つ法令を発した。この頃、「諸司雑任《ぞうにん》以上」と「王臣僕従《ぼくじゅう》」、つまり中央の下級官吏や王臣家人が勝手に地方に下って居住し、現地民のように暮らし、役所の職務だといい張ったり王臣家の名を出して威を借り、国司の統治に従わなかった。特に彼らは出挙《すいこ》のシステムを拒否し、それが税源を直撃したので、宇多が禁じたのである。

我々は学校で「出挙は稲の強制貸し付け制度だ」と習う。しかし本来の出挙は、希望者に国衙《こくが》が春に種籾《たねもみ》を貸し与え、秋に収穫から利息と元本を返済させる稲の貸付制度だ。それは民業の支援策で、同時に国衙の重要な財源だった。

その出挙が強制貸し付け制度になったのは、王臣家・郡司富豪層も衛府《えふ》の舎人《とねり》も百姓も、誰もが納税を拒み、税源を横取りして、国衙が慢性的で壊滅的な財源不足に悩み、出挙以外にまともな財源がなかったからだ。朝廷は租税と原理が違う出挙を転用して、望まない者にも強制的に貸し付け、利息を取り立てて国衙の財源に充てるという荒技を考案した。

ところで、読者は気づかれただろうか。無理に高利の債務を背負わせ、未来永劫《えいごう》、利息を搾《しぼ》り取る出挙は、王臣家の郡司富豪層に対するやり口と全く同じだ。この強制的な出挙

は、従来の王臣子孫の手法を、国司として百姓相手に応用したものと考えると腑《ふ》に落ちる。
しかし、出挙は下級官吏や王臣家人にも借す。彼らが素直に強制貸し付けに応じ、期待通り返済に応じるだろう、となぜ発案者が信じたのか、全く理解に苦しむ。案の定、すぐに満足に返済されなくなった。強制貸し付けといえば聞こえが悪いが、見方を変えれば、返済する気がない相手に、頼まれもせずに気前よく稲を貸し、全部貸し倒れになっただけのことだ。

困った朝廷は、この危難を天才的なごまかしで乗り切ろうとした。細々とした支払いを利息分の支払いと見なし、「元本は債務者の家の倉に保管されていて、回収が面倒なのでそのまま預けている」と見なそう、と考えたのである。その債務者の家の倉を「里倉《りそう》（村落の倉）」というので、このごまかしも「里倉」と呼ぶ。もちろん、保管などされていないし、あっても借りた側に返す気がさらさらない。この救い難いごまかしで何とかなる、と信じたこの頃の朝廷の退廃には、驚かされる。当然のように出挙制度が崩壊するのは少し先だが、寛平七年の段階では、下級官吏や王臣家人らが強制貸し付けを拒否する形で機能不全に陥った。そして彼らは秋の収穫に全力を尽くすが、そこから米一粒たりとも納税しない。寛平七年、宇多は今後これを叱責すると定めた[150]。

†王臣子孫の地方留住の加速と口分田の不正取得

その約一ヶ月後の寛平七年一一月、宇多は「五位以上の前司《ぜんじ》（元国司）が本《もと》の任国に留《る》住《じゅう》し、幷《ならび》に輙《たやす》く畿外《きがい》に出る」ことを禁じた[151]。前述の仁明朝の承和《じょうわ》九年（八四二）の命令を踏まえているが、宇多の禁令は特に「五位以上」の元国司を標的にした。これは文徳朝の仁寿《にんじゅ》三年（八五三）の、五位以上・孫王の畿外下向を禁止した禁令の延長上にある。

宇多は今回、禁止の理由を懇切丁寧に教え諭《さと》した。「夫《そ》れ五位以上は資《し》俸《ほう》稍《や》や寛《ゆた》かなり。故《ゆえ》に無財《むざい》の限《かぎり》に入《い》らず。身を役《やく》し庸《よう》を折ること、豈《あ》に六位と同じからんや（五位以上は俸《ほう》禄《ろく》が手厚く、六位のように生活に余裕がない者と違って、自ら働く必要はないはずだ）」と宇多は諭す。失職しても生活には困らず、「農商」に勤《いそ》しむ理由はないのだから、国司の任期後は速やかに京へ戻り、その後は軽率に畿外に出るな、という禁令だった。

さらに一ヶ月後の一二月、宇多は禁令を追加した。畿内の百姓の生活が困窮する元凶は「権貴《けんき》が雑居《ざつきょ》し、動《やや》もすれば煩苦《はんく》を為《な》す（王臣家が百姓に混じって住み、何かと強制徴用や収奪で百姓を苦しめる）」ことなので禁じて欲しい、という要請に応えて禁止したのである。

しかしこの禁令では、余生を送る老人や治療中の病人に例外を認めた。それには国司の審査を受け、合格後に京の太政官に申請するという煩雑な手続きが必要だったが、山城国《やましろ》内から出ないなら手続きも不要で、奈良の春日社《かすがしゃ》の祭礼や興福寺の仏事、薬師寺の仏事などに参加すべき氏人《うじびと》や諸司の官吏《かんり》は、五位以上でも手続き不要で大和国《やまと》に居住できた。藤原氏が氏神の春日社や氏寺の興福寺に奉仕するといい張れば通過できる抜け穴を、わざわざ設けたのだ[152]。もっとも、抜け穴があろうとなかろうと、禁令は守られないのだが。

翌年の寛平八年（八九六）四月、宇多は「諸宮・王臣家及び五位已上《いじょう》」の「権貴《けんき》の家」の無法な土地集積を禁止した。荘園の開発・運営拠点である「荘家《しょうけ》」で多数の武装した従者が徒党を組み、近隣の「平民（百姓）の田地」に押しかけ、強引に田地を買収して三〇〜四〇町も占有し、「負債を返せ」と田地を責め取り、収穫期には年貢を納めなかった。

興味深いのは、墾田《こんでん》と口分田《くぶんでん》の区別さえ、王臣家が平然と踏みにじり始めたことだ。禁令は続ける。「「諸宮・王臣家及び五位已上」は例外を除き、田を経営してはならない。例外とは、国司に申請して正規に開墾・登録された「荘田《しょうでん》（墾田）」と、位によって授けられる親王の「品田《ほんでん》」、諸王・廷臣の「位田《いでん》」と、官職によって授けられる「職田《しきでん》」である。百姓が口分田を売買したり、五位以上が職田・位田を「賃租《ちんそ》（賃貸）」する時は、徴税時に通常の田と混同されないよう、国司・郡司に通告して法に従って「立券《りつけん》[153]（証文を作成して役所に登録）」し、判別できるようにせよ。違反者には違勅罪《いちょくざい》を科す」と。

王臣家は、百姓から墾田ばかりか口分田まで買って混ぜていた。口分田は班田《はんでん》（一定年齢の男女に田地を班《わか》ち与え、死んだら回収）で与えられた田地だが、班田は当時途絶していた。班田は戸籍に基づいて行うが、男性を税負担が軽い女性と偽ったり、死亡を届け出ずに口分田の回収を免れるなど、百姓は負担軽減のため戸籍の虚偽申告に全力を尽くした。戸籍が壊滅すれば、戸籍に基づく班田も不可能だ。ならば、口分田を不正に買って墾田に混ぜても、口分田を再集計する班田が行われないなら発覚しないし、国司が回収する機会もない。王臣家は、田地の囲い込みを墾田に限る理由がないことに気づいていた。そこに田地があるなら回収すればよい、という単純な形に、地方の土地問題は収束した。

†儒学の理想主義に傾倒して現実を見ない宇多朝の失敗

こうした悪事に走る無法者として名指しされたのは、「諸宮・王臣家及び五位已上」だった。宇多は叱責する。「そもそも五位以上という地位は特別に貴く、田を耕作しなくて済むよう禄を与えているはずなのに、なぜ田地経営の利を貪るのか」と。五位以上と経済力を結びつけて農業・商業から排除する宇多の説諭が政令に現れたのは、前年一一月の禁令に続いて二回目だ。宇多はなぜ、この論理にこだわるか。

実は、その言説が最初に現れた寛平七年一一月七日の一〇日前の一〇月二六日、菅原道真が参議から権中納言《ごんのちゅうなごん》に昇進し、従三位《じゅさんみ》に昇っていた。道真がいよいよ政権中枢の最上層に食い込んだ直後からこの論理が現れたのなら、次の可能性を考えるべきだ。意思決定の結論や過程、そしてその文章的な表現に、露骨に儒学が反映され始めたのではないか、と。

日本の五位は、古代中国の大夫に該当する。それは、王・公・卿《けい》・大夫《たいふ》・士という周《しゅう》王朝の身分体系が《礼》思想で理想とされ、《礼》思想の輸入に伴って日本独自の身分制度に当てはめられた結果だ。その《礼》思想では、周の「大夫」以上の階級は俸禄だけで豊かに生活できたが、「士」は俸禄だけで暮らせず、民のように働く必要があったとされた（『礼記《らいき》』では、宮廷の射《しゃ》〔的中率で臣の徳を計る弓術大会〕の出場を辞退したい場合、大夫以上は病気を口実に、士は「薪《たきぎ》を背負う（労働する）辛苦」を口実にすべき、と書かれている）[154]。ここで大夫を五位に、士を六位に置換すると、そのまま「五位以上は禄で食えるので、六位のように働く必要はない」という宇多の言説になる。それは明らかに宇多の儒学愛好と、それによって旭日の勢いで出世する大儒学者・菅原道真の影響だ。

道真は寛平五年に参議に昇ると同時に、式部大輔《しきぶのたいふ》を兼ねた。長官の式部卿《しきぶきょう》は親王が就任する名誉職だったので、式部省の事実上のトップ、つまり儒学と《礼》思想の元締めは、次官である式部大輔だ。道真はその地位に就いたのである。「五位以上は十分な禄があり働く必要がないはずだ」と儒学的に王臣家を諭した前述の二度の太政官符《だいじょうかんぷ》（寛平七年一一月と寛平八年四月）は道真の式部大輔在任中のものなので、彼の儒学者としての信念が反映されていると見て、まず間違いない。

しかし、右の言説は二重の意味で間違っている。第一に、その考え方が成り立つのは、禄が本当に満額支払われる場合だけだ。しかし、諸国では納税拒否が横行し、徴税した分も現地で王臣家に奪われ、京に着けば王臣家らの徴物使《ちょうもつし》に奪われ、綱領《こうりょう》の郡司富豪層に横領される。年貢はほとんど朝廷に届かないのであり、そこから配分される禄が満額、定期的に支払われたとは、到底考えられない。「もらえるはずの禄が来ないから別の収入源を探すしかなかったのだ」と王臣家が反論すれば、朝廷は退けられないのだ。

第二に、宇多は、「十分な禄を与えている」という。しかし、宇多は欲望の際限のなさをわかっていない。墾田永年私財法《こんでんえいねんしざいほう》の発布以後、古代日本は公地公民制の建前を残しつつ、無限に富を追求できる国になった。それはあたかも、現代の中国が共産主義の建前を残しつつ、〝改革・解放〟で部分的に資本主義経済の真似事を始めたのと似ている。現代中国がそうなったように、一度、富の追求の門戸を解放すれば、国民は暮らしに余裕ができても、億万長者になっても、とどまることなく金儲けを追求するようになる。

儒教の《礼》思想は理想主義的で、中国でははるか昔から、人間の意地汚い欲望や本能を甘く見る点に弱点があると、指摘され続けてきた。儒学に傾倒した宇多や道真はその弱点をそのまま抱え込み、克服できず、地方社会を破綻《はたん》に向かわせたのである。

†陽成院の凶暴化と乱行――院宮王臣家の横暴の極大点

宇多朝は、様々なところに末期的症状が現れた時代だ。それを象徴するのが、寛平六年に非難された強雇《ごうこ》の犯人の「諸院・諸宮・諸司・諸家の使ら」に、「諸院《しょいん》」が含まれたことである。宇多朝で「院」の該当者は、陽成《ようぜい》上皇（陽成院）しかいない。

元慶七年（八八三）、源益《みなもとのます》という廷臣が撲殺死体で発見された。死体の発見場所は殿上《てんじょう》、つまり天皇の住居内だった。犯人が捜されず、箝口令《かんこうれい》が敷かれた点から見て、陽成の仕業だった可能性が否定できない[155]。後世に花山《かざん》天皇と並んで「陽成・花山の狂《きょう》」と謗《そし》られ、「物狂《ものぐるい》の帝[156]」と指弾されたように、とかく陽成は悪名が高い。三世紀後、九条兼実《くじょうかねざね》という廷臣は、陽成院が一七歳で摂政基経に廃位されたのは、祭礼の直前に刀で人を斬殺したためで、「陽成院は暴悪無双《ぼうあくむそう》」だ、と日記で筆誅《ひっちゅう》を下している[157]。

退位を強いられた陽成は荒れた。陽成の家の前を、車から下りて歩く（敬意を払う）礼節も取らずに宇多天皇が通るのを見て、「当代は家人《けにん》にはあらずや（今の天皇は私の家来だった奴じゃないか）」と恨んだ[158]。また陽成は蛮行に明け暮れ、その様子は宇多自身の日記に生々しく記録されることになった。

寛平元年（八八九）、左大臣の源融《とおる》は宇多に「陽成院の人の厄《わざわい》、世間に満ち、動《ややもす》れば陵《りょう》轢《れき》を致す。天下愁苦《しゅうく》し諸人嗷々《ごうごう》なり。若《も》し濫行《らんぎょう》の徒《と》有らば、只《た》だ彼《か》の院の人と号《ごう》す（世間は陽成院の家人の災いだらけだ。彼らはすぐ暴力に訴え、天下は憂い苦しみ、皆が声高に非難している。無法者は皆、陽成院の家人だ）」と訴え、陽成を「悪君《あくくん》の極《きわみ》」と罵った。[159]二ヶ月後、今度は陽成院は従者を連れ、馬で彼の「下人《げにん》の家」に乗り込んで杖や鞭を振り回し、女子供を恐怖に陥れる事件を起こした。天皇や上皇が自ら暴行するのも、狩や戦争以外で馬に乗るのも身分不相応で、源融は「悪主《あくしゅ》、国に益無《やくな》し」と吐き捨てた。[160]

宇多の日記には「毎日聞《き》こへ有り（毎日悪い噂が届く）」とある。右の四日後には、以前仕えていた者の娘を捕えて打擲《ちょうちゃく》し、琴の絃《げん》で縛って「水底に漬け」たと噂された。[161]その二ヶ月後には、陽成は摂津国島下郡《つのくにしまのしも》の備後守《びんごのかみ》藤原氏助《うじすけ》の家に多数の従者と乱入し、猪や鹿を狩る拠点とするため接収した。陽成の手下は一二人の「童子」と二人の厩舎人《うまやとねり》（馬の世話係）で、全員が「武装を着《ちゃく》し、弓矢を帯び、前後に相分《あいわ》かれ、騎馬し行列」する、完全武装の騎兵隊だった。そして近くの山を勝手に「院の禁野《きんや》（独占狩猟区）」にし、街道に牓示《ぼうじ》（掲示板）を立てて布告し、通行人を妨げて何かと「陵轢《りょうれき》（暴行）」したという。[162]

同じ月、陽成は宇治に現れて土地の境界を示す柴垣をすべて壊し、朝は山野を跋扈《ばっこ》して狩猟し、夕に集落で住民に「掠陵《りゃくりょう》（略奪・暴行）」し、付近の源融の厩《うまや》から馬を強奪して原野を駆け巡った。[163]陽成の馬好きは有名で、在位中は内裏の空き地に馬を飼わせ、退位後も三〇四の馬を御所で飼っていたという(164)。

弓矢で武装し、徒党を組み、人家に押し入り通行人を襲って暴行・略奪し、所構わず狩し、略奪した馬で広範囲を自由に往来するという行動様式は、王臣家人の有閑弓騎や「僦《しゅう》馬《ば》の党《とう》」(一九八頁)と何ら変わらない。破れかぶれに見える陽成院の凶暴化は、頂点を極めてから降ろされ、永久に逼塞《ひっそく》を強いられたことと無関係のはずがない。そしてそれは、王臣子孫の同じ行動様式も、前途を閉ざされた暗い将来に起因した可能性を推察させるに十分だ。

そしてもはや、元天皇さえ容赦なく社会や制度を蹂躙《じゅうりん》して、従来の王臣子孫と同様に振る舞う時代が来た。王臣家は、院まで加わった「院宮王臣家」へとバージョン・アップしたのであり、それは、王臣家の横暴の極大点が到来したことを意味する。しかも陽成は、一七歳で退位した元慶八年から八二歳まで、村上(宇多の孫)朝の天暦《てんりゃく》三年(九四九)まで生きた。その六五年間、陽成は朝廷の腫物であり続け、朝廷を蝕《むしば》んだ。その陽成に宇多朝は断固たる態度を取らず、結果として暗黙的な承認を与えた。王臣子孫の無法が宇多朝を境に目に見えて悪辣《あくらつ》の度を増し、収拾不能に陥った一因は、間違いなくそこにある。

†地方の事実上の裁判権力に脱皮し始める院宮王臣家

寛平八年（八九六）四月、宇多が王臣家らの無法な土地集積を禁じた日（一七九頁）、より重大な禁令が出された。王臣家が地方社会の裁判を担うことを、禁止したのである。

宇多は山城国内に使者を派遣して、民の苦境やその実情を直接聴取《ヒアリング》させ、郡司らの訴えを報告させていた。その報告によると、「諸院・諸宮及び諸王臣家」が百姓の田や浮浪人の財物を狙って争い、国司に従わず郡司に連絡もせず、現地に乱入して百姓を威圧し、郡内の田園は荒れ、財産も失われていた。しかも、民の「財物田宅《ざいもつでんたく》」の訴訟（動産・不動産の所有権訴訟）は郡や国に提訴すべきなのに、百姓はそれを軽視して院宮王臣家に訴えを持ち込んでいた。宇多は、こうした百姓の提訴や院宮王臣家による受理を禁止し、違反すれば百姓は杖《じょう》一〇〇の体罰と係争物の没収、受理した側は違勅罪に処すと定めた(165)。

これこそ、王臣家の権力の到達点だ。武力と免罪特権により、地方社会で誰も手が出せない王臣家は、奪うと決めたものを必ず奪えるし、渡さないと決めたものは誰も奪えない。それは、ほかの人々にとって二つのことを意味する。第一に、王臣家と争ってはならないこと。第二に、誰と争う場合であれ、王臣家を味方につけた側が必ず勝つということだ。

そこで、地域社会の誰もが、紛争を抱えると王臣家を味方に取り込もうとし始める。

〝誰もが〟という点が重要だ。紛争当事者の双方が王臣家に保護を願い出たらどうなるか。王臣家が有効だと決めた権利を、誰も覆して奪えない。ならばそれは、何より心強い確定判決と同じだ。そして誰もが王臣家に権利保全を依頼してくるなら、受け入れる王臣家はもはや紛争の当事者ではなく、上の次元の裁定者だ。あとは、王臣家側の認識が、〈いずれかに味方する〉から〈中立的立場から裁く〉に転換すれば、裁判所のできあがりだ。

もちろん、王臣家が公正に裁判するとは到底考えられない。勝訴するのは、より高い利得（賄賂）を王臣家に提示した側だろう。地域の民の安定に貢献する高潔な精神も、ありはしまい。それは現代の法治国家に生きる我々の想像を絶する、汚い裁判所だったはずだ。

しかし、紛争解決で最も重要なのは、裁定者の決定が絶対であることだ。それに逆らっても平気なようでは、敗訴した側が無限に抵抗して紛争が終わらない。逆らえば紛争当事者が潰《つぶ》されてしまうような力が裁定者には必要で、それが地方社会では唯一、王臣家にあった（こうした仲裁者は、中世に「中人《ちゅうにん》（仲人）」という社会慣習として成熟してゆく）。とすれば、王臣家が他人同士の紛争に介入して裁定する意思を持ち、その裁定を誰も覆せない実力を持ったことが、何より重要になる。発展途上国で町を仕切るマフィアと同じで、どれだけ汚くとも、王臣家の法廷は、地域で最も有効に機能している裁判所だった。

もう一つ重要なのは、王臣家の意思が地域社会の最終決定だと見切った百姓が、正規の訴訟制度を無視し、王臣家に訴訟を持ち込んだことだ。王臣家は既存のシステム・法に逆らいつつ、次第に自らがシステム・法となり、地域社会の公権力へと脱皮しつつあった。

†王臣家の真似事の勅旨田で王臣家人と荘園を増長させる茶番

右の状況に対して一連の禁令を出した翌年の寛平九年（八九七）、宇多は突然、息子の醍醐《だいご》天皇に譲位する。醍醐はわずか一三歳で、以後しばらく、宇多上皇の後見のもと、朝廷の柱石・輔弼《ほひつ》の臣と定めた左大臣藤原時平《ときひら》・右大臣菅原道真が、醍醐朝を主導してゆく。

宇多は譲位して主導権を左大臣時平・右大臣道真のペアに少しずつ譲り渡し、醍醐の成人まで、彼らの二人三脚による安定的な政権運営へと移行させたかったのだろう。しかし、譲位から四年後の昌泰《しょうたい》四年（九〇一）、道真が時平の謀略で失脚し、宇多の目論見は挫折した。当時まだ醍醐は一七歳で若すぎ、以後の醍醐朝は、左大臣時平が、延喜《えんぎ》九年（九〇九）に没するまで主導した。その時期の醍醐朝は〝延喜の治《ち》〟と呼ばれ、最後の格《きゃく》・式《しき》（律令を補う法）である『延喜格』と『延喜式』が作られ、史上初の荘園整理令が制定された。

かつて荘園制の研究が中世史の王道とされた時期に、延喜二年（九〇二）[166]の太政官符で出された一連の法令は〝荘園整理令〟と名づけられ、今でもそのままだ。しかし、その呼び方は問題の本質を見誤らせるので、本書では〝延喜二年令〟と呼ぼう。

延喜二年令の眼目は二つしかない。①勅旨田《ちょくしでん》の開発停止と、②院宮王臣家・諸大夫層による墾田集積の禁止だ。このうち②は、従来のたび重なる禁令の繰り返しにすぎない。

この法令は、開墾ラッシュの弊害を指摘する。百姓を強雇《ごうこ》(強制徴用)する開墾は最初から禁じ、国司が他人名義や王臣家と結託して墾田を持つのも弘仁三年(八一二)に禁じ、常荒田《じょうこうでん》(耕作放棄地)の再開墾も百姓だけに許すと天長元年(八二四)に定めた。ところが「諸院・諸宮及び五位以上」が法を憚《はばか》らず、「百姓の田地・舎宅《しゃたく》を買《か》ひ取り」、開墾目的で荒野・荒田を競って占有し、土民を限界まで徴用して働かせ、農業を妨げている、と。

そこで今回、百姓が「田地・舎宅」を権門に売却・寄進するのを禁じ、違反者は杖《じょう》六〇の体罰、買った院宮王臣家には違勅罪を科し、違反を知って見逃した国司は解任する、と定めた。また、院宮王臣家らが新規に開墾することも禁止された。これで、王臣家の荘園(墾田群)を少しでも増やす行為はすべて禁止されたことになる(②)から、荘園整理令と呼びたくなったのだろう。その気持ちはわからないではないが、ことの本質を見落としている。

この法令の主眼は、①の方にある。勅旨《ちょくし》とは、後世風にいえば天皇の御料《ごりょう》、つまり〝天皇が個人的に使うための資源〟を意味する。勅旨田は、未利用の土地を周辺の百姓に開墾させ、収穫を天皇の収入に充てる墾田だ。開発責任者は国司で、一度に数十〜数百町もの広域が、淳和・仁明朝に最も盛んに設定され、知られるだけで総面積は四千町に及ぶ。

勅旨田のこのあり方は、開発方法も運営方法も、王臣家が開発させた墾田と変わらない。だから生じる問題も同じだった。延喜二年令によれば、全国に遍《あまね》く存在した勅旨田は、開墾に動員された民の生業を圧迫し、開発責任者の国司が現地に設けた「荘家《しょうけ》」を拠点に、徴用した百姓をしばしば責め苛《さいな》んで使役したため、諸国の生産体制は大打撃を受けた。

何のことはない。勅旨田とは、王臣家が行った百姓の強制徴用と虐待と生活の破壊を、朝廷と国司が行っただけだ。しかも勅旨田は朝廷・天皇が経営するだけあって、規模が半端ではない。つまり、半端でない規模の百姓の強制徴用・虐待が、朝廷の主導・公認のもとに行われ、百姓が疲弊すれば税収確保に響いて不利益を蒙るはずの国司によって行われた。この勅旨田は、もはや矛盾というレベルを超えて、意味不明というしかない制度だ。

その弊害に朝廷が気づき（気づいたことを認め）、新たな勅旨田の開発をやめると決断したのが、延喜二年令だった。王臣家の無法な開発を非難してきた朝廷・天皇が、実は同じ無法を最も大規模に繰り広げていたという、洒落《しゃれ》にならない茶番が、ここに発覚する。勅旨田が最も盛んに置かれた淳和～仁明朝（八二〇～八五〇年頃）から九〇二年の延喜二年令まで、朝廷は半世紀以上、自分も同じ穴の狢《むじな》であるのに素知らぬ顔をして、王臣家の墾田開発を制止してきた。王臣家がその制止を聞かないのは、あまりに当然ではないか。

この茶番には、救いのない続きがある。百姓らは、この朝廷の無法な「課役《かやく》（勅旨田開発)」を逃れるため、「動《ややもす》れば京師《けいし》に赴き、好んで豪家《ごうけ》に属し」た。つまりさっさと京に上って、率先して王臣家人になった。百姓らは偽って「自分の田地(家)は某王臣家に寄進した/売り与えた」と称し、それを証明する王臣家の牒《ちょう》(通達書)と使者を現地に送らせ、「これは王臣家の所有物」と主張する札を立てて田地や家を封鎖し、年貢の支払いも未進の取り立ても拒否した。国司は事情を知りつつ「権貴《けんき》の勢《せい》(王臣家の権勢)」を憚って手出しできず、田地はそのまま「豪家の荘《しょう》(王臣家の荘園)」になり、民も現地を去って他国に流れたという。朝廷はこうして、減らすべき王臣家人とその田地を我が手で増やした。

†猛威を強める王臣家と六衛府の舎人、王臣家に逆らう王臣家人

延喜二年令の翌年、唐人の商船が来着すると、朝廷の使者が来る前に「諸院・諸宮・諸王臣家等」=院宮王臣家が使者を派遣して争って買い漁《あさ》り、現地の「富豪」も舶来品を愛して高値で購入し、朝廷の買う分が残らないという状況が報告された。朝廷はこうした私貿易を盗みに準じて三年の徒《ず》刑(懲役刑)を科し、改めて禁止した[167]。

また二年後の延喜五年には、「諸院宮家《しょいんぐうけ》」が冬や春の繁忙期(冬は官物《かんもつ》の納入業務、春は出挙《すいこ》米《まい》の種まき)もお構いなしに、牒を国司に送りつけて人夫や馬を動員させ、狩猟に使役していた。彼らは獲物を追うのに馬を乗り潰《つぶ》すまで走らせ、馬の六~七割は死に、勢子《せこ》

（獲物を追い込む役）として酷使された百姓の大半は食えなくなって逃散《ちょうさん》（逃亡して生産を放棄）してしまう。院宮王臣家人は人馬を使い捨ての労働力として、後先考えずに、文字通り死ぬまで短期間で酷使した。その民を引率する郡司が窮状を陳情すれば、王臣家は容赦なく「陵轢《りょうれき》（暴行）」を加え、国司が牒を送って苦情を伝えると「罵詈《ばり》（悪口）」を浴びせ、国司・郡司はその「威猛《いもう》」に口をつぐむ。王臣家の「従者」らは「放縦《ほうしょう》を宗《むね》とし（すべて勝手気ままに）」、「民家に乱入し、財物を掠奪《りゃくだつ》」し、言語に絶する暴悪を働く、と参河《みかわ》国司が報告している。

延喜二年令で開墾競争を終わらせた結果、収奪の熱意は貿易や狩猟に向けられたようだ。朝廷は王臣家と「五位已上及び六衛府官人」に右の暴挙を禁じた(168)。

この「六衛府《ろくえふ》官人（長官〜第四等官）」の指揮下の実働部隊が、第二章（四七〜四八頁）で言及した六衛府の舎人《とねり》だ。彼らは課役（調《ちょう》・庸《よう》・雑徭《ぞうよう》（労役））免除の特権を持ち(169)、それはもちろん不正の温床になった。すでに四年前の昌泰《しょうたい》四年（九〇一）、播磨《はりま》国司が訴えている。「当国の百姓の過半数が六衛府の舎人となり、課税を逃れ、出挙《すいこ》の貸与を拒み、国や郡の指示に従わず、収穫した稲の倉に「これは本府《ほんぷ》（所属する衛府）のもの」「この稲は勢家《せいけ》（王臣家）のもの」と札を掲示して納税を拒み、国司が収納使《しゅうのうし》（徴収担当官）を派遣すると捕らえて暴行し、「群党《ぐんとう》（徒党）」を組んで好き勝手に振る舞い、綱領《こうりょう》の郡司は恐れて手出しできない」と。[170]

彼らの行動様式は王臣家人と同じだ。被害者面《づら》をする郡司も同じことをしており（一七五頁）、納税拒否の口実として利用するのが、王臣家か朝廷の衛府《えふ》かの違いでしかない。九年後の延喜一四年（九一四）、三善清行《みよしのきよゆき》は「意見十二箇条」の「衛府の舎人の「凶暴」を何とかすべき」と提言する一ヶ条で、強く非難した。「六衛府の舎人は本来、当番の日に昼夜王宮を警備し、非番の日は京の宿舎で待機し（京の東西帯刀町《たちはきちょう》はそのためにある）、危急の時は総出で天皇と宮都を防衛するものだ。しかし実際は京におらず、遠い諸国に住み、勤務実態がなく危急の役に立たない。彼らは皆「部内の強豪、民間の凶暴の者（地方社会の凶暴な有力者、つまり郡司富豪層の有閑弓騎）」で、国司が取り締まると京に駆け込んで賄賂を積んで宿衛《しゅくえ》（衛府の舎人）の地位を買って追及を逃れ、ひどい者は徒党を率いて国府を襲って国司を「凌辱《りょうじょく》（暴行し辱《はずか》しめる）」する、社会の「蠹害《とがい》（害虫）」だ」と。

彼らは〝天皇・京を警備する国家公務員〟という肩書だけ手に入れて実際に勤務せず、特権ばかり行使する、いわば〝警察手帳を持ったゴロツキ〟で、極めてたちが悪かった。

清行はさらに続ける。昨今では「凶暴邪悪の者」といえば「悪僧と宿衛（舎人）」と相場が決まっている。悪僧は髪を剃ったギャングで、肉食・妻帯して一つも戒律《かいりつ》を守らず、徒党を組んで「群盗」となり、貨幣を偽造し、去年は安芸守《あきのかみ》の藤原時善《ときよし》や紀伊守《きのくにのかみ》の橘公廉《きみかど》を襲って無法の限りを尽くした、と。宮都の守衛であるはずの衛府の舎人が、悪僧と並ぶ最も代表的な悪人として〝社会の害虫〟扱いされた点に、社会の救い難い崩壊が明らかだ。

その一二年前の延喜二年（九〇二）、河内《かわち》・参河《みかわ》・但馬《たじま》の国司が揃って嘆いた。[171]「頗《すこぶ》る資産有《あ》りて事《こと》に従《したが》ふに堪《た》ふるべきの輩《ともがら》（地方行政を預けられる富豪百姓）」のほとんどは、衛府の舎人や王臣家の雑色《ぞうしき》（身分の低い雑用係）になり、衛府や王臣家の権威を頼って国司・郡司に従わない。年貢を徴収・京進する綱丁《こうちょう》に指名しても誰も引き受けず、仕方なく「貧民」を任命すると隣の国境も越えないうちに年貢を横領し、都に着いても朝廷に納めず横領する始末で、無能な綱領の郡司を補佐する有能な富豪の綱丁もいない。しかも、彼ら百姓は肩書に相応の仕事もせず、それを隠そうともしない。史生《ししょう》（下級官吏《かんり》の一種）は役所に出勤もせず、六衛府の舎人は京で宿直警備や練武《れんぶ》（武芸訓練）の責務を果たしもせず、出身国で悠々と暮らし、王臣家の家政機関では雑色・喚継《めしつぎ》（側近の取り次ぎ係）・トネリ（帳内・資人）などが、何と王臣家の命令さえ聞かない、と。

役所・衛府・王臣家でも何でも、およそあらゆる権門のどれかに帰属して、富豪百姓は無法を尽くした。しかも、彼らはそれらの権門に仕えている実体がなく、権門の指示にも耳を貸さず、あの王臣家の指示さえ聞かない者がいた。本書が追跡してきた〝王臣家の横暴〟の実態が、表向き王臣家を形だけ立てた王臣家人の横暴だったことが、よくわかる。

†刑事・民事裁判権を打ち立てる王臣家とマフィア的支配の限界

その中で、王臣家の権力は完成しつつあった。延喜五年（九〇五）、朝廷は次のように指弾した。「わが国の制度では、犯罪は発生現場を管轄する官司が裁く。その裁定が道理に背いて不服なら、その官司を統轄する上級官司に越訴《おっそ》（通常の窓口を飛び越えて上に提訴）する定めだ。しかし暗愚の人々は「勢家《せいけ》」を頼り、「諸院・諸宮・諸司・諸寺・諸王臣家の使《つかい》」に介入を要請する。すると使者が国内に乱入し、「威勢を施し、恣《ほしいまま》に猛暴《もうぼう》を行《おこな》ひ」、本来の管轄者（国司・郡司・官司）を凌辱《りようじよく》し、古い証文を根拠に「多年累積した利息として回収する」といって係争物を奪い、郡司は威を恐れて手が出せない」と。[172]

朝廷は、王臣家への民事訴訟の提訴を禁じた寛平八年の禁令を強調すると同時に、今回は「雑犯《ぞうぼん》を訟《うった》ふる」ことも禁止した。それは刑事訴訟のことで、王臣家は遂に、「道俗《どうぞく》（僧尼か百姓か）」を問わず、民事か刑事かも問わず、近隣のあらゆる紛争に判決を下す裁定者に到達した。その王臣家が係争物を強奪したのは、強制執行を担っていた証拠だろう。

その三ヶ月前、朝廷は播磨国の申請で、それまで山城《やましろ》・近江《おうみ》・美濃《みの》・紀伊《き》などに下していた禁令を全国に拡大していた。それは院宮王臣家による勝手な〝犯罪者〟逮捕の禁止である。

「非違《ひい》を糺《ただ》す（違法行為の摘発と処罰）」のは国司の仕事なのに、「院宮諸家（王臣家）」は刑事裁判を勝手に行い、使者が多数の「従類《じゆうるい》」を率いて〝犯罪者〟に認定した郡司や雑色《ぞうしき》（国衙の雑用係）を逮捕して「陵轢《りようれき》（暴行）」した。家長がその標的になると家ごと没落し、妻子は涙し、親族は逃亡して、一家は離散する。逮捕された〝犯罪者〟は、本来の「囚人」以上にひどい扱いで責め苛《さいな》まれ、何ヶ月も釈放されないので、彼らの「家業（一家の生業）」は崩壊し、郡司らは「公務」を行えず、彼らを使う国司の行政が崩壊していた。[173]

このように、王臣家は犯罪の認定から処罰までを勝手に担う、警察・検察・裁判所を兼ねたような権力に脱皮しつつあった。単なる略奪者から民事裁判の担い手、そして遂には刑事裁判の担い手へと、王臣家は成長を（強引に）遂げた。ここまで来れば、その権力はほとんど地方政府に近い。しばしば、平将門の乱で東国に地方政府が成立したことが重大視されるが、あれは数ヶ国単位で広域に地方政府が成立したことが驚くべきなのであって、その三〇～四〇年前に、王臣家による地方政府の卵が、すでに各地に存在したのである。

とはいえ、これらの〝地方政府〟は、マフィアやギャングの支配と同じだ。裁定者としての権威を支えるのは露骨な暴力で、紛争に介入する動機は欲であり、地域全体・民全体を公正に統治する責任感は微塵もない。しかも、彼らの〝統治〟は自分の勢力圏に限られ、ほかの王臣家の勢力圏との間に秩序と呼べるものはない。そして、それらを統合する決定的な力と理由が、王臣家には欠けていた。彼らだけでは、これ以上の統合と拡大は見込めない。マフィアが政府になれないのと同じで、王臣家の地域支配は煮詰まったのである。

†「僦馬の党」を率いる物部氏永の乱——群盗問題の極大化

この袋小路を打破するかのように、東国の社会を根底から覆す大混乱が襲った。宇多朝の寛平元年（八八九）に蜂起した物部氏永《もののべのうじなが》の乱で、群盗の跋扈《ばつこ》が頂点に達したのである。

この事件は記録が乏しく、「今年（寛平元年）、東国の賊首《ぞくしゅ》物部氏永、起《た》つ」「東国の強盗の首物部氏永等、発起す。追捕《ついぶ》の間、已《すで》に以《もつ》て昌泰《しょうたい》に及ぶ」という短い記録がすべてだ(174)。

物部氏永の正体も、乱の始まり方も終わり方も不明だが、「東国の賊首」「東国の強盗の首」が、坂東《ばんどう》全体に及ぶ大規模な群盗の頭目を意味したことは確かだ。

寛平元年に始まった乱は昌泰四年（九〇一）まで、何と一二年も鎮圧されなかった。氏永率いる「東国の強盗」の強大さと、朝廷の無力さを示して余りある。

物部氏永の活動は寛平元年に問題視され始めたが、危急を告げたのは一〇年後の昌泰二年（八九九）冬からだ。その年の一一月一六日〜一二月一六日の一ヶ月間に、上野《こうずけ》国司が飛駅《ひえき》（早馬）で使者を四度も京に急派した。氏永の乱による危急存亡の重大事態に違いない。翌昌泰三年の五月末に、「上野国の群盗を追捕《ついぶ》す」と記録されたが、翌年の延喜《えんぎ》元年

(九〇一)にもなお、「去《さ》んぬる寛平七(元)年より、坂東の群盗発向《はっこう》す。其《そ》の内、信乃《しなの》・上野・甲斐《かい》・武蔵《むさし》、尤《もっと》も其の害有《あ》る御祈《おいのり》なり(去る寛平元年から坂東の群盗が活発化し、特に信濃・上野・甲斐・武蔵で被害が大きいので、鎮《しず》まるよう有力寺社に祈願した)」と記録された。[175] 上野の群盗は、隣接する信濃や甲斐・武蔵をも巻き込む、広域の騒乱と化していた。

上野国司は危急を報じる二ヶ月前の昌泰二年九月、「相模《さがみ》国の足柄《あしがら》坂と、上野国の碓氷《うすい》坂に関を置き、公験《くげん》(政府の公的な通行証)がなければ通行させない」よう朝廷に要請して許可された。[176] 連年の「強盗蜂起」で最も甚大な被害を受けた上野国が「強盗」の出所をたどると、すべて「僦馬《しゅうば》の党《とう》」のなれの果てだと判明したからだ。

当時、「坂東諸国の富豪の輩」は膨大な量・頻度の物流に使う「駄《だ》」(輸送馬)を、すべて百姓からの略奪で調達していた。彼らは東山道と東海道を自在に往来し、一方で馬を盗んでは他方に出現して輸送に使った。この馬泥棒の集団が「僦馬の党」だ。馬の盗難自体が大損害だが、重要な輸送手段を奪われて百姓の生活が危機に瀕した。この「僦馬の党」は「遂に群党《ぐんとう》を結び、既に凶賊《きょうぞく》と成る」、つまり大集団となって凶悪な犯罪組織となった。

上野は隣国と「追討(殲滅《せんめつ》)」に着手した。上野には隣国が多く、南から時計回りに武蔵・信濃・越後《えちご》・陸奥・下野《しもつけ》・常陸《ひたち》・下総《しもうさ》と隣接し、信濃東部を挟んで甲斐もほぼ隣国だ。二年後の延喜元年に「特に群盗の被害が大きかった」といわれた信濃・上野・甲斐・武蔵は、上野と隣国（＋甲斐）なので、両者は同じ事件、したがって「僦馬の党」は「群盗」の一種だ。

上野国が隣国と「僦馬の党」の追討を図ると、「僦馬の党」は散り散りに「解散」して逃亡し、一部が上野から信濃へ向かったため、上野国司は国境の碓氷坂（碓氷峠）に警備隊を置いて通行者をチェックし、相模国にも連絡して同様の措置を望んだ。相模と駿河《するが》を結ぶ足柄峠を封鎖し、「僦馬の党」の残党が駿河以西へ逃亡しないよう要請したのである。

こうなると一国の国司の手に余るので、上野国司は朝廷に正式な関の設置を要請し、許可された。江戸時代に「入鉄砲《いりでっぽう》と出女《でおんな》」の通行を取り締まったことで有名な足柄峠の関所は、まさにこの時に、「僦馬の党」残党の取り締まりを主目的として誕生した関所だった。

†僦馬の党と強雇

この直後にまとめられた『延喜式《えんぎしき》』（玄蕃寮《げんばりょう》）に、「地方で出家を望む男女は国司に申請し、「東海道の足柄坂以東、東山道の信濃坂以東」の者は下野国の薬師寺で受戒《じゅかい》（戒律を授かる）せよ」と定めた条文がある。これは明らかに東国と西国の境界の話題で、足柄坂は東海道で東国・西国を分かつ境界点だった。一方、東山道の「信濃坂」は碓氷坂だろう。『日本書紀』に、日本武尊《やまとたけるのみこと》が信濃・越《こし》（後の越後）の反乱鎮圧のため駿河・甲斐・武蔵を経て上野に入り、西へ転じて「碓日坂《うすひ》」に至った時、都に残した妻を恋うあまり東南を望み見て「吾妻《あづま》はや」と三度嘆いた、という伝説がある。(177)東国をアヅマと呼ぶ語源伝承だが、それは後世の牽強付会で、畿内から見て「あちら側の端《つま》」だからアヅマと呼んだのが真相らしい（アヅマと反対の西の最果ては薩摩《サツマ》＝そちら側の端《つま》）。(178)

重要なのは、碓氷坂より東南がアヅマ（東国）、つまり碓氷坂が西国と東国を分かつ東山道の境界だったことだ。そしてこの日本武尊の逸話に、「信濃坂を通過した時……」という描写がある。文脈上、この信濃坂は碓日坂と同じで、『延喜式』の信濃坂も同じだろう。とすれば、「僦馬の党」とは、東西を結ぶ二つの幹線道路（東海道と東山道）を遮断する関を恒久的に設置するという、国土の分断を国家に決断させた大事件だったことになる。僦馬の党は関東地方の広範囲を素早く行き来し、一ヶ所に留まらず、攻撃されると分散して逃亡し、追討軍を振り切ってしまう。そうした行動様式は、「追えば鳥のように分散して逃げ、追わねば鳥のように集まって悪事を働く」といわれた、仁明朝の淡路に出現した海の群盗＝「海賊」と同じだ。そしてその淡路の海賊は王臣家人だった（一三〇頁）。

その類似性から見ても、王臣家人が郡司富豪層を吸収していた事実から見ても、物部氏永の率いた僦馬の党の出身母体＝「坂東諸国の富豪の輩」は、王臣家人と重なるだろう。

もう一つ裏づけを挙げよう。二世紀前半に中国で成立した現存最古の漢字字典『説文解《せつもんかい》字《じ》』によれば、僦馬の党の「僦」の意味は「賃」と同じで、「賃」の意味は「庸《よう》」と同じだという。「庸」には様々な意味があるが、六世紀半ばの中国（梁《りょう》）の字書『玉篇《ぎょくへん》』に「借り傭《やと》ふなり」、一一世紀半ばの中国（北宋）の字書『類篇《るいへん》』に「財を以《もっ》て物を雇《やと》ふなり」とある。つまり、雇＝傭＝庸＝賃＝僦で、すべて「やとう」と読んで〝対価を払って手に入れる〟意味がある。ならば僦馬の党は「馬を僦《やと》う」人々＝〝対価を払って輸送馬を手に入れる〟人々を意味する。実態としては百姓から馬を強奪していたのだが、わざわざ「僦」の字を用いた以上、雀の涙ほどでも対価を払って馬を雇う形を採っていたのだろう。

ところで、不当に安く強引に輸送馬を雇う（と称して奪う）行為をもう一つ、読者は覚えているだろう。宇多朝で報告された「強雇《ごうこ》」である。道で年貢輸送隊を待ち受けて馬や船を強奪する強雇の振る舞いは、僦馬の党と同じだ。僦馬の「僦」も強雇の「雇」も同じ「やとう」意味で、「僦馬」は「強雇」を焼き直した同じ言葉だ。僦馬の党は宇多朝の強雇の犯人と共通するはずで、後者は「諸院・諸宮・諸司・諸家の使ら」、つまり王臣家の家人だった。ならば僦馬の党の構成員は、やはり王臣家人と共通すると見てよい。

†ピークを過ぎる東国群盗と菅原道真の失脚・怨霊化

足柄坂・碓氷坂の関が設置された翌年の昌泰三年の五月末、上野でまた「追捕《ついぶ》」が行われ、三ヶ月後の八月、相模国司が「始めて件《くだん》の関を置きてより尓来《このかた》、部内は清静《せいせい》にして姦《かん》濫《らん》稍《やや》絶《た》ゆ（足柄坂・碓氷坂の関を置いて以来、相模国内は平穏で悪人の騒乱も減った）」と朝廷に報告した。坂東の封鎖による群盗の足止めは、成功したらしい[179]。しかし、同じ昌泰三年に「是《こ》の歳《とし》、武蔵国の強盗、蜂起す」と記録されたのを見ると[180]、群盗は本拠地の方へ押し戻され、上野の南の武蔵に活動拠点の比重を移したらしい。

ここまでが、菅原道真が政権中枢にいた頃の動向だ。翌昌泰四年（九〇一）正月、右大臣道真は大宰権帥《だざいのごんのそち》に左遷されて政治生命を失い、以後は左大臣時平《ときひら》が朝廷を主導してゆく。

道真の失脚から一〇日後の二月五日、信濃国の飛駅使《ひえきし》（早馬）が京に到来した（『日本紀《にほんぎ》略《りゃく》』）。要件は不明だが、その日のうちに使者に勅符《ちょくふ》（天皇の命令書）が与えられ、一〇日後に「東国（坂東）群盗」の鎮静化が諸社に祈られたので[181]、答えは一つしかない。物部氏永ら群盗が信濃で大挙攻勢に出て、国司が朝廷に危急を報じて善処を請い、それに応えて朝廷が勅符を与えたのである。その「勅符」は、太政官符より重い天皇直々の命令である「勅」という形式から見ても、状況から見ても、信濃国司に国内（もしくは近隣諸国）の武力を動員する権限を与え、追討を命ずるものだったに違いない[182]。「信濃・上野・甲斐・武蔵は特に群盗の被害が大きい」といわれたのは、この時である。

四月には、現地視察・聴取で実態把握を進め、犯人や関係者を追跡・逮捕する任務も与えられた推問追捕使《すいもんついぶし》が坂東に派遣された。[183] ただ、四ヶ月後の昌泰四年八月、「延喜」と改元した理由の一つに「群盗」が含まれていたから、群盗問題は依然として続いていたことがわかる。[184] 改元は、帝王の治世を人為的に区切り、強制的に時間を〝始まりの時〟に巻き戻して人為的に天命をリフレッシュし、治世を安泰にさせる技法として古代中国の漢で生まれた手法だが、そうした小細工で事態が改善した様子は、もちろんない。

翌年、延喜二年令で王臣家の墾田集積の禁止と勅旨田《ちょくしでん》の開発停止が定められ（一八九頁）、同じ年に史上最後の班田が行われた。もはや口分田《くぶんでん》の班給は全く意味を失っていたが、寺社領＝荘園と、「公田」＝国衙《こくが》領の所在・面積を確定し、延喜二年令と連携して、墾田とそれ以外を線引きすることに意義があったらしい。[185]

その延喜二年の九月、駿河《するが》国富士《ふじ》郡の「官舎」が群盗に放火された。国衙が襲撃されたのだろう。三年前に関を置いて厳重に封鎖したはずの足柄坂を越えて、群盗が相模から西隣の駿河へ進出したらしい。[186] しかも同じ月、坂東（上野）の北に隣接する越後でも、越後守紀有世《きのありよ》が国内の藤原有度《ありのり》という住人に襲撃・捕縛され、髪を切られ、手枷《てかせ》・足枷《あしかせ》で拘禁される事件が発生していた。[187] 越後の国衙を藤原姓の人物が襲ったことは、清和《せいわ》朝から顕在化し始めた貴姓（源・藤原）の王臣子孫と国司の武力抗争と、物部氏永の乱の余波が融合しつつあったことを示している。

翌延喜三年には、甲斐国の百姓三千人あまりに「復一年《ふく》」が与えられた。(188)「復」は全面的な免税措置で、与えられた理由は「疫死《えきし》衰弊《すいへい》(疫病で多数が死亡)」だった。甲斐は信濃に隣接し、上野の至近にある。三千人を超える多数の百姓の年貢を免除せねばならない甲斐の衰弱は、上野・信濃の群盗横行の直接的な影響だろう。

ただ、この延喜三年頃から東国の群盗の活動はピークを過ぎ、鎮静化に向かったらしい。以後、東国群盗の跋扈《ばつこ》を特筆大書する記録が消える。物部氏永の消息は杳《よう》として知れず、潮時と見て逃げのびたか、逮捕・殺害されたか、病死したのか、全くわからない。

その一方、大宰府《だざいふ》で憤死した菅原道真が怨霊化して延喜三年に朝廷の要人を襲い、その対処が喫緊の課題となった。その三六年後、将門は道真の霊から東国の帝王の地位を授けられたと公言する。道真の怨霊は、実は東国の治安や武士の成立と直結する問題だった。

†坂東各地の群盗事件とうち続く受領襲殺事件

翌延喜四年、遂に京を群盗蜂起の余波が襲った。前安芸守《さきのあきのかみ》の伴忠行《とものただゆき》が京中で群盗に射殺されたのである。二日後に「京中群盗」の捜索が開始され、その五日後には群盗の首領が逮捕されたが、それは地方社会の闘争が京に持ち込まれた衝撃的な事件だった。(189)国司に対する群盗の闘争は、もはや天皇や廷臣らの眼前の京内で繰り広げられ始めた。

さらに二年後の延喜五年、飛騨《ひだ》国で飛騨守の藤原辰忠《たつただ》が妻子もろとも「凶党」に殺された。(190)「凶党」の正体は不明だが、「党」という以上、組織的な犯罪集団である。

その一方、翌延喜六年には「鈴鹿《すずか》山の群盗十六人」が逮捕された。鈴鹿山は東海道の伊勢・近江の国境で、かつて三関《さんげん》の一つ鈴鹿関があったが、当時は群盗の巣窟だった。八年前の昌泰元年(八九八)には、伊勢神宮の祭礼に下向する公卿勅使《くぎょうちょくし》が「強盗」に襲われ、弓矢の射撃戦になって双方に死者を出したほどだ。(191)朝廷が掃討して捕らえた一六人の群盗は「過状《かじょう》(反省文)」を書いたが、全員処刑された。(192)

北関東の騒乱は低調になったが、三年後の延喜九年に「下総《しもうさ》国、騒乱す」という短い記録がある。(193)下総で大規模な武力抗争があったと見てよい。約二〇年後、将門の乱が始まった段階で前下総介《さきのしもうさのすけ》だった平良兼《よしかね》(将門の伯父)は、この騒乱に関与した可能性がある。

この延喜九年、左大臣藤原時平《ときひら》が三九歳の若さで没し、道真の祟りと信じられた。以後、朝廷の政務は醍醐《だいご》天皇と、時平の弟忠平《ただひら》の二人三脚で主導されてゆく。忠平は次の朱雀《すざく》朝で、摂政として将門・純友《すみとも》の乱に対処した人物だ。ようやく、武士の時代が見えてきた。

延喜一五年二月、上毛野基宗《かみつけぬのもとむね》らが上野介《こうずけのすけ》藤原厚載《あつなり》を射殺したと、隣国の信濃国司が飛駅《ひえき》で通報した。一七日後、今度は上野の南に隣接する武蔵国が飛駅で何事かを通報し、一ヶ月後の三月末、武蔵国司が事件の「下手人三人」を逮捕・拘禁したと報告した。

殺害事件の通報段階では、諸記録は事件の主謀者を上毛野基宗としていたが、[194]翌年に共犯者が発覚した時には、主犯は「彼《か》の国の百姓上毛野貞並《さだなみ》等」とされた。[195]二人の上毛野氏は、下手人三人のうちの二人なのだろう。

上毛野氏は、文字通りかつての上毛野国《かみつけぬのくに》、後の上野国の代表的な土着豪族だ。『日本書紀』の伝承では、豊城入彦命《とよきいりひこのみこと》が父の崇神《すじん》天皇から「東国を治めよ」と命じられ、孫の彦狭島王《ひこさしまのみこ》も景行《けいこう》天皇(崇神の孫)から「東山道十五国都督《ととく》」として東海道諸国の統治を命じられ、子孫が上毛野氏・下毛野《しもつけぬ》氏になったという。[196]崇神・景行は実在が怪しく、東海道もその頃存在しないので、右の伝承はそのまま史実でないが、上毛野氏がヤマトから送り込まれた「東国」全体の統轄者の子孫と認識されたことは確かだ。奈良時代以降の上毛野氏は、主に中央の中級官人や受領を輩出する諸大夫層だったが(陽成朝で襲われた石見守の上毛野氏永〔一五九~一六〇頁〕はその典型)、一部は上野国に土着して有力者に収まった。

上野介藤原厚載を殺した上毛野貞並は上野の「百姓」だったが、死因が「射殺」だった以上、彼らは富豪百姓の有閑弓騎で、それは物部氏永が率いた「東国の賊」=僦馬の党と同じ階層だ。物部氏永の本拠地だった上野では、乱のピークが過ぎた延喜一五年にもなお、郡司富豪層くずれの有閑弓騎が国司を実力で抹殺する風潮が残っていたことになる。

しかも翌延喜一六年、上野大掾《だいじょう》の藤原連江《つらえ》が、右の殺害計画を見逃す密約を交わしていた事実が発覚した。(197) 将門の乱の前段階までに上野は、任用国司が富豪百姓と結託し、受領殺害を支持して、現地勢力が総がかりで京下りの受領を抹殺する無法地帯と化していた。

四年後の延喜二〇年、周防守《すおうのかみ》だった橘実範《さねのり》が、任期満了後の引き継ぎ（監査）を完遂する前に常陸介《ひたちのすけ》に任命された。(198) 異例の素早い人事異動だが、約二〇年後、将門謀反の報に接した朝廷が坂東の国司に慌てて武人を配置した時、上総介だった百済貞運《くだらのていうん》の武蔵守任命で同じ措置が取られているから、(199) 橘実範の時も、常陸で軍事的緊張が高まっていただろう。

この、物部氏永の乱とその後の混乱の延長上に、平将門の乱が起こる。物部氏永の乱と平将門の乱は似ているが、物部氏永は無政府状態を招いただけだったのに対し、将門はそこから「新皇《しんおう》」の政府の樹立へ向かったことが、決定的に違う。

二人の最大の違いは、出自の貴さだ。「新皇」将門が摂政藤原忠平《ただひら》に送った弁明書の一節に、「将門すでに柏原《かしわばら》帝王の五代の孫なり。たとひ永《なが》く半国を領《りよう》せむに、あに非運《ひうん》と謂《い》はんや（私は桓武天皇の五代目の子孫だから、天下を半分領してよいはずだ）」とあった。その主張は、《礼》思想を原理とする日本では明白な誤解なのだが、一理はある。

朝廷では五世王（親王を一世とした場合の五世）まで皇親として扱われ、将門も祖父が臣籍降下していなければ四世王の皇親待遇だった血統だ。しかも、元皇親が臣籍降下を取り消して帝位に就けることは、かつて源定省《さだみ》・源維城《これき》と名乗る源氏だった宇多・醍醐天皇親子が証明していた。四世王相当の血筋の将門が同様の権利を主張できると信じたのは想像に難くなく、彼の場合はそれが天皇と同等の「新皇」となる形で表現されたのである。

その高貴な血筋が、物部氏永にはない。物部氏は、かつて蘇我氏と朝廷を二分した大豪族だったが、六世紀の内乱で主力が蘇我氏に滅ぼされ、以後は中小豪族に甘んじた。そもそも皇族出身でなく、政治的にも没落した過去の氏族だった物部氏は、つい最近皇室から分かれた平氏とは、姓の貴さ（皇室への近さ）に雲泥の差がある。将門は王臣子孫だが物部氏は王臣家人の層で、その出自で「新皇」を目指す発想は、生まれる余地がない。

前述の通り、僦馬の党とその首領・物部氏永の正体は、王臣家人の出身母体と同じ郡司富豪層だった。首領が郡司富豪層なら、それより貴い王臣家・王臣子孫は僦馬の党にはいないはずだ。だからこの乱は「群盗」の域を出なかった。しかし平将門こそ、この乱に欠けていた王臣子孫だ。ならば、こう考えられる。社会の秩序から脱落した郡司富豪層くずれの有閑弓騎集団が東国を荒らし回った物部氏永の乱に、平氏のような王臣子孫の武人が供給されれば平将門の乱になり、そこに武士の誕生が見出せるのではないか、と。とすれば問題は、王臣子孫がどう供給されたかに絞られる。武士の成立まで、あと一歩だ。

第八章　王臣子孫を武士化する古代地方豪族——婚姻関係の底力と桎梏

†「罪人藤原秀郷」の登場と秀郷に関する誤解

上野介《こうずけのすけ》藤原厚載《あつなり》の射殺事件から一年後の延喜《えんぎ》一六年（九一六）、下野《しもつけ》国司が、一八人の「罪人」を流刑地に送れないと訴え、判決通り連行せよと朝廷に一蹴される出来事があった。[200] 詳細もその後の経緯も不明だが、罪人の名は「罪人藤原秀郷・同兼有《かねあり》・高郷《たかさと》・与貞《ともさだ》等十八人」だった。武士の元祖というべき藤原秀郷《ひでさと》が、記録上に姿を現した瞬間である。

死刑が有名無実の当時、死刑の次に重い流刑は事実上の最高刑だ。その流刑を、しかも減刑されず実刑を科されたのは、よほど重い罪を犯した証拠だ。国司を殺した主犯にでもならねば、流刑にはならない。秀郷らはそれに近い罪を犯し、何人か殺した可能性が高い。

秀郷らのそうした振る舞いは王臣《おうしん》子孫や群盗《ぐんとう》と軌を一にし、しかも秀郷や高郷（『尊卑《そんぴ》分脈《ぶんみゃく》』によれば秀郷の弟）は左大臣魚名《うおな》の玄孫《げんそん》（孫の孫）で、血統上も王臣子孫だ。彼らは間違いなく、王臣子孫・群盗の一派である。しかも秀郷らは、国司に刑の執行を諦めさせる力（人数・戦闘力）を持っていた。この一派は下野一国を実力で実効支配している独立勢力に等しく、筆頭の秀郷は下野一国の（違法な）支配者に近い。

この頃から秀郷や高望《たかもち》王、後述の藤原利仁《としひと》など、武士の元祖が登場してくる。この三人について、実は彼らこそ、東国の介《すけ》や押領使《おうりょうし》（軍の統率に専従する国司）に任じられて下向し、延喜年間に物部氏永《うじなが》らの群盗蜂起を鎮圧した勲功者＝〝延喜勲功者〟として、〝武士第一号〟に認定されたのだ、という説がある[201]。

ただ残念ながら、やはりこの説にも武士成立論によくある弱点がある。証拠がないのだ。彼らがその頃、国司・押領使になった証拠も、群盗鎮圧に関わった確証も皆無だ。藤原利仁には群盗退治で活躍した伝承があるが（二一四頁）、伝承にすぎず、ほかの確かな裏づけなしには、問題の決め手に使えない。そもそも利仁の子孫は武家の棟梁《とうりょう》（代表格）を輩《かず》出せず、棟梁級の武士が生まれた理由が利仁伝説では説明できない。高望王に至っては上総介《さのすけ》になった所伝しかなく、〝延喜勲功者〟に彼を含める理由は憶測しかない。

極めつけは藤原秀郷だ。「罪人藤原秀郷」らの流刑執行を朝廷が命じた一三年後の延長《えんちょう》七年（九二九）にも、下野国司が「藤原秀郷等の濫行《らんぎょう》（悪行）」を報告している[202]。秀郷が将門の乱に参戦した天慶《てんぎょう》三年（九四〇）の一一年前だ。将門《まさかど》の乱以前の秀郷は、一貫して朝廷・国衙《こくが》と敵対する無法者の側にあったと、信頼できる記録は口を揃えて証言する。逆に、群盗を追討する側にいた証拠は一つもない。

秀郷の反抗の理由を、群盗鎮圧の恩賞についての不満表明だと説明する説もあるが、それでは将門の乱に参加した理由が説明できない。秀郷は乱の終結から七年も経た天暦《てんりやく》元年（九四七）に、遅れていた功田《こうでん》（恩賞の田地）の速やかな授与を朝廷に請求した。[203] 彼が〝延喜勲功者〟なら、恩賞への期待を朝廷が裏切ったのは二度目だ。本書で見てきた地方の王臣子孫は、そんな空手形に二度も騙《だま》されるお人好しとは考え難い。

〝延喜勲功者〟説が成立しないなら、秀郷や平氏の勢力はどう生まれてきたのか。

物部氏永の乱の被害は、信濃《しなの》・上野《こうずけ》・甲斐《かい》・武蔵《むさし》の四ヶ国で甚大だった（一九八頁）。この四ヶ国は著名な牧《まき》の所在国、特に勅旨牧《ちょくしまき》（天皇個人の牧）の設置国と全く一致する。勅旨牧は甲斐に三、武蔵に四、信濃に一六、上野に九あり、[204] 信濃・上野に突出して多い。乱の約三〇年後の承平《じょうへい》元年（九三一）〜三年にも、武蔵で小野牧《おののまき》・秩父牧《ちちぶのまき》が新たに勅旨牧となった。[205] また乱中の寛平《かんぴょう》五年（八九三）、右馬助《うまのすけ》の源悦《よろこぶ》が「検甲斐《けんかい》・武蔵《むさし》・信濃《しなの》・上《こう》野《ずけ》等国御牧使《とうこくおんぼくし》」という肩書で、その四ヶ国の馬牛の数を検査している。[206] 氏永率いる僦《しゅう》馬《ば》の党が馬の略奪を仕事としたのだから、乱の舞台が牧の所在国と重なるのは当然だ。

このことは、牧が集中しない下野で、乱の直後に藤原秀郷率いる大勢力が成立したことと関係があろう。秀郷の一団は乱の影響が比較的薄かった下野で、独自に成長していた。秀郷は、既存の現地勢力を武力で制圧していったとする説がある。(207) しかし、この説も証拠がない。抜群に強い武士だった秀郷ならそれが可能で、そうしただろうと想像されただけだ。そもそも、ひたすら征服戦争を繰り返す力押しでは犠牲が多すぎ、怨みを多く買いすぎ、京下りの王臣子孫が新天地をゼロから獲得してゆく方法としては効率が悪すぎる。それよりも現地人の怨みを買わず、犠牲者を量産しない方法がある。本書で追跡してきた王臣子孫は、既存の勢力を懐柔し、結託し、取り込んで、勢力を築いてきたではないか。

†伝説的武人としての藤原利仁

その確かな実例が藤原利仁だ。彼は中世の伝説的な武人四人組（坂上田村麻呂《たむらまろ》・利仁・藤原保昌《やすまさ》・源頼光《よりみつ》）の一人で、南北朝時代に書かれた歴史書『増鏡《ますかがみ》』（巻二-新島守）などは、「たけき武士の起こりを尋《たず》ぬれば、いにしへの余五《よご》・利仁《りじん》などいひけん将軍どもの事は、耳遠ければさしをきぬ」と、平維茂《これもち》（余五）と藤原利仁を武士の遠祖のように紹介する。

しかし、利仁の実際の活動実績はほぼ不明だ。著名なのは、『今昔物語集』(208)（巻26-17）に描かれて芥川龍之介が小説「芋粥《いもがゆ》」に翻案した話、芋粥を飽食したい五位の某《なにがし》を越前《えちぜん》まで連れて行って実現させた話だ。しかし、それは利仁が将軍として活躍した話ではない。
『今昔物語集』(巻14-45)にはこんな話もある。文徳《もんとく》天皇の時、反抗的な新羅《しらぎ》を征伐するため鎮守府《ちんじゅふ》将軍の利仁が大将として派遣されたが、新羅が調伏《ちょうぶく》(仏の力で敵を排除)するため唐から呼んだ著名な僧の一団に、たまたま唐に留学中だった円珍《えんちん》(智証大師《ちしょうだいし》)がいた。彼の強力な法力《ほうりき》(仏教的な呪力)で、利仁は京を出てすぐ病に伏してしまい、空に向かって飛び上がり、何度も虚空を太刀《たち》で斬ったあげく、倒れて死んでしまったという。

筋書きが荒唐無稽すぎ、利仁は文徳朝の人でないし、鎮守府将軍の仕事は陸奥《みちのく》の防備であって海外出征ではない。武士の合戦譚《たん》を多く実録に取材して収録する『今昔物語集』に、このいい加減な話が載ったのは、彼の確実な記録が早く失われたからだろう。この作り話は、鎌倉時代の説話集『古事談《こじだん》』(巻三-僧行)にも、宇多《うだ》朝の出来事として再録された。

文治五年(一一八九)、奥州藤原氏を滅ぼした源頼朝《よりとも》が、帰途に立ち寄った陸奥の田谷《たっこくの》窟《いわや》という洞窟は、蝦夷《えみし》の「悪路王《あくろおう》」が立て籠もった場所と伝えられていた。[209] 悪路王は田村麻呂と利仁の二人に討伐されたとされるが、二人は同じ時代の人物ではないし、悪路王も実在した可能性がほぼない(阿弖流為《あてるい》という実在の蝦夷がモデルかともいわれている)。頼朝の段階で、別のいい加減な伝説が語られていたのであり、利仁が蝦夷と対峙する鎮守府将軍となり、傑出した屈強の武人だった印象だけが伝えられた結果だろう。『今昔物語集』

（巻14-45）にも、「利仁、心猛《たけ》クシテ其《そ》ノ道ニ達セル者」という評言があり、芋粥の話でも、道中を不安がる五位に利仁が「己《おの》レ一人ガ侍《はべ》ルハ千人ト思《おぼ》セ」と自信満々に語ったとされる。

†藤原利仁の坂東の群盗制圧伝承の史実性

捏造《ねつぞう》だらけの利仁伝説の中で、一つだけ検討に値する伝承が『鞍馬蓋寺縁起《くらまがいじえんぎ》』にある。京の北郊の鞍馬寺《くらまでら》の成立経緯を記したこの『縁起』は、一一世紀初め頃に抜き書きされた古い縁起に、さらに古老の伝聞や別の古い記録から情報を増補して、天永四年（一一一三）に成立したと考えられている。つまり、古い史実が収められている可能性が高い。

その『縁起』によれば、下野国《しもつけのくに》の高蔵山に千人の「群盗」が住み着き、京へ運ぶ調《ちょう》・庸《よう》などを奪い始めた。そこで時の天皇は討伐を決意し、大将に天下の誰もが推した利仁を任じた。利仁は鞍馬寺で戦勝祈願してから旅立ち、軍略を駆使して群盗を駆逐したという。

下野国にも坂東《ばんどう》諸国にも「高蔵山」はなく、利仁が下野の国司になった形跡もない。それでも、右の伝承には信憑性《しんぴょう》がある。なぜなら、①退治の対象が、藤原秀郷（俵藤太《たわらのとうだ》）・源頼光伝説のような現実離れした異形《いぎょう》の者（百足《むかで》・鬼・酒呑童子《しゅてんどうじ》・土蜘蛛《つちぐも》など）ではない、②退治の対象が坂東の「群盗」であることは、利仁の時代（醍醐《だいご》朝の頃）には極めて現実的、③「山賊」などでなく「群盗」という、利仁の時代に実際に、そして最も頻繁に使われた言葉が使われている、④京進《きょうしん》される調・庸などを強奪するという群盗の行動が、当時の実態とよく一致する、そして⑤筋書きに神仏の加勢など超常現象・奇跡の類が現れないからである。利仁が坂東に下って群盗の追捕《ついぶ》・追討にあたった可能性は、認めてよい。

利仁が下野の国司になった形跡はないが、『尊卑分脈』によれば、利仁は延喜一一年（九一一）に上野介《こうずけのすけ》に任じられ、翌延喜一二年（一説に一六年）に上総介《かずさのすけ》に異動し、三年後の延喜一五年に鎮守府《ちんじゅふ》将軍となり、さらに時期は不明ながら武蔵守《むさしのかみ》にもなったという。

右の官歴の大部分は確実な史料で裏づけられないが、『今昔物語集』の成立までに「利《り》仁《じん》将軍」と呼ばれるようになった彼が、鎮守府将軍になったのは確実だろう。延喜一四年に、「鎮守府将軍利平《としひら》」という者が陸奥に赴任した記録がある。[210] これが、翌年に利仁が鎮守府将軍になったという伝承と対応するだろうと考えられている。

物部氏永の乱は昌泰《しょうたい》年間に鎮静化したが、前述の通り、次の延喜年間に入っても坂東は騒然としていた。その中で、武人の利仁が、上野の受領を一年だけ勤めて上総の受領に転じ、三年後に鎮守府将軍となったらしいことは、利仁の下向目的を推察させるに十分だ。

平時ならそれほど短期間で任国を変えないから、利仁の受領任命の目的は戦争、つまり群盗制圧だろう。利仁が上野の受領を一年で終えたのは、目的を達成したか、それより危急の軍事的危機が上総で生じたからだろう。そして鎮守府将軍になったのは、坂東の北に隣接して、坂東の群盗の逃げ場・拠点・供給源となっていた陸奥《みちのく》を制圧するためだろう。特に、上総→陸奥という異動は大いにありそうだ。上総は伝統的に俘囚《ふしゅう》(蝦夷《えみし》)の反乱が盛んな地域で(一四五頁、一四六頁、一五六頁)、上総の安定には俘囚の懐柔・掌握が必須で、それは結局、俘囚の出身地・帰還先である陸奥の制圧へと行き着くからだ。

しかも上総といえば、平氏の初代の高望《たかもち》が受領として赴任した国である。そして高望は武人だった証拠がない。王臣子孫・群盗・俘囚が入り乱れ、救い難い自力救済社会と化していた坂東、特に俘囚の反抗が目立つ上総や下総で、高望が多くの子を配置して根拠地を確立できたのは、その直前に利仁が乗り込み、少し地ならしをしてあったからではないか。

なお上野では、利仁が受領だった(らしい)延喜一二年の翌年に藤原扶幹《すけもと》が受領になり、また彼が親の喪を理由に退くと藤原厚載《あつなり》が就任し、二年後に射殺された(二〇五頁)。圧倒的に強い武人が受領の地位を去り、弱い人物が着任すると、たちまち群盗が活力を取り戻すという構図が窺える。それを防ぐには、武人を受領に任命し続けるしかない。後年、藤原保昌《やすまさ》や源平の武士が受領を歴任するようになった理由は、そこにあるだろう。

†越前の古代的有力者コミュニティと融合した藤原利仁

利仁の高祖父《こうそふ》（祖父の祖父）鷲取《わしとり》は、藤原魚名《うおな》の子で、秀郷の曾祖父藤成《ふじなり》の兄だ。利仁と秀郷は近い同族で（図4）、秀郷を武士と認定してよいなら、利仁も疑いなく武士である。

利仁の祖父高房《たかふさ》の子のうち、中納言まで昇った山蔭《やまかげ》以外は受領で終わり、利仁の父の時《とき》長《なが》も肥《ひ》後守《ごのかみ》だったと正史にある。しかし『尊卑分脈』によれば、常陸介《ひたちのすけ》・鎮守府将軍から民部卿《みんぶきょう》まで昇り、しかも「海路を飛ぶこと翅在《はねあ》る人の如《ごと》し。以《もっ》て神化《しんけ》の人と為《な》す（翼があるように海上を飛び、人の姿だが本当は神だといわれた）」という。彼が神なら息子の利仁は神の子になる。利仁を神格化するため、利仁伝説の形成の中で捏造《ねつぞう》された話だろう。

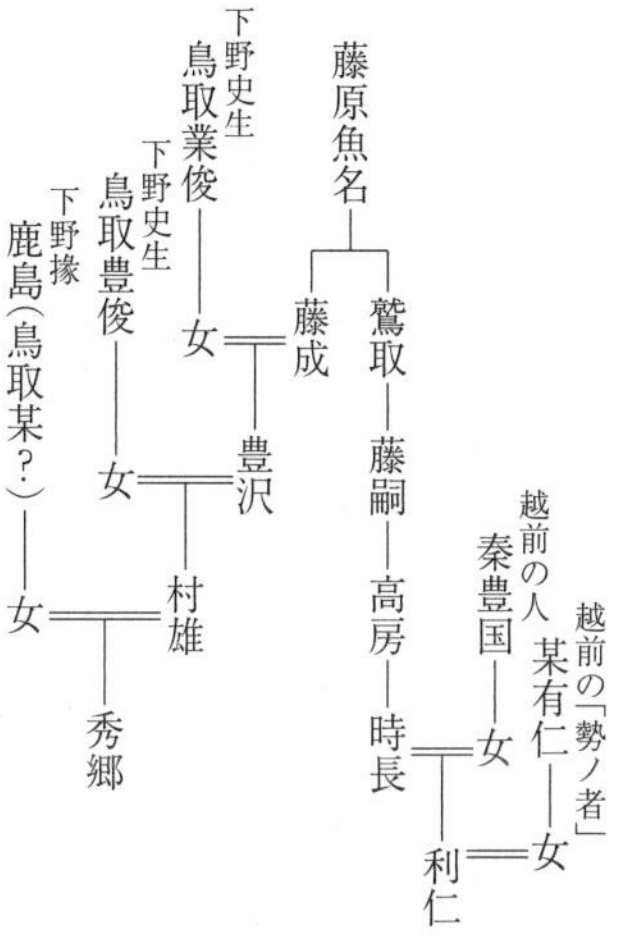

図4　藤原秀郷・利仁関係略系図

重要なのは、利仁の祖父高房の方だ。彼は没伝に「身長は六尺、膂力《りょりょく》は人に過ぎ、甚だ意気有り」とあり、身体的に恵まれた武人的資質（大男の力持ち）があった。彼は淳和《じゅんな》朝の天長四年（八二七）に美濃介《みののすけ》として赴任すると、歴代の受領が恐れた「妖しき巫《かんなぎ》（民間信仰的な呪術者）」が民に害を与えていると知り、単身騎馬で乗り込んで一派を捕らえて厳罰に処したという。彼は在任中に百姓からの評価が高く、備後《びんごの》守《かみ》・肥《ひ》後守《ごのかみ》・越前守《えちぜんのかみ》を歴任して、文徳朝の仁寿《にんじゅ》二年（八五二）に没した。[211] 高房のこうした武人的資質には、外祖父の紀古佐美《きのこさみ》が関係しているだろう。紀氏は古い武人輩出氏族であり、古佐美自身にも光仁〜桓武朝で蝦夷征伐に従事した実績がある。その母方の紀氏から幾分か受け継いだ高房の武人的資質が、利仁の資質の直接的な源と考えられる。

もう一つ重要なのが、高房が越前守に就任した事実だ。利仁の母は越前の秦豊国《はたのとよくに》という人の娘と伝わる（『尊卑分脈』）。彼女と父時長との縁談は、祖父高房が越前守として赴任したことに由来するだろう。しかも利仁は、芋粥を食べたい五位を越前の自宅に連れ帰った。利仁は「常ニ彼《かの》（越前）国ニゾ住《すみ》ケル」といわれ（『今昔物語集』）、越前に根を下ろして時々京に出仕する生活をしていた。

利仁が越前に住んだのは、「越前国ニ□ノ有仁《ありひと》ト云《いい》ケル勢《せい》ノ者ノ聟《むこ》」だったからという。利仁は、越前土着の古代豪族らしき秦氏を母とし、越前土着の（姓不詳）有仁という有力者の婿《むこ》に収まった。利仁という名前自体が、舅《しゅうと》の有仁とつながる何らかの縁から名づけられた可能性が高い。利仁はそうして、越前の古代的な有力者コミュニティと融合した。人に飽きるほど芋粥を食べさせる彼の財力の源は、明らかにそこにある。そしてこの手法は、下野国の秀郷流藤原氏と同じであり、最初期の武士を生み出す根幹的な仕組みだった。

†高望の坂東赴任の虚実と子世代の急速な武士化

　では、平氏の場合はどうか。平氏一族は、将門の乱が勃発した一〇世紀前半の段階で、下総や上総・常陸などに勢力を確立していたが、なぜそのようなことが可能だったのか。高望《たかもち》王が臣籍降下した事情について、長門本《ながとぼん》『平家物語』（巻一）には次のようにある。

> 彼《かの》（葛原《かずらはら》）親王の御子《みこ》高見《たかみ》王、無官無位《むかんむい》にして失《う》せ給《たま》ひぬ。其御子《そのみこ》高望王の時、寛平二年五月十二日に始《はじめ》て平朝臣《たいらのあそん》の姓を給はりて上総介に成給《なりたま》ひてより此《この》かた、忽《たちまち》に王氏《おうし》を出《いで》て則人臣《すなわちじんしん》に列《つら》なる。其《その》子鎮守府の将軍義《よし》〔良〕茂《もち》、後には常陸の大掾国香《だいじょうくにか》と改む。

　高望の臣籍降下は寛平元年（八八九）五月一二日だ、という右の伝承と微妙に符合するように、『日本紀略《にほんぎりやく》』には一年前の一日後に「五人に平朝臣の姓を賜った」とある。『平家物語』は、高望が平姓と同時に上総介の官を得たかのように記すが、官職不足の当時、臣籍降下と同時に任官できるほど甘くはない。嵯峨《さが》天皇の皇子たちも葛原親王の子たちも、臣籍降下と同時に任官してはいない。上総介だったことは『将門記《しょうもんき》』にも見え、事実だろう。高望は受領として坂東の上総に降り立ち、それが平氏の坂東での第一歩だった。
ところで従来、何人もの専門家が一つの作り話を真に受けて、高望が軍事的に上総を制圧したと信じた。それは『平家物語』の内容・成立に関する伝承を集めて一四世紀後半までに成立した『平家勘文録《へいけかんもんろく》』の伝承だが、全く信じるに値しない。それは古代の史実が、中世人の勝手な思いつきと牽強付会で歪曲《わいきょく》されていった典型例であり、次のようなものだ。

平家とは桓武天皇第五の皇子一品式部卿《いっぽんしきぶきょう》葛原の親王の御孫高見王の太子《たいし》高望の王の時、寛平元年十二月十三日に、民部卿宗章《みんぶきょうむねあき》の朝臣《あそん》、帝皇《ていおう》をかたぶけんとせし時、祖王《そおう》の宣旨《せんじ》をかうぶりて宗章を追罰《ついばつ》せし故《ゆえ》に、帝王御感有《ぎょかんあり》て、同二年の五月十二日、上総守《かずさのかみ》になり、朝敵をたひらぐる故に平の姓を給はる。(212)

伝承はいう。寛平元年に反逆者の民部卿宗章が宇多天皇の帝位を脅《おびや》かした時、高望王が宗章を討伐し、その功で翌年上総守に任じ、「朝敵を平らげ(平定し)た」功にちなんで平姓を与えた、と。すべて嘘である。そんな反逆事件はなく、民部卿宗章も実在しない。宗章という名は平安前期のどの記録にも見えず、寛平元年を挟んで仁和《にんな》四年(213)(八八八)から寛平二年にかけて(恐らく寛平三年まで)、民部卿は源能有《よしあり》という別人だった。また平姓は高望以前にも多く与えられ、しかも彼らは朝敵を「平らげ」てはいない。天皇が築いた都の名を子孫が姓とする事例があり（近江大津宮《おうみおおつのみや》の天智《てんじ》天皇と子孫の淡海《おうみ》氏、飛鳥浄御原宮《きよみはらのみや》の天武《てんむ》天皇と子孫清原氏など）、桓武自身が長岡京時代に儲けた庶子に長岡姓を与えたことを踏まえると、平姓は、平安京に都を定めた桓武天皇の子孫を意味すると解釈するほかない。

高望が武人の資質を持ち、坂東を武力で制圧したと見なす学説は、右のでたらめな伝承以外、一つも根拠がない。高望が上総介になった時期も不明だ。前述の豊後介中井王《ぶんごのすけなかい》や、後述の武蔵権守興世王《むさしのごんのかみおきよ》のような諸王の地方官は多いから、臣籍降下の後だった保証もない。

高望が赴任後に土着したかも不明だ。むしろ、子の良持《よしもち》が就いた鎮守府将軍は（『将門記』）、京の中級貴族を任命して京から下向させるのが普通なので、任命時に良持は京にいた可能性が高い。ただ、坂東に所領（田地）があったのも確かで（後述）、彼らは京と坂東の両方に拠点を持ち、どちらも本拠と決めずに適宜往来していた（都鄙往還《とひおうかん》という）と考えざるを得ない。それは土着とは違うので、「留住《るじゅう》」という当時の言葉で区別して呼ぶ専門家が多い。

とはいえ、高望の子の国香《くにか》が常陸大掾《ひたちのだいじょう》、良兼《よしかね》が下総介《しもうさのすけ》、良持が鎮守府将軍と、兄弟いずれも坂東・奥州の地方官となり、しかも国香・良兼が坂東に住み着いた事実を見れば、高望の子らが意図的に、坂東に軸足を移そうとしていたのは明らかだ。

良持が鎮守府将軍となったことは、別の意味でも重要である。鎮守府将軍は陸奥国の胆《い》沢《さわ》城に置かれた鎮守府の長官で、元来は鎮守将軍といい、次官の鎮守副将軍とともに、蝦夷の反乱を想定した防備に専従した。それは国司と違って純粋に軍事に専従するので、武人が登用される必要があり、奈良時代以来、大伴《おおとも》・佐伯《さえき》・坂上《さかのうえ》・紀・小野氏など、代々武人を輩出して名高い氏族から登用されることが多かった。したがって、平良持が鎮守府将軍であった事実は、彼が武人と見なされた明証である。葛原親王・高見王・平高望の三代で一度も武官にならず、武人の片鱗も見せなかった平氏が、高望の次代には「武士」化を成し遂げていた。これほど急速で飛躍的な「武士」化は、何によって可能なのだろうか。

†婚姻関係から拡大する平氏一族の騒乱——将門の乱の勃発

そのヒントは将門の乱にある。乱の顚末《てんまつ》を記録した『将門記《しょうもんき》』や『将門合戦状《まさかどがっせんのさま》』(『皇代《おうだい》暦《りゃく》』に引用)を総合すると、騒乱の発端は平将門と伯父平良兼《よしかね》の対立だったようだ。以下、系譜関係が複雑になるので、図5の系図を適宜参照されたい。

対立の原因は、『将門記』によれば「女論」(女に関わる争い)だという。良兼の娘は将門に嫁いでいたが、良兼がその結婚に反対したのだろうと一般に解釈されている、と専門家はいう。(214) しかし、本当にそうなのかどうか、詳細は全く不明だ。一方、『今昔物語集』

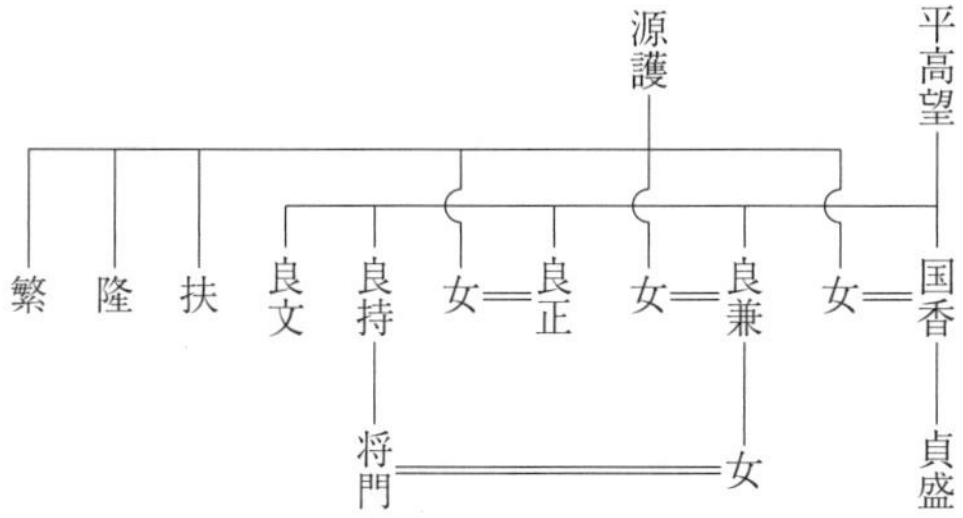

図５　将門の乱関係系図

（巻25－1）によれば、将門と伯父良兼の対立の原因は「故良持ガ田畠ノ諍《いさかい》」だという。将門の父良持の遺産の田畠の相続権を、子と兄の間で争ったのなら、いかにもありそうな話だ。

真実は不明だが、とにかく『将門合戦状』によれば、良兼が深く将門を憎み、まず両者が戦った。『将門記』は冒頭が欠けているが、『将門記』を抄出《しょうしゅつ》（要点を書き抜き）した『将《しょう》門記略《もんきりゃく》』の冒頭部によれば、良兼と将門が「相違（決裂）」したのは延長九年（九三一）という。それが『将門合戦状』のいう、二人の合戦があった年なのだろう。

『将門合戦状』によると、四年後の承平五年（九三五）二月、将門が平真樹《さねき》なる人物に「語《かた》らはれて（誘われて）」平国《くに》香《か》・源護《まもる》と合戦した。国香は高望の長男で、将門の伯父だ。

将門と国香が戦った直後、事情聴取のため朝廷が召喚したのは平真樹と将門の二人だったし、国香・護との対決を将門に決意させたのも真樹だったが、真樹の動機は不明だ。

しかし、将門と国香・護ら自身にも、正面衝突する理由があったはずだ。鍵は源護の方だろう。彼はほかの記録や系図に一切登場しない。ただ、一《いち》字名《じな》の伝統を持つ嵯峨源氏か仁明源氏に違いなく、世代から見て嵯峨源氏だろう。彼は前常陸大掾《ひたちのだいじょう》（国司の第三等官）で、朝廷が再三禁じてきた、現地に居座って地方社会を壟断《ろうだん》する元国司の王臣子孫の典型だ。『将門記』には、「故上総介高望王の妾《しょう》の子平良正《よしまさ》は、また将門の次の伯父なり。しかうして介《すけ》良兼朝臣《あそん》と良正とは兄弟の上、両《ふたり》乍《なが》ら彼《か》の常陸前掾《さきのじょう》源護の因縁なり」「（平）貞盛は寔《まこと》に彼《か》の前大掾源護并《なら》びに其《そ》の諸子《しょし》等と皆、同党《どうとう》の者なり」とある。良兼と弟良正は護の「因縁」で、護は良正の「外縁」で、「良兼は彼《か》の姻婭《いんあ》の長」で、国香の子貞盛も護やその子と「同党」だという。この「因縁」「外縁」「姻婭」は、すべて婚姻関係を意味する。

良兼が護の婿であることは明らかだ。良正の母は源護の娘とは別人（高望王の妾）だから、護が良正の「外縁」であるとは、外祖父でなく舅《しゅうと》を意味しよう。また貞盛は、「凡《およ》そ将門は本意の敵《かたき》に非《あら》ず、斯《こ》れ源氏の縁坐《えんざ》なり（国香・貞盛親子は将門に本来敵意を持たないが、源氏との縁で巻き込まれた）」と回顧した。それほど強い「縁」は姻戚関係と考えるのが自然だ。源護は三人の娘を、高望の子の三兄弟（国香・良兼・良正）に嫁がせたのである。

たった一世代で三重に結ばれたこの姻戚関係は、あまりに密接で強力だ。その絆の強力さが将門の乱を拡大させた。一連の合戦の発端は将門と良兼の合戦で、その良兼は護の婿だ。良兼は、将門との合戦で煮え湯を飲まされ、舅の護に共闘を頼んだのだろう。そうして将門との敵対関係に巻き込まれた護が、良兼に加勢した息子の扶《たすく》・隆《たかし》・繁《しげる》らを全員将門に殺されてしまった。護は将門に報復したい執念に取り憑《つ》かれ、今度は別の婿の国香を巻き込んだ。国香と将門が本来の敵でないのに戦った、とはそういう意味だ。

国香が将門に殺されると、護は別の婿二人に希望を託し、最初の発端を作った良兼に再び声をかけ、弟の良正も巻き込んだ。良兼は将門との対立に区切りをつけ、しかも護の住む常陸でなく上総に住んでいたため消極的だった。しかし良正は血気にはやり、「独《ひと》り因縁を追慕《ついぼ》して（一人で姻戚関係を尊重して）」常陸に来て、国香や源扶らが戦死した八ヶ月後の承平五年（九三五）一〇月、常陸の新治《にいばり》郡で将門を攻撃した。ところがこれも将門の返り討ちに遭い、良正と従者は多大な被害を出して逃亡した。良正はそのまま上総の兄良兼のもとへ走り、決起を促した。良兼も、甥が伯父を蔑《ないがし》ろにする現状を容認できず、舅の源護からも恨み言を聞かされ続け、国香亡き今、「姻娅の長」＝婿の代表として護に「与力」せねばと決意した。良兼・良正は将門に再度挑戦したが、また逆襲されて逃亡した。

いかがだろうか。良兼の心に芽生えた将門への敵意は、良兼から舅の護に伝染し、護から別の婿の国香・良正に伝染し、良兼に再度伝染して彼の敵意を高め、護とその婿の平氏三兄弟を将門との合戦に駆り立て、将門包囲網を形成した。これが姻戚関係の力だ。

将門の乱の前半は平氏一族の内紛だと専門家はいうが、それは結果論で、本質を見誤っている。最初の良兼との戦闘が以降の戦闘へと次々に飛び火・拡大したのは、すべて姻戚関係によるものである。そこが問題の本質で、平氏の内紛に見えるのは、護の婿が偶然、三人とも平氏だったからにすぎない。むしろ、国香の子の貞盛は、将門との戦いを貫徹する意志がないと繰り返し表明した。父を殺されてさえも、平氏一族の血縁関係は、相互の争いを抑止する方向にきちんと作用したのである。

良兼が躊躇《ちゅうちょ》しながらも将門との再対決に踏み切ったのは、源護の「姻娅の長（婿代表）」としての責任からだ。相手に恨みもなく、乗り気でなくとも、血縁関係より優先して共闘せねばならない立場に人を追い込む強力な姻戚関係に、高望の子世代は絡《から》め取られていた。なぜか。それは、そうした姻戚関係に取り込まれることが、平氏が坂東に土着（留住）して馴染《なじ》むために不可欠の条件・原動力だったから、と考えるのが自然だ。

†平氏の坂東土着（留住）を可能にした姻戚関係の強力さ

そしてここに先の問い、高望の子世代が坂東に一代で勢力を確立できたのはなぜか、という問いの答えがある。高望はよそ者で、特別な地位も後ろ盾もなく、任用国司や郡司富豪層から反抗されて命さえ狙われる受領を四年務めただけで、武芸や軍勢も持った形跡がない。その無力な彼が、子世代で常陸・下総・上総に跨《また》がる広域に勢力を伸ばせた理由は、現地勢力との結託以外に考えにくく、その手段として姻戚関係ほどふさわしいものはない。

古代・中世では、就くべき仕事や能力など、人生の大方は誰の子かで決まる。父が貴姓か卑姓か、京戸《きょうこ》か否か、京官か地方官か、特殊技能者（学者・武官・法律家・医者など）か否か、等々。しかし、この氏族の性質を、姻戚関係を使えば後から書き換えられる。

よそ者の京下りの王臣子孫Aは、現地有力者Bの娘と結婚すれば、姻族《いんぞく》（姻戚関係で一族となった者）としてBの一族に取り込まれ、現地人待遇を得られる。そして生まれた子は現地有力者Bの血を引く、生まれながらの現地有力者だ。一方、《礼》思想が浸透した日本では、親は無条件に尊いので、現地有力者Bは王臣子孫Aの義理の父として尊重される。まして娘が子を生めば、その子は生まれながらに貴姓の王臣子孫だ。

このように、王臣子孫と現地有力者の通婚は、互いに自分にない素質を補い合う。そして間に生まれた子は、生まれながらに王臣子孫の血筋と現地有力者の血筋を、つまり父方と母方の有利な氏族的特性を〝いいとこ取り〟したハイブリッドの血統を得られる。

ここで、当時の婚姻が妻問婚《つまどいこん》（招婿婚《しょうせいこん》）だったことが重要だ。この形は、京下りの王臣子孫の現地土着（留住《るじゅう》）に極めて有利だった。王臣子孫は身一つで現地に下り、現地有力者の娘と縁談がまとまれば、妻の実家に居座って、妻の実家の経済力・政治力に依存して生活できる。しかも、妻問婚では財産が舅から婿にも相続される。この流れに乗れば、高望のような無力なよそ者でもすぐに生活の資と住居を得られ、現地社会に新たな現地人として受け入れられ、妻の実家の影響力を十二分に駆使して現地でのし上がれる。

一方、卑姓の現地有力者は、高望を婿に迎えれば、間に生まれる自分の孫が、桓武天皇の玄孫《げんそん》(孫の孫)という、地方では圧倒的な貴姓の王臣子孫になれる。同格の郡司富豪層がせめぎ合う地方社会で、孫が一階層上の貴人、つまり郡司富豪層を王臣家人《けにん》として使役する王臣子孫になれれば、主導権を獲得する上で大きな武器になる。しかも高望は一定数の王臣家人を抱えていたはずで、高望を婿にすれば、その王臣家人の勢力と融合できる。

しかも高望は京にパイプがあり、現に孫の将門は摂政藤原忠平と私的主従関係にあった。そこまで強力な権門へのパイプは、地方の力関係に大いに影響する有利なカードだ。

そして祖父の葛原《かずらはら》親王の代から蓄積・継承されてきた特別な財産、特に坂東の牧や空閑地は魅力的だ。空閑地は墾田《こんでん》にすれば莫大な収益を生むし、騎馬文化が強く根づいた坂東で牧を持ち、自前で馬を生産・維持できることが、どれほど有利かはいうまでもない。

京下りの王臣、特に高望との婚姻にこれだけ利点があれば、現地有力者は競って彼を婿に迎え入れただろう。高望には少なくとも二人の妻がいたが(正室と、良正の母である側室)、誰の娘かはわからない(後世の信用できない伝承は多くあるが、ここでは触れない)。

ただ、ある系図に将門の「母は犬養春枝《いぬかいのはるしげ》の女《むすめ》」と記されていることは興味深い[215]。下総には確かに犬養氏がいて、史実を反映している可能性があるからだ。天平勝宝七歳《てんぴょうしょうほうしちさい》（七五五年）に、下総少目《しょうさかん》で防人部領使《さきもりのことりのつかい》（防人の統率者）の県犬養宿禰《あがたのいぬかいのすくね》浄人《きよひと》が、九州防備の防人に動員された東国百姓の歌一一首を取りまとめている[216]。県犬養氏の拠点は京だが、下総少目の彼が下総に子孫を残した可能性はある。もっとも、記録上の犬養氏はほとんど県犬養氏だが、将門の外祖父という春枝はただの犬養姓だ。そこに注目すると、承和一〇年（八四三）、下総ではないが上野国で、「丈部臣《はせつかべのおみ》」姓を賜った犬養子羊《こひつじ》・真虎《まとら》という兄弟がいた事実が興味深い[217]。東国には確かに、犬養姓の人がいたのである。

しかも、彼ら兄弟の丈部姓は、将門の「駆使《くし》（身分の低い下働きの従者）」の丈部子《こ》春丸《はるまろ》と共通する。彼は「将門陣営の内情を漏らせば「乗馬の郎頭《ろうとう》（騎馬する資格を持つ郎等）」に取り立て、米穀や衣服を豊富に与える」という良兼の甘言に応じた人だ（『将門記』）。彼の存在は、次の筋書きを推測させる。丈部に改姓した上野の犬養氏の同族に犬養春枝があり、彼が娘を平良持に嫁がせ、彼女が将門を儲けた。そして外祖父犬養春枝の同族の丈部氏が、将門やその母の従者に付けられ、その一人が丈部子春丸だったのではないか、と。

もしそうなら、将門には半分、北関東の卑姓の土着有力者の血が流れていたことになる。

しかも将門の弟の将種《まさたね》には、その確実な証左がある。彼は陸奥権介《みちのくにのごんのすけ》の伴有梁《とものありやな》という者の婿に収まり、陸奥国《みちのく》に住み着いて、将門の乱が鎮圧された直後の天慶《てんぎょう》三年四月に有梁と反乱を起こした。(218)将種は乱に一度も姿を見せないから、ずっと陸奥に住んでいたのだろう。その理由は、鎮守府将軍の平良持が陸奥に赴任した時に、現地人と通婚して儲けた子だから、という以外に考え難い。将門・将種兄弟の父良持も同様に、坂東で生まれたのではないか。

†畿内の土着豪族鳥取氏の坂東進出

藤原秀郷《ひでさと》の場合、濃厚に現地人の血が流れていることが、以前から気づかれていた。しかし、その現地人も元をたどれば畿内《きない》の豪族だったらしいことは、まだ気づかれていない。そうした東国入植の動きを示す氏族の確実な記録は乏しい。唯一確認できたのは、元慶《がんぎょう》三年(八七九)に高安宿禰《たかやすのすくね》に改姓した常澄宿禰《つねずみのすくね》姓の四人だ。四人の肩書は、河内《かわち》国高安《たかやす》郡の人で常陸権少目《ごんのしょうさかん》、常陸権史生《ごんのししょう》、安芸《あきの》医師《くすし》、河内国高安郡少領《しょうりょう》だった。少目は国司の第四等官、史生は国司の記録計算係、医師は国衙《こくが》常駐の医師、少領は郡司の次官である。(219)

彼らの主張によれば、彼らは後漢の光武帝《こうぶてい》・孝章帝《こうしょうてい》の末裔の中国系帰化人で、祖先の高《たか》安公陽倍《やすのきみやへ》が倭国に帰化し、孝徳《こうとく》朝で河内国に高安郡を建てて居住し、後に八戸史《やへのふひと》姓→常澄宿禰姓と改められたが、慣習に従って居住地に因《ちな》む高安姓への復帰を願って許された。
どうやら彼らは、大化の改新を機に河内国に入り込んで土着した帰化人系の豪族だった。元慶三年に改姓した一人に高安郡少領がおり、彼らは土着豪族として郡司を出す氏族になっていた。その郡司の一族が陽成《ようぜい》朝までに、特殊技能（筆記・計数・医術）や人脈を養って史生・医師に任じられ、末端の国司へと進出していた。これにより、郡司・国司間の婚姻禁止令を超えて、国司同士として受領《ずりょう》と婚姻可能になった。しかも彼らは、河内国高安郡を本貫《ほんがん》地としながら、遠い安芸や常陸の下級国司を務めた。特に常陸の下級国司が二人もおり、東国の下級国司に畿内の豪族出身者がかなり入り込んでいたことを窺わせる。

こうした氏族はほかにもあったのではないか、そして鳥《と》取《とり》氏という氏族もその一つではないか、と私は考えている。その推測が正しければ、それは武士成立論の大きな鍵になる。

鳥取氏という無名の氏族の痕跡は、正史の上でも皆無に近いが、氏族の成立説話だけは特筆されている。垂仁《すいにん》天皇の子・誉津別皇子《ほむつわけのみこ》は言葉を話せなかったが、鵠《くぐい》という鳥が鳴くのを見て「これは何だ」と話したので、喜んだ垂仁は「その鳥を捕らえよ」と命じた。その時、天湯河板挙《あめのゆかわたな》という者が出雲（一説に但馬《たじま》）まで追って捕えたので、天皇は彼の鳥を取る技能を褒めて鳥取造《ととりのみやつこ》姓を与えたという[220]。この一族は天武天皇一二年（六八三）に、八色の姓の制定と連動して鳥取連《ととりのむらじ》氏となった[221]。

平安初期の系譜集『新撰姓氏録《しんせんしょうじろく》』によれば、鳥取連は角凝魂命《つぬこりたまのみこと》（天角己利命《あめのつぬこりのみこと》）の曾孫の天湯河板挙命《あめのゆかわたなのみこと》の末裔で、右京・山城・河内に分布した。右京（平安京）の鳥取連氏は、本貫地を根拠地から切り離して京に移した人々で、山城の鳥取連氏もその亜流だろう。ならば消去法で、彼らの本来の根拠地は河内と考えるのが自然だ。彼らは先に述べた常澄氏（高安氏）と同じ、河内の土着氏族だった。

正史では、称徳《しょうとく》朝で鳥取連大分《おおきだ》という人が外《げ》従五《じゅご》位下《いのげ》・美濃大掾《だいじょう》になった以外、鳥取氏の動向は不明だ。[222] しかし古文書の断片的な情報から、その後の鳥取氏の活動範囲をあぶり出せる。調べてみると、大和に四例、紀《き》伊・伊賀・丹波《たんば》・因幡《いなば》に一例ずつ確認でき、[223] 大和への地域的な偏《かたよ》りが明白だ。紀伊と伊賀は大和の隣国だから、鳥取氏は平安末期までに、大和を中心に拠点を築いていたと見てよい。

右を見る限り、鳥取氏が東国に移住した痕跡はない。しかし『常陸国風土記《ひたちのくにふどき》』に、気になる伝承がある。常陸国河内郡の浮島《うきしま》村に賀久賀鳥《かくかどり》という美しい鳴き声の鳥がいた。その村を訪れた景行《けいこう》天皇はその声に惚れ込み、伊賀理命《いかりのみこと》という者に網でこの鳥を捕らせた。天皇は彼に褒美として「鳥取ト云《い》フ姓」を与え、その子孫は「イマ（奈良時代初期）」もそこに住んでいる、という。景行天皇は前述の垂仁天皇の子で、鳥取氏の成立説話に登場した誉津別皇子の兄弟だから、これは先に紹介した鳥取氏の成立説話の異伝なのだろう。

重要なのは、それが常陸の河内郡の伝承だったことだ。古代日本では新設した郡・郷に、しばしば最初の移住者の出身地名をつける。例えば相模《さがみ》国高麗《こま》郡・武蔵《むさし》国新羅《しらぎ》郡・摂津《つ》国百済《くだら》郡は、高句麗《こうくり》（わが国では高麗と呼ぶことが多かった）・新羅・百済出身者が集団移住して成立した郡だ。常陸国河内郡も、河内国からの集団移住で成立した郡だろう。そこに鳥取氏の成立伝承が伝わったのは、『常陸国風土記』が成立した八世紀前半（編纂開始は和銅六年〔七一三〕）までに、河内国の鳥取氏が移住し、鳥取氏の成立伝承も持ち込んで、東国での出来事に改変したからだろう。

また、常陸の南に隣接する下総国印播《いんば》郡に、延暦二四年（八〇五）に廃止されるまで鳥《とと》取駅《りのはゆまや》（朝廷の早馬システムの拠点）があった[224]。これは常陸の隣接国に鳥取氏が集住していた可能性を窺わせる。となると、常陸の西に隣接する下野《しもつけ》で、鳥取業俊《なりとし》・豊俊《とよとし》という二人が国衙の史生《ししょう》を務めたという断片的な伝承にも、一定の信憑《しんぴょう》性を認めてよい。

†看板は貴姓、実質は現地豪族鳥取氏の「藤原秀郷」

この下野史生の鳥取業俊の娘が藤原藤成《ふじなり》に嫁して豊沢《とよさわ》を生み、その豊沢に下野史生の鳥取豊俊の娘が嫁して村雄《むらお》を生み、その村雄の子が藤原秀郷だと伝わる（『尊卑分脈』）。藤原秀郷は、父母から受けた血の八分の三（父方の血の四分の三）が鳥取氏なのである。

図６　「鳥取」と「鹿」の草書体の類似
出典：東京大学史料編纂所 Web ページ「電子くずし字字典データベース」より。「鳥」：文明３年蜷川親元筆百首和歌（縦に半分に圧縮），「取」：『実隆公記』文明６年正月 25 日条，「鹿」：『草露貫珠』

『尊卑分脈』によれば、秀郷自身の母は「下野掾鹿島の女」だという。従来の専門家は鹿島を姓と見なしたが、『新撰姓氏録』には「鹿島」姓が存在しない。また正史では持統天皇六年（六九二）に、相模国の人らしき鹿島臣《かしまのおみ》櫲樟《くす》という人が一度登場するのと、[225]天平一八年（七四六）に常陸国鹿島郡で中臣部《なかとみべ》・卜部《うらべ》から中臣鹿島連《なかとみのかしまのむらじ》に改姓された人々がいた、とあるだけだ。平安時代やそれ以降、鹿島という姓の者は一人も見つからない。秀郷の外祖父「下野掾鹿島」も、鹿島姓でない何者かを誤って記したものだろう。本当の名は不明だが、「鳥取」を上下に圧縮して一文字として誤写すると「鹿島」の「鹿」にならないか、と私は推測している（図6）。従来何者か不明だった下野掾鹿島は鳥取氏ではないか。もしそうなら、藤原秀郷は父母から受けた血の八分の七（父方の血の四分の三と、母方の血すべて）が鳥取氏だったことになる。

いずれにせよ、秀郷の外祖父も下野の任用国司だった。彼の中には、藤原氏の血は八分の一（一二・五％）しか流れておらず、残る八分の七（八七・五％）、つまりほとんどすべてが鳥取氏か現地氏族の血だった（系図は二一七頁の図4参照）。藤原秀郷とは、任用国司を出せるようになった郡司富豪層に、藤原姓という看板を付け足した存在と考えた方がよい。そして郡司富豪層は、物部氏永や彼が率いた僦馬《しゅうば》の党の出身母体と同じだ。ならば、物部氏永と藤原秀郷の最大の違いは、郡司富豪層そのものである氏永に対し、秀郷は父系に貴姓の王臣子孫の血を入れて身分的に脱皮した、〈王臣×郡司富豪層〉のハイブリッドだった、という一点になる。

後世、秀郷の子孫の小山長村《ながむら》は「下野国大介職《おおすけしき》は祖先の伊勢守藤成から私まで一六代相伝してきた」と主張した（八八頁）。そうした祖先伝承は眉唾物が多く、「下野国大介職」の正体も不明だが、藤成が下野の任用国司になった可能性は認めてよい。下野史生鳥取業俊の娘と藤成が出会う機会はほかに考えにくく、それは彼が三六歳で播磨介になった弘仁二年（八一一）より前だ（でないと後に他国の受領を歴任して没した官歴と矛盾する）。

その二人の間に生まれた豊沢（秀郷の祖父）は、鎌倉初期の御家人小山朝政《ともまさ》（右の長村の祖父）が「曩祖《のうそ》（先祖）下野少掾《しょうじょう》豊沢」と呼んだ通り[226]、下野の任用国司だった（『尊卑分脈』が下野権守とするのは、後世の捏造だろう）。左大臣魚名《うおな》の孫、受領藤成の子としては随分な没落に見えるが、母系の視点から見れば、全く意味が違う。下野の史生にすぎなかった鳥取氏が、孫（外孫）を下野の掾（第三等官）まで押し上げることに成功したのである。

以上から、新参者の王臣家が坂東で、急速に溶け込んで支配的地位に上り詰める仕組みは、おおよそ見えてきた。地方では卑姓の豪族が、何十世代もかけて独自の秩序を形成・運営し、その間に、何重にも重なる濃密なネットワークが隅々まで張り巡らされてきた。その熟成した地域社会に、受領や任用国司として、ぽっと出の貴姓の王臣子孫が飛び込んで来る（東京出身の若手研究者が京都の大学に就職するのに、かなり似ている）。

この、本来なら排除されるべきよそ者が、その既成の社会に受け入れられ、溶け込み、同化させてもらえたのは、彼らが持つ唯一の価値ある財産＝貴姓を手土産にしたからだ。地方豪族の婿になり、彼らの孫を貴姓にする形で、王臣家は自分の貴姓を彼らに与え、ギブ・アンド・テイクの関係で融合し、しかもそうした融合は何世代もかけて何重にも結ばれた。八分の七も現地豪族の血が流れる藤原秀郷は、その最も典型的な成功例だ。

鳥取氏ら現地豪族は、藤原魚名の子孫に女系から自分たちの血を何度も注ぎ込み、実質上その血統で埋め尽くしつつ、姓だけは父から受け継がせて貴姓を保った。その結果完成したのが、看板だけ藤原氏で実質的に現地豪族である〝藤原秀郷〟という作品だった。

†将門の乱と散在する平氏

〝藤原秀郷〟の創《つく》り方はわかった。では、高望王の子から武士の〝桓武平氏〟を作るレシピはどこにあるのか。それを将門の乱の経過に探ろう。鍵は、何がどこで起こったか、だ。

承平《じょうへい》五年（九三五）の将門と国香《くにか》・源護《まもる》との合戦は常陸《ひたち》で行われ、常陸の筑波《つくば》・真《ま》壁《かべ》・新治《にいばり》三郡に散在する、国香と護一家の「伴類《ばんるい》（従者）」の家が五〇〇軒以上焼かれた。国香自身の「宅《いえ》」は常陸の真壁郡石田にあり、そこで国香が討死した時、子の貞盛は京にあった。貞盛は石田に下って母を保護し、本来の敵でない将門と敵対を続けない方針を選んだ。

息子らを殺された源護は復讐に燃え、婿の良兼・良正を巻き込む。良正は他国から常陸まで来て加勢したが、良兼は上総に住んでいたため加勢を見合わせた。将門はこの情勢を見て他国から常陸に入り、先制攻撃で良正を破り、また「本郷（本拠地）」へ帰った。

良正に説得された良兼は、上総国武射《むさ》郡から下総国香取《かとり》郡を経て常陸国信太《しだ》郡に入り、「水守《みもり》の営所《えいしょ》」に陣した。対する将門は下野《しもつけ》から常陸に突入した。急襲された良兼は下総に入り、将門の本拠地の、豊田郡の栗栖院《くるすのいん》・常羽御厩《つねはのみうまや》を焼き払った。その後、将門は常陸国真壁郡を襲い、良兼の拠点「服織《はとり》の宿《しゅく》」（茨城県桜川市真壁町羽鳥）と「与力《よりき》の伴類の舎宅（加勢した従者の家々）」を焼き払った。これに対して良兼は、将門の常陸国の「石井《いわい》の営所」（茨城県坂東市〔もと岩井市〕岩井）の夜襲を試みたが、察知されて逆襲された。

巻き込まれたくない貞盛は東山道から京を目指したが、京で讒言《ざんげん》するのではと疑った将門が追跡し、信濃国小県《ちいさがた》郡の千曲《ちくま》川で合戦となり、貞盛は被害を出しながら京に逃れた。天慶二年（九三九）、陸奥守の平維扶《これすけ》が赴任するのに同行して、貞盛は東山道から下野国府に入ったが、将門に察知されて追われ、逃亡を余儀なくされて陸奥に入れなかった。その前年、武蔵で武蔵権守《むさしのごんのかみ》興世《おきよ》王・武蔵介《むさしのすけ》源経基《つねもと》と足立郡司《あだちぐんじ》武蔵武芝《むさしのたけしば》が争うと、将門は仲裁するため武蔵に赴いた。また常陸介《ひたちのすけ》藤原維幾《これちか》と敵対して指名手配された藤原玄明《はるあき》が頼ってきた時、将門は下総国豊田郡にいた。将門は玄明を庇《かば》い、常陸へ出向いて、玄明を常陸国内に安全に住まわせるよう常陸介維幾に要求したが拒否され、常陸国府を焼き払った。

ここで将門は、興世王に勧められて坂東全域の掌握を決意した。下野国府を襲うと、下《しも》野守《つけのかみ》藤原公雅《きみまさ》は印鎰《いんやく》（国の印と倉庫の鍵）を進んで渡した。次に上野《こうずけ》国府を襲って上野介《こうずけのすけ》藤原尚範《なおのり》から印鎰を奪い、ここで「新皇《しんおう》」と名乗って坂東諸国の受領を任命し、武蔵・相模《さがみ》まで出向いて国府の印鎰を接収した。その後、貞盛と藤原秀郷が将門追討に乗り出すと、将門は秀郷の根拠地下野の攻撃を試みたが逆襲され、下総の幸島《さしま》で決戦して討たれた。

以上から明らかなのは、乱の初段階で、平氏がかなり広域に散在したことだ。上総介高望王は隣国の下総・常陸にも広く子・孫を分布させ、『将門記』に登場しない将門の叔父良文《よしふみ》は鎮守府将軍として陸奥に住み、その陸奥に将門の弟将種《まさたね》が住んでいた（二三〇頁）。彼らの子孫である平安末期の坂東武士団は、本拠地から同心円状に、所領の分割相続や隣接地の開発などで所領を広げた。武蔵の秩父党《ちちぶとう》や相模の三浦党《みうらとう》・鎌倉党《かまくらとう》・中村党《なかむらとう》など、皆そうだ。しかし、高望の子・孫は飛び地状に、広域に、しかも高望の任国上総を逸脱して拡散した。前下総介の良兼も任国下総ではなく上総に住んだ。なぜ、そうなるのか。

†地域や都鄙のネットワーク内を流浪する平氏

ヒントは将門の弟の将種だ。彼が陸奥に住んだ理由は、父が鎮守府将軍の任期中に現地有力者の娘の間に将種を儲け、そのまま陸奥の妻の実家に残してきたからとしか考えられない。ならば散在する平氏の根拠地も、婚姻した現地人の根拠地だった可能性が高くなる。

国香が常陸にいたのは、常陸に土着した舅の前常陸介・源護と密着したからだろう。『将門記』は国香らの弟良正を「故上総介高望王の妾《しょう》（側室）の子平良正」と記しており、高望には明らかに複数の妻と各自の子があった。良正が住んだ常陸以外の某国も、良兼が住んだ上総も、母の出身地だった可能性が高い。下総国豊田郡にあった将門の本拠も、母方の犬養氏から相続した可能性がある。高望は赴任した上総の現地人ネットワークの中で婚姻し、さらに人脈を広げて通婚関係を持つ、というサイクルを繰り返したと考えられる。

そうして築かれた拠点は、数ヶ国に散在した。それは、将門の乱の登場人物の身軽さと、無関係ではあるまい。彼らは京や坂東各地を転々とし、全く一ヶ所に縛られた形跡がない。

『将門記』には「将門……東海道下総国豊田郡に住む」と本拠地が明記されているが、彼は実に身軽に坂東を転々とした。国香・良正・良兼と戦うたびに常陸と往復し、貞盛を信濃まで追跡し、紛争調停のため武蔵に乗り込み、国司と住人の抗争に介入して常陸国府を襲い、続いて下野・上野・武蔵・相模の国府を襲い、下総で戦死する、といった具合だ。

良兼もしばしば本拠の上総を出て、常陸や下総で将門と戦った。貞盛に至っては、腰を落ち着ける本拠地が坂東にあったとさえ考え難い。父国香の訃報を京で聞き、驚いて下向したが戦乱を傍観し、巻き添えを嫌って京へ逃れ、陸奥への移住を試みて失敗し、下野で将門に発見されて逃亡し、将門を討った後も、鎮守府将軍として陸奥へ赴任した。将門が貞盛と藤原為憲《ためのり》（常陸介維幾の子）の所在を常陸の藤原氏一族に尋ねた時、返答は、「その身は浮雲の如《ごと》し。飛び去り飛び来《きた》りて、宿る処《ところ》定まらず」だった。これこそ、王臣子孫の居住形態を最も端的に語った言葉だ。船や馬を駆使する王臣家人が転々と流浪して逮捕を逃れたのと同様に、彼らと地方で合流した王臣子孫自身が、定住せず流浪したのである。

ところで、国司の皇族が任期後も京に帰らず周辺数ヶ国に足がかりを築く、という行動様式は、前に登場した豊後介の中井王と酷似する。任期を終えた中井王は一ヶ所に根を下ろさず、任国豊後から南へ筑後・肥後までを転々と「浮宕《ふとう》（浮浪）」していた（一三七頁）。こうした中井王を生み出した仁明朝は、やはり武士成立史上、軽視できない。

とはいえ、高望王の子孫と違い、中井王の子孫は棟梁《とうりよう》級の武士を出さなかった。二人の間は半世紀しか違わないから、彼らの違いを、すべて時代の違いとはいえそうにない。

中井王は不法を糾弾されて帰京命令を出され、大人しく帰った（後に都で位階を授かっている）。中井王の子孫は土着しなかったという説[227]があるが、そうとも限らない。中井王は臣籍降下して文室《ふんや》氏となった。寛仁《かんにん》三年（一〇一九）の女真族《じよしん》の壱岐《いき》・対馬《つしま》・筑前《ちくぜん》襲来事件[228]（刀伊《とい》の入寇《にゆうこう》）で、奮戦した武人の一人に「筑前国志麻《しま》郡の住人文室忠光《ただみつ》」という人がいる。こうした九州土着の文室氏の武人が、中井王の子孫だった可能性は低くない。

高望王が子孫を残した坂東は、群盗と俘囚《ふしゆう》の反乱の頻発地帯、中井王が居座った九州は、頻度は低いが外敵襲来に備える防衛の最前線で、どちらも合戦の現場になりがちな地域だ。

ただし、有閑弓騎の数や技術を維持・拡大させるのに最適な牧《まき》が、坂東には集中していた（二一一頁）。その一つを葛原親王が上野《こうずけ》で領有し、甲斐《かい》に持っていた土地も牧と関係が深い（一一三頁）。それらは、曾孫の世代までに武士となる強力な基盤となったはずだ。

ただし、武人でない王臣子孫から武人を、牧が自動的に生み出すわけではない。それに、平氏や藤原氏が通婚した坂東の現地有力者は郡司富豪層と考えられ、有閑弓騎を大量に含んだに違いないが、それが将門や秀郷のような圧倒的強さの「兵」＝武士を自動的に生み出すわけでもない。武士の成立というパズルには、最後の一ピースが、まだ足りない。

第九章

王臣子孫を武士化する武人輩出氏族——「将種」への品種改良

†パズルの最後のピース——どこから武人的資質が持ち込まれたか

武士を形作るのは、血統や技能や所領だけではない。武士である自覚と、そこから生まれる武士らしい生き様が不可欠だった。その生き様を中世には「弓矢の道」といい、古い時代には「兵《つわもの》の道」といった。平良兼《よしかね》や平将門《まさかど》は、「兵《つわもの》の名（名誉）」を惜しんだ。

良兼は甥の貞盛《さだもり》に、「兵《つわもの》は名を以《もっ》て尤《もっと》も先と為《な》す。何ぞ若干《そこばく》の財物を虜領《りよりよう》せしめ、若干の親類を殺害せしめて、其《そ》の敵《かたき》に媚《こ》ぶべきや（兵は名誉を最優先する。多くの財物を奪い、多くの親類を殺した敵に媚びるものか）」と、兵の道を説いた。また将門は良兼と戦う前に、「将門は偏《ひとえ》に兵の名を後代に揚《あ》げんと欲《ほっ》す（私の望みは全く、兵として名誉を高めて後世に残すことだ）」と表明し、「新皇《しんおう》」と称した後に京の摂政藤原忠平《ただひら》に送った書状で、「昔は兵《へい》威《い》を振《ふる》ひて天下を取る者、皆、史書に見ゆる所なり。将門、天の与《あた》ふる所、既に武芸に在《あ》り。思ひ惟《はか》るに、等輩《とうはい》誰か将門に比《なら》ばむ（天は私に、誰もかなわない武芸の才能を与えたようだ。武力がある者が天下を取るのは、昔は普通だったと史書にある）」と豪語した。

良兼や将門には、卓越した武芸の持ち主という自覚と、「兵」という自覚があった。そして「兵」として後世まで評価されたい欲求があり、そのためにどう振る舞うべきかという問題意識があり、「兵」は保身を優先せず勝つまで戦いを挑むべき、という信念があった。

　平高望《たかもち》の子の段階で、「兵」として技能と意識は完成の域に達し、孫の代で「武芸が誰より強い自分は天下を取ってよいはずだ」と豪語して半ば実現するレベルに達していた。そこまでの完成度が、外部からの補助なくして、一〜二世代で獲得できるとは考え難い。

　ではその外部的な刺激、つまり王臣《おうしん》家を武士にする要因は何か。それが最後のピースだ。「兵」としての高い自覚や技術は通常、ゼロから自生してこない。いい換えれば、武人がいない環境で生まれた男性が、誰からも教わらずにそうした自覚や技能を身につけることはまずない。通常、それを教えるのは父親だ。将門の父良持《よしもち》は鎮守府《ちんじゅふ》将軍を務めた武人だから、彼が将門に仕込んだのだろう。では、良持にそれを仕込んだのは誰か。武人だった証拠がない父の高望かどうかは怪しい。仮に高望が武人でも、彼にそれを仕込んだのは誰か。早世した高見《たかみ》王ではあるまい。万一、高見王が武人でも、父の葛原《かずらはら》親王がそれを仕込んだ可能性は皆無だ。どこかで必ず、それを仕込んだ者が外から供給されたはずだ。

それが何者か、平氏については証拠が何もない。しかし、秀郷《ひでさと》流藤原氏にはヒントがある。秀郷の曾祖父藤成《ふじなり》は播磨介《はりまのすけ》だった弘仁《こうにん》四年（八一三）に、俘囚《ふしゅう》対策に専従する「夷俘《いふ》専当《せんとう》」となり、ほかではあり得ない濃密な交流を蝦夷《えみし》と持った（一〇五頁）。その蝦夷は、「生来騎射に長じ、朝廷の歩兵一〇人も蝦夷の騎兵一人の敵ではない」といわれた（四四頁）。彼らの日本列島で最も優れた騎射術を学ぶ機会が、秀郷の祖先（を含む限られた夷俘専当）だけにあった事実が、秀郷の比類ない武芸と無関係だと考える方が難しい。

秀郷の武人的資質は卓越していた。何度も追捕《ついぶ》の対象となりながら、かえって一国を制圧した。そして、誰も勝てなかった将門を滅ぼした驚異的な軍功も、主に秀郷のものだ（戦後の褒賞が秀郷だけ突出しているのが証拠）。さらに中世には、源頼朝をはじめ多くの武士が、秀郷故実《こじつ》、つまり秀郷が子孫に伝えた弓馬《きゅうば》術の技術や故実（合戦の作法や軍略）を知りたがった。そのように中世武士の武芸の元祖のように扱われた者は、ほかにいない。秀郷の超絶技能が独特・独自だったなら、それは独自の経路で身につけたと考えるのが自然であり、それが夷俘専当という曾祖父藤成の地位だったと考えることも、極めて自然だ。

子孫の小山朝政《ともまさ》によれば、藤成の子の下野少掾《しもつけのしょうじょう》豊沢《とよさわ》は下野国の押領使《おうりょうし》で、「検断《けんだん》」を一手に執行したという。[229] 押領使とは、国司のうち軍の統率に専従する者で、検断は犯罪の取り締まりだ。朝政の主張を信じるなら、豊沢は下野一国の軍事と警察を一手に任される立場にあった。その地位は平均以上の武人的資質を必要としたはずで、それは父が夷俘専当だった時期に、豊沢が蝦夷から弓馬術を学んだ成果と考えるのが自然だ。

平氏にも、蝦夷から騎射術を習得する機会はあった。将門の父良持が鎮守府将軍として陸奥《みちのく》に赴任した時だ。将門の、平氏一族の中でも抜群の強さとその自覚は、この父の経歴と無関係ではあるまい。後述の小野春風《おののはるかぜ》の実例を参考にすると、将門は幼少の頃、父良持と陸奥で暮らした可能性さえあり、しかも小野春風のように辺境防衛の最前線で少年期を送った者は、蝦夷語を習得するほど蝦夷の生活に密着し、入り込んだ。もしそこまで蝦夷の生活習慣の中に入り込んだなら、騎射術も直接習得する機会があった可能性が高い。

なお、大部分は中世以降の系図・記録の情報だが、良持の兄弟の国香《くにか》・良文《よしふみ》や、国香の子の貞盛にも鎮守府将軍の経歴があり、貞盛の弟の繁盛《しげもり》に陸奥守・鎮守府将軍の経歴があったという。それらすべてが史実かは別として（貞盛は確実）、平氏一族の「兵」としての自覚・技能が、陸奥で蝦夷と接して培われた可能性は否定できない。将門の乱を避けて貞盛が陸奥に潜行しようとした事実は、陸奥に受け入れ先となる近しい縁者がいた証左だ。

ただ、これだけですべてを説明するには無理がある。特に鎮守府将軍は、任じられる段階ですでに武人である必要があり、その資質をどう調達したかを、説明せねばならない。

元慶の乱に見る武人とその他の境界——誰が「将種」か

そのヒントは元慶《がんぎょう》二年（八七八）の蝦夷の反乱、元慶の乱にある。この時、小野春風が鎮守将軍に、坂上好蔭《よしかげ》が陸奥権介《ごんのすけ》に登用され、精兵を率いて出羽《いでは》に下った[230]。登用理由は当人の武勇と、小野・坂上氏が将を代々輩出する氏族だったことによる。

人より擢《ぬき》んでた技能・心得を体得する最良の方法の一つは、誰より早く長く訓練を積むこと、つまり幼時から学ぶことだ。そうした生まれの武人を「将種《しょうしゅ》」とか「将家《しょうけ》」と呼ぶ。坂上氏が将種であることは、初の征夷《せいい》大将軍・坂上田村麻呂《たむらまろ》の傑出した武勲で明らかだ。坂上滝守《たきもり》（田村麻呂の弟鷹養《たかかい》の孫）の没伝にも「坂氏《ばんし》の先、世《よよ》に将種を伝《つた》ふ」と明記されている[231]。また小野氏も「前右近衛将監《さきのうこんえのしょうげん》小野春風は累代の将家にして、驍勇《ぎょうゆう》人に超えたり」と評され、歴代武将を輩出する血筋だった（『藤原保則伝《ふじわらのやすのりでん》』）。

春風は「少《おさな》くして辺塞《へんさい》に遊び、能《よ》く夷《えびす》の語《こと》を暁《さと》る」、つまり「夷語（蝦夷語。恐らくアイヌ語）」を流暢に操るバイリンガルだった（『保則伝』）。弘仁四年（八一三）、俘囚の反乱鎮圧のため父の小野石雄《いわお》が陸奥に下った時、子の春風も下って最前線に身を置き、身につけた能力である[232]。祖父の永見《ながみ》も鎮守副将軍として蝦夷征討に携わった[233]。少なくとも祖父・

父・子の三代で蝦夷征討に従事した「累代の将家」であったことが、彼の武将としての才能を育んだ。彼は元慶の乱で登用されると、その経歴と能力を生かし、単身非武装で蝦夷軍を訪ね、敵意がないことを蝦夷語で懇切に説いたので、蝦夷側もすぐに和睦に応じた。

逆に、「「累代の将家」でないから戦乱に関わりたくない」と声高に主張されたのも、元慶の乱が初めてだった。(234)大納言の源多《まさる》は当時、陸奥出羽按察使《あぜち》を兼ねていた。それは「陸奥・出羽の諸軍事を督する」職、つまり陸奥・出羽の国司や鎮守将軍・副将軍などの、多様で雑多なメンバーの蝦夷討伐軍全体を統轄する、重要なポストのはずだった。

しかし、乱が始まるや否や、多は辞職を希望した。その理由は、「器《うつわ》は其《そ》の分《ぶ》に違《たが》ひ……任《にん》は其の才を越《こ》ゆる（自分の器と能力では務まらない）」という自覚だった。そして彼は自分の能力不足を証明する根拠として、「臣《しん》、族は将種に非《あら》ず、門は兵家《へいか》を謝《しゃ》す（私の一族は将軍を輩出する〝将種〟でなく、私の一家は戦士を輩出する〝兵家〟と関わりがありません）」と述べた。多の父は仁明《にんみよう》天皇で、どう考えても「将種」ではない、という主張だ。

元慶の乱では、藤原保則《やすのり》という人も、「身、旧文史《もとぶんり》にして、いまだ嘗《むか》しより馬に跨《またが》り弓を引くことを知らず（私は文官ばかり経歴し、昔から弓馬の術は少しも知りません）」と述べて参戦を辞退したが、摂政藤原基経《もとつね》は却下した。「天智《てんじ》天皇の時から藤原氏は勲功を重ね、篤《あつ》く頼られてきた。私は賢才でないが、畏《おそ》れ多くも摂政として国を統《す》べている。その私には紛争を収拾する責任があり、君は私の一族として全力を尽くすべきで、知恵と謀《はかりごと》を尽くして収拾にあたれ」と。要するに、ともに藤原氏の責任を果たそう、という話だった。

基経が述べたのは、中大兄皇子《なかのおおえのみこ》（天智）と藤原鎌足《かまたり》が、蘇我入鹿《そがのいるか》を斬り殺した大化《たいか》元年（六四五）のクーデター（大化の改新の発端となった乙巳《いっし》の変）のことだ。藤原氏の祖鎌足の最初の大仕事は武力で天皇に貢献することで、それが藤原氏の原点だ。その後、どれだけ平和で藤原氏が文官ばかりになっても、その原点を忘れず、必要に応じていつでも原点に立ち戻るべきだ、と基経は諭《さと》した。基経が保則に求めたのは、官吏としての実績を見込んで軍略家、というよりも戦争自体を回避する智略を持つ政略家としての貢献だった。保則は理に服して出羽権守《ごんのかみ》として赴任し、期待通りにそれを果たしたのである。

基経にいわせれば、「自分には文官しか務まらない」というのは誤った決めつけで、「私は弓馬術を少しも知らない」というのは、個人的で小さな事情に過ぎない。多くの藤原氏は、自分や父祖が文官ばかり経歴してきたので、自分たちは将種でないと決めつける。しかし、将種かどうかは、その氏族が軍事的貢献を期待されて天皇に奉仕し始めたかどうか、その原点というべき実績で決まるのだ、と基経は主張した。

その実績が、源多の氏族にはない。というより、彼は仁明天皇の子で臣籍降下《しんせきこうか》した一世なので、彼より前に彼の氏族は存在しない。ならば彼に流れるのは君主の血であって、世襲的な軍人の血ではない。多が確かに不適格だと、基経に認めさせた理由はそこにある。

†母系の血と教育で王臣子孫を「将種」に転換する

しかし、それなら同様に、桓武の曾孫高望《たかもち》王や清和の孫経基《つねもと》王も「累代の将種」ではない。ならば彼らの子孫はなぜ武士になれたのか。答えは一つしかあるまい。彼らの身にも「累代の将種」の血は流れていた。ただし、父系の血でないなら、母系から供給された血として、だ。

私が父系・母系の血というのは、遺伝的な意味だけではない。片親の遺伝子が子に引き継がれる可能性は二分の一で、特定の職業に望ましい父の資質は、必ず二分の一の確率で消失する。しかし、それでも中世には、特定の家が何世代も武士の役割を果たし続けた。武士の役割とは、武芸を磨き、戦《いくさ》で勲功を挙げ、主君のために討死《うちじに》すること、それらの責務を果たすべき家に生まれた自覚を保ち、磨き、名を惜しむ（世の評価を重んじる）ことだ。

鎌倉幕府の成立後、武士の家は固定し、ほぼ世襲だけで維持された。その中には一定数、武士に適さない遺伝的資質の男子が混在したはずだが、右の役割は果たされ続けた。遺伝的な継承が不完全なのに特定の資質が保たれたなら、それを可能にしたのは教育しかない。

古代・中世で子に教育を施すのは父などの家族だ。父が望むなら、武芸や戦士の心得を父自身が教え、兄たちや後見人・従者に教えさせ、さらに血縁・婚姻・地縁・交友・同僚関係などから、子の教育に適した人物に引き合わせ、武士の価値観と行動原理で動く集団で生活させ、価値観や行動原理をたたき込む。これで、大抵の知識や技能は教え込める。

まして、教育とは一種の洗脳なのだから、脳や身体が未熟なうちから知識・技能を反復させればよい。それで脳や身体を知識・技能に最適化した形で発達させ、知識・技能を人格や身体能力の一部に融合させられる。現代日本で伝統芸能の家元の子が、幼時から親の芸を仕込まれるのと同じだ。天才的な家元からそうでない後継者が生まれるのは仕方ないが、誰よりも早く持続的に専門教育を施せば、家元と名乗れる程度の専門能力は身につく。

†世襲的教育による「将種」坂上氏の形成

そうした世襲的教育の利点を最大限に活用した古代氏族は、恐らく坂上氏だ。古代中国で魏《ぎ》が帝位を簒奪《さんだつ》した時、後漢《ごかん》の一二代皇帝・霊帝《れいてい》の曾孫の阿智使主《あちのおみ》が難を避けて朝鮮半島の帯方郡《たいほうぐん》に移住し、応神《おうじん》天皇の代に配下の民を率いてわが国に帰属した、と坂上氏自身は主張している。(235) しかしこの系譜伝承には、坂上氏が武人の資質に秀でるべき要素が全くない。武人としての活動が確認できる最初の人物は、奈良時代初期の坂上大国《おおくに》だ。詳細は不明だが、大国は右衛士大尉《うえじのだいじょう》という武官にあり、確実に武人だった。

武人の資質を大々的に評価された初めての人物は、その子の犬養《いぬかい》である。犬養は聖武《しょうむ》天皇の寵愛が篤《あつ》く、正四位上《しょうしいのじょう》まで昇り、聖武の娘の孝謙《こうけん》天皇の時に、聖武が執心した東大寺の造営・修造を担う造東大寺《ぞうとうだいじ》長官《ちょうかん》を兼ね、晩年は優賞されて播磨守《はりまのかみ》・大和守《やまとのかみ》を歴任し、封《ふ》戸《こ》（税を取る権利）一〇〇戸を与えられ、天平宝字《てんぴょうほうじ》八年（七六四）に八三歳で没した。彼は父と同じ衛士府《えじふ》に勤めたが、聖武の引き立てで、父をはるかに超える左衛士督《さえじのかみ》に昇った。犬養は「少《おさな》くして武才《ぶさい》を以《もっ》て称《たた》へらる（少年期から武人の才能を讃えられた）」という[236]。武人の父から幼くして武人教育を受け、少年期までに資質を開花させたことが明らかだ。

犬養の子の苅田麻呂《かりたまろ》は、武芸・武略・忠誠心という武人の資質を最大限に発揮し、坂上氏の武人輩出氏族としての地位・名声を確立した。彼は天平宝字八年（七六四）の藤原仲《なか》麻呂《まろ》の乱で仲麻呂の子の訓儒麻呂《くずまろ》を射殺し、称徳《しょうとく》（孝謙）から賞として従四位下《じゅしいのげ》・勲二等《くんにとう》を授けられ、同時にカバネの忌寸《いみき》に「大」の字を加えて「坂上大忌寸《おおいみき》」姓に格上げされた。

称徳は、信任していた頃の仲麻呂に恵美朝臣《えみのあそん》姓と押勝《おしかつ》の名を与え、和気清麻呂《わけのきよまろ》に輔治能《ふじのの》真人《まひと》姓を与え、道鏡《どうきょう》事件で称徳を怒らせた清麻呂に別部穢麻呂《わけべのきたなまろ》の姓名を与えて貶《おとし》めるなど、臣の功罪を名で表現することを好んだ。しかし、彼女がカバネに手をつけたのは、後にも先にも苅田麻呂の坂上大忌寸姓だけで、いかに特別な評価を称徳が与えたかが窺える。

姓やカバネは、その氏族が何者か（いかなる職掌《しょくしょう》で天皇に仕えるか）を示す標識で、子孫まで継承される。称徳は苅田麻呂の武功をカバネに刻み込み、坂上氏が続く限り彼の武功が想起される仕組みを作った。それは坂上氏に、いつまでも優れた武人輩出氏族であれ、と望む称徳の姿勢を示す。これで坂上氏は、武人輩出氏族に特化する制度的裏づけを得た。苅田麻呂は期待に応え、中衛少将《ちゆうえのしょうしょう》・陸奥鎮守将軍・近衛員外中将《こんえのいんげのちゆうしょう》・右衛士督《うえじのかみ》と枢要の武官を歴任し、数ヶ国の守《かみ》を兼ねた。父犬養と同様の官歴を子が歩むことは、孫も同様の官歴を歩むことを世人に期待させ、廷臣としての性質を家単位で固定させる効果を生む。

天皇の親衛隊長としての信頼は光仁《こうにん》・桓武《かんむ》にも引き継がれ、苅田麻呂は桓武から封戸五〇戸を与えられ、右衛士督を務め、延暦五年（七八六）に五九歳で没した。彼の資質に対する桓武の評価が極めて高いことは、彼に従三位《じゆさんみ》を授け、坂上氏に初めて公卿《くぎょう》待遇を与えた事実に明らかだ。坂上氏は、武功によって廷臣最上層に食い込む道を開拓したのである。

彼の没伝に、「苅田麻呂は、家、世《よよ》に弓馬を事《こと》として馳射《はせゆみ》を善《よ》くす。宮掖《きゆうえき》に宿衛《しゆくえい》し、歴《へ》て数朝に事《つか》ふ（苅田麻呂は、代々弓馬を専ら扱ってきた家の出身で、彼自身も騎射に優れ、何代もの天皇に仕えて宮殿の宿直護衛を果たした）」とある。(237)〝弓馬（＝騎射）を代々専らにする家〟が、彼の代までに成立していたのである。

†田村麻呂と子孫による「将種」坂上氏の確立と維持

その子の田村麻呂の時、この家系の名声は頂点に達する。彼は延暦二三年（八〇四）に征夷大将軍となり、蝦夷の首長の阿弖流為《あてるい》らを生け捕った功績で従三位となった。これで父の位に到達し、官職でも公卿待遇となる参議《さんぎ》に昇り、さらに中納言《ちゅうなごん》を経て、何と大納言《だいなごん》まで昇った。大納言の上には三人の大臣しかいない。桓武は篤い信任を、議政官の最上層で政府の意思決定に参画させることで示したのである。武官としては、天皇の親衛隊長として最も誉《ほま》れある近衛大将《こんえのたいしょう》に昇り、弘仁二年（八一一）に五四歳で、京の東郊の粟田《あわた》の別荘で没した。

その年に終わった三十八年戦争の終局に田村麻呂は参加しなかったが、弟で陸奥介《みちのくのすけ》の鷹《たか》養《かい》が征夷副将軍として参加した。武人輩出氏族の一員として登用されたことは明らかだ。

田村麻呂の資質を、没伝は「家は世《よよ》に武を尚《とうと》び、鷹を調《ととの》へ馬を相《み》て、子孫業《わざ》を伝へ、相《あい》次《つ》ぎて絶《た》えず。田村麻呂は赤き面《おもて》、黄の鬚《ひげ》にして、勇力は人に過ぎ、将帥《しょうすい》の量《りょう》有《あ》り。帝、之《これ》を壮《さかん》とす（代々彼の家は武を貴び、鷹狩をして馬の品質を見分け、子孫もその技能を連綿と継承した。彼は赤ら顔に黄色の鬚を生やし、誰より勇敢で力が強く、全軍の長の器で、嵯峨天皇は素晴らしい才能だと認めた）」と紹介する。[238] 田村麻呂の特色は、闘争心と力に加えて統率力まで兼備したことで、没伝には、「頻《しき》りに辺兵《へんぺい》を将《ひき》ゐ、出《い》づる毎《ごと》に功《こう》有り。寛容に士を待《もてな》し能《よ》く死力を得《う》（頻繁に辺境の軍を率いて出撃し、必ず勝って帰ったが、それは寛容に接した将士が彼を慕い、率先して死力を尽くしたからだ）」ともある。

彼ほどの将の才能を発揮した子孫はなかったが、武芸・武勇を評価された子孫は多い。例えば田村麻呂の次男の広野《ひろの》は、右兵衛佐《うひょうえのすけ》・右《う》近衛少将《こんえのしょうしょう》・右兵衛督《うひょうえのかみ》と武官を歴任し、陸奥守として辺境の防衛に従事した。「少《おさな》くして武勇を以《もっ》て聞《き》こゆ（少年期から武勇で名を知られた）」という彼の評判は、間違いなく田村麻呂の教育の賜物だ。[239]

広野の弟（田村麻呂の四男）の清野《きよの》は優秀で、「少《おさな》くして家風に慣れ武芸絶倫（幼少から家風に馴染んで武芸を磨き、並ぶ者がなかった）」と評された。彼は平城《へいぜい》天皇が選抜して才能・品格を審査した「天下の騎射抜群の士」二〇人に選ばれ、また平城が清野を含む三人に競わせた「歩射《ぶしゃ》（徒歩の射撃）」の技能では、清野が最も優れていた。嵯峨が即位すると二七歳で鎮守将軍に抜擢され、翌年に陸奥介、後に右近衛少将・陸奥出羽按察使を歴任して、辺境の防衛を任された。蝦夷を懐柔する能力に優れ、「夷民《いみん》和親し関塞《かんさい》無事なり（蝦夷と日本の民が親しく和《なご》やかに共存し、辺境は安全だった）」と評され、その後、右《う》馬頭《まのかみ》・右兵衛督と武人の官職を務めた。[240]

広野の子の当道《まさみち》も優秀だ。「大射《たいしゃ》の礼（射礼《じゃらい》）」という、正月に廷臣に射技を競わせる行事で射手《いて》が不足した年、仁明天皇は内舎人《うどねり》（天皇側近の雑用係的な警備係。四七頁参照）で五位に満たない当道を詔《みことのり》で呼び出し、代役を務めさせた。「少《おさな》くして武事を好み、弓馬を便《なら》ひて射を善《よ》くし、才・調を兼ね有《たも》つ（幼少から武芸に習熟して騎射術に堪能で才色兼備）」という当道の評判が高かったからだ。後に当道は右近衛少将・左兵衛大尉《さひょうえのたいじょう》・左衛門《さえもんの》大尉《たいじょう》・右衛門権佐《うえもんのごんのすけ》と武官ばかり歴任し、検非違使《けびいし》を兼ねた。その後、左近衛少将《さこんえのしょうしょう》を経て、清和《せいわ》朝で陸奥守となり、常陸権介《ごんのすけ》も兼任して広域の辺境防備を担い、任期後もなお後任者の着任まで五年も陸奥に留まり、九年も在国した末に陸奥で死去した。当道の陸奥在国中、辺境はよく治まって日本の民も蝦夷も安穏に暮らし、自分は清貧で通して、最期には布の衾《ふすま》（植物繊維の寝具）一つしか携えていなかったという。[241]

田村麻呂の弟・鷹主《たかぬし》の子の貞守《さだもり》も「武事を好み弓馬を便《なら》ふ（武芸を好み騎射に習熟）」と評され、右馬助《うまのすけ》・左馬助《さまのすけ》を経て長く左近衛少将を務め、文徳《もんとく》朝で右馬頭《うまのかみ》に昇るまでは武人の官職ばかり務め、後に受領を歴任した。彼は、軍事や狩猟に不可欠な鷹と馬の鑑定が得意で、性質から産地まで、一つも見誤らなかったという。[242]

田村麻呂の別の弟・鷹養《たかかい》の孫（氏勝《うじかつ》の子）の滝守《たきもり》も、「幼くして武芸を好み、弓馬を便《なら》ひ習ひて、尤《もっと》も歩射《ぶしゃ》を善《よ》くす（幼年から武芸を好んで弓馬に習熟し、特に歩射に優れた）」と評され、一九歳で左近衛将曹《さこんえのしょうそう》となり、「歩騎兼射《ぶきけんしゃ》して節会《せちえ》に供奉《ぐぶ》（歩射と騎射の両方で、定例の武芸訓練行事に奉仕)」した。後に左近衛将監《さこんえのしょうげん》・左馬助・右近衛少将と武人の官職で昇進を重ね、右近衛少将ながら貞観一一年（八六九）に大宰権少弐《だざいのごんのしょうに》を兼ねて九州の大宰府《だざいふ》に赴任した。新羅《しらぎ》の海賊が大宰府を襲撃して略奪したため、滝守を派遣して防備軍を指揮させたのである。その後、大宰少弐《だざいのしょうに》・左近衛権少将《さこんえのごんのしょうしょう》に転じて大宰府の防備を続け、陽《よう》成《ぜい》朝の元慶三年（八七九）に陸奥守《みちのくのかみ》となったが赴任せず、同五年に没した。(243)

†「武芸絶倫」の「家風」と坂上氏の弓馬術

このように、苅田麻呂までの三代は〝武人の供給源〟という特性を坂上氏の最大の特長に育て、田村麻呂・鷹主・鷹養ら兄弟とその子孫はよく継承・展開した。朝廷が卓越した武人を必要とする時はいつでも坂上氏から調達可能である、という形を築き、維持するため、田村麻呂の世代とその子孫は幼少期から徹底して「武芸を好む」よう教育された。多数の氏族が存在意義（つまり官職）を熾烈《しれつ》に競い合う朝廷で、坂上氏は独自の存在意義を確立し、坂上氏の需要を朝廷の中で保ち続け、氏族の没落を防ぐ試みに全力を尽くした。

その彼らが身につけた「武芸」の内実が、「弓馬（騎射）」であったことに注意されたい。右に述べた略歴を顧みれば、坂上氏の礎《いしずえ》を築いた苅田麻呂、孫の清野と貞守、曾孫の当道と滝守らは皆、歩射か騎射の達人だった。苅田麻呂は藤原仲麻呂の子の訓儒麻呂を射殺し、藤原薬子《くすこ》の乱で田村麻呂は薬子の兄仲成《なかなり》を射殺した。彼らの「武芸」は弓術だった。それは弓矢が最強の武器で、それゆえに最も習熟困難な武器だったからだ。坂上氏が〝誰より頼れる武芸の専門家一族〟であるには、最強の武芸である弓術を習得するしかない。

世代を超えて氏族の構成員に継承される性質を、当時「家風《かふう》」といった。坂上清野の没伝に、「少《おさな》くして家風に慣れ、武芸絶倫」とある。[244] 坂上氏は「武芸絶倫」＝誰も並ぶ者がないほど武芸に熟達する「家風」を確立し、継続的に再生産した。

その「家風」と血統の関係について、滝守の没伝に「坂氏《ばんし》の先《さき》、世《よよ》に将種《しょうしゅ》を伝《つた》ふ。滝守は幹略《かんりゃく》にして家風を墜《お》とさず（坂上氏は何世代も将種を伝え、滝守は家風を損なわない武勇と智略を備えた）」とある。[245] 武人の「家風」を担い続ける血統が「将種」で、そこでは「種」の字が露骨に〝将帥《しょうすい》にふさわしい遺伝的な資質〟を表現した。彼らの血統を中国風に「坂《ばん》氏《し》」と呼んだのは、そうした「将種」のブランド名なのだった。

†「将種」の注入による品種改良——葛井親王と坂上田村麻呂

かくして、遺伝的資質と、それを開花させる発育環境を兼ね備えた「将種」が確立すると、ほかの氏族の〝品種改良〟が可能になる。「将種」の血統を女系から注ぎ込むことで、これといった特色のない氏族に、武人の遺伝的資質や発育環境を提供する、という形でだ。

そうした品種改良が天皇一家に対して行われ、目覚ましい成果を挙げ、特筆大書された事例が一つだけある。(246) 桓武天皇の一二番目の子・葛井《ふじい》親王である。

彼が一二歳だった弘仁二年（八一一）、正月の射礼《じゃらい》のついでに嵯峨天皇が親王・群臣に射技を披露させた。この時、嵯峨が戯れて葛井親王に「弟よ、お前はまだ幼いが弓矢を手に執《と》って射よ」と語ると、親王は二発射て二発とも的中させた。すると、これを見ていた坂上田村麻呂が興奮・動揺・欣喜雀躍《きんきじゃくやく》し、立ち上がって親王を抱きかかえ、舞い始めた。「舞」は喜びのあまり踊ってしまう動きを形式化して袖《そで》を振る所作で、最大級の喜びの表明だ。同じ意味をこめて踊るように足を踏みならす「踏」と合わせて「舞踏《ぶとう》」という。《礼》思想の実践者である嵯峨が、中国から導入して朝廷の正式作法として定めたものだ。

田村麻呂は嵯峨の前に進み出て述べた。「私は以前、数十万の軍勢を率いて蝦夷を討ちました。向かうところ敵なしでしたが、それは天（から天命を下された天皇）の権威を背負ったからで、勇敢さや知略、用兵術のお陰ではありません。ところがこの親王はまだ少年なのに、これほどの武芸の技能を持っておられる。私の全く及ばない才能です」と。嵯峨は「なぜだか将軍（田村麻呂）は大袈裟に外孫を褒めすぎる」と笑った。田村麻呂は葛井親王の外祖父（母の父）で、彼の褒め言葉は、要するに親馬鹿の一種なのであった。

桓武は晩年に田村麻呂の娘の春子《はるこ》を後宮《こうきゅう》に入れ、彼女が葛井親王を生んで「将種」坂上氏の血を引く皇子が誕生した。その能力は、右の親馬鹿話にとどまらない。葛井親王の没伝に「親王頗《すこぶ》る射芸を善《よ》くし、外家《がいけ》大納言（田村麻呂）の遺風《いふう》有り」とある。親王は弓術に大変熟達し、その技に外祖父田村麻呂の遺伝的な風格を感じさせた、というのである。

右の驚きようから見て、一二歳まで葛井親王の教育に田村麻呂は携わっていない。しかし、外孫の才能に気づいた田村麻呂が、それから教育に携わった可能性は十分にあろう。

そして葛井親王は王臣家《おうしんけ》だ。ならば右の事例は、古代の伝統的な武人輩出氏族の血＝「将種」を女系から王臣家に注ぎ込み、人為的に「将種」に転換して開花させる品種改良が可能だった証明にほかならない。これこそパズルの最後のピースで、桓武平氏や清和源氏の単なる貴人を、短期間で超強力な「兵」に転換させたトリックとしては、最も有望だ。

†清和源氏に注入された坂上氏の「将種」と元平親王の詐謀

従来、清和源氏の系譜は父系しか検討されなかったので、初代経基《つねもと》がなぜ突然「武士」化したかは謎で、誰にも解けなかった。しかし、母系からの品種改良を想定してよいなら、話は簡単になる。経基の母系の祖先をたどれば、その先に謎の答えが待っているはずだ。

残念ながら、経基の母については、一切伝承がない。しかし、経基の父貞純《さだずみ》親王の母なら、確実な記録がある。『三代実録《さんだいじつろく》』に「皇子貞純、母は王氏《おうし》、中務大輔棟貞《なかつかさのたいふむねさだ》の女《むすめ》」とあり、貞純親王の母が、棟貞王という皇族の娘だと判明する。(247) 棟貞王の経歴は正史で追跡可能だ。(248) 清和朝の初期に下野守《しもつけのかみ》・越中守《えっちゅうのかみ》として赴任し、京に戻って中務大輔（詔勅《しょうちょく》の発布などを司る中務省《なかつかさしょう》の次官）となり、神祇伯《じんぎはく》（朝廷の神祇祭祀を司る神祇官《じんぎかん》の長官）に出世して陽成《ようぜい》・光孝《こうこう》朝まで在任した。要するに、ありふれた皇親だが、それなりに有能で、中堅どころの官僚を勤め上げた人物だ。彼は武官になった形跡がなく、また没伝がないので武人としての資質はわからない。

しかし、重要なのは彼に流れる血だ。母は不明だが、彼の父こそ、あの葛井親王だったのである。すると、葛井親王が外祖父・坂上田村麻呂の武人的資質を濃厚に継承していたことが、重大な意味を持つ。〈坂上田村麻呂→坂上春子→葛井親王→棟貞王→その女《むすめ》→貞純親王→源経基〉という経路で、源経基には坂上田村麻呂の血が流れ込んでいたのだ（二六七頁の図8の系図参照）。源氏の武人的資質には、坂上田村麻呂の「家風」「将種」に由来する部分が間違いなくある。

ところが、清和源氏の血統には有力な異説がある。永承《えいしょう》元年（一〇四六）、源頼信《よりのぶ》が石《いわ》清水八幡宮《しみずはちまんぐう》に告文《こうもん》（繁栄を祈願する文章）を奉納した。祭神の八幡神《はちまんしん》（応神《おうじん》天皇）の子孫として祈願する立場から、頼信は応神まで自分の系譜を遡《さかのぼ》って述べた。そこに「先人新発《しんぼち》（満仲《みつなか》）、其《そ》の先は経基、其の先は元平《もとひら》親王、其の先は陽成天皇……」とあり、源経基の父が貞純親王ではなく元平親王、祖父が陽成天皇とされていた。[249] 関白基経に退位を強いられ、荒れ狂う院宮《いんぐう》王臣家の筆頭として、武装した騎兵団を連れて京や郊外を横行し、ほしいままに狩猟と暴力に身を任せた、あの陽成天皇だ（一八三～一八五頁）。

近い世代の子孫の告白なので重視すべきともいわれるし、現在伝わる告文が原本でないので（鎌倉時代の写し）信頼できないともいわれる。陽成は清和天皇の子なので、どのみち血筋に大差ないと考えられるせいか、今日ではあまり真剣に真偽が問われない。ただ、本書にとっては大問題だ。経基が貞純親王の子でなければ、右の説が成り立たなくなる。

しかし、経基の父が元平親王なら、清和源氏が武士化した経緯は、実は説明しやすくなる。弓矢で武装した騎兵団を率い、狩猟と暴力に明け暮れた陽成の日常は、経基の子の満仲や、その子の頼親・頼信兄弟と酷似する。満仲は狩猟と殺戮《さつりく》に明け暮れて、気に入らぬ従者を「虫ナドヲ殺ス様《よう》ニ」殺し（『今昔物語集』巻19-4）、頼親も殺戮を繰り返して主筋の藤原道長《みちなが》から「殺人の上手」と呼ばれた。[250] 彼らの常軌を逸した暴力性の出所がこれまで未解決の謎だったが、陽成の孫や曾孫なら、不思議でも何でもない。

本書は、真偽を確実に判定する材料を持たない。しかし興味深い事実がある。告文で経基の父とされた元平親王が源氏の系譜の捏造《ねつぞう》に手を染め、村上《むらかみ》天皇に処罰されたのである。

朝廷には正月の叙位《じょい》で、王氏《おうし》（皇族）・源氏・藤原氏・橘《たちばな》氏から一人ずつ氏長者《うじのちょうじゃ》に推薦させ、従五位下《じゅごいのげ》（貴族のスタートラインとなる位階）を授ける「氏爵《うじのしゃく》」制度があった[251]。衰退して公卿《くぎょう》を出せない橘氏では、藤原氏の長者が是定《ぜじょう》という代行者として推薦した。皇族も氏長者を定められないので（天皇が氏族の長だが、氏長者は臣下の制度なので）、王氏の一人が是定として代行した。王氏には様々な天皇の子孫が混在するので、「巡《じゅん》」といって、毎年順番で各天皇の子孫に推薦される資格が回され、その中で最有力者が是定を務めた。

天暦《てんりゃく》七年（九五三）には「元慶御後《がんぎょうおんあと》」の巡＝陽成天皇の子孫の順番が来て、陽成の長男である元平《もとひら》親王が是定になった。ところが元平は、清和天皇の子孫の源経忠《つねただ》という者を、陽成源氏だと偽って推薦した。この詐謀《さぼう》は発覚し、元平と経忠は遠流《おんる》の判決を受けた（元平は官当《かんとう》〔七〇頁〕で減刑されて贖銅《しょくどう》＝罰金、後に大赦《たいしゃ》で位記《いき》の没収で済まされた[252]）。

清和源氏を陽成源氏だと主張する点が頼信の告文と同じで、しかも告文に現れる元平親王が詐謀事件の主犯だ。さらに陽成源氏と偽った源経忠は、名が源経基と瓜二つだ。この源経忠は系図類にも記録にも見えない。もし右の事件の記録の「源経忠」が「源経基」の誤写だったら（図7）、事件と告文が完全につながる、という憶測を禁じ得ない。万一そうなら、経基を元平の子とする系譜は元平の捏造で、信じた源頼信は騙《だま》されたことになる。

その憶測はさておき、元平親王を中心とする清和・陽成源氏の系譜捏造の動きは事実で、頼信の告文のような、元平が登場する源氏の系譜の信頼性は劣る。しかも後の源氏は一貫

基　忠

図７　「基」と「忠」の草書体
出典：東京大学史料編纂所 Web ページ「電子くずし字字典データベース」より。「基」：『愚昧記』仁安２年 10 月 15 日条，「忠」：「橘中村文書」応安５年３月日橘薩摩公与軍忠状

して清和―貞純―経基の系譜を主張しているので、陽成源氏説は退けてよいのではないか。

†桓武平氏に注入された多治比氏の「将種」と平氏の郎等多治比氏

話を戻そう。清和源氏に女系から武人化させる品種改良の痕跡があるなら、桓武平氏はどうか。平高望の子世代までに、母の素性が判明するのは葛原《かずらはら》親王だけだ。彼の母は多治比長野《たじひのながの》の娘の真宗《まむね》で、文官を経歴して参議まで昇った長野は、祖父の大納言池守《いけもり》や、祖先の左大臣島《しま》（志摩）の血を引く、純粋な文官政治家だった[253]。一見、平氏の武士化と無関係なようだが、多治比氏全体で見ると、そうでもない。

多治比氏は、宣化《せんか》天皇の孫の多治比古王《たじひこのみこ》が名前に因《ちな》んで多治比公《たじひのきみ》の姓を賜《たまわ》り、天武朝でその子の島（志摩）が真人《まひと》のカバネを賜ったのに始まる[254]。奈良時代初期、新羅《しらぎ》の使者を迎える儀式で警備の「畿内七道《きないしちどう》の騎兵」九九〇人が左将《さしょう》軍《ぐん》・右将軍《うしょうぐん》に率いられた時、左の副将軍に多治比広成《ひろなり》（島の子）がいた(255)。左将軍の大伴氏と右将軍の石上《いそのかみ》氏（物部氏の末裔）が武人輩出氏族であることに加え、副将軍という肩書や騎兵の統率という職掌《しょくしょう》から見て、広成は弓騎《きゅうき》の武人として登用されたことが明らかだ。

養老四年（七二〇）には多治比県守《あがたもり》（島の子）が持節征夷《じせっせいい》将軍として(256)、また延暦七年（七八八）には多治比宇美《うみ》が陸奥按察使《あぜち》・陸奥守・鎮守将軍として(257)、陸奥の蝦夷征討の主将を務めた。延暦九年には多治比浜成《はまなり》が陸奥按察使・陸奥守となり、翌年に征夷大使の大伴弟麻呂《おとまろ》の指揮下で、坂上田村麻呂らとともに征夷副使（副将軍）として、やはり蝦夷征討にあたった(258)。彼らは文官・議政官も務めたから、坂上氏のような武人輩出に特化しない、文武両道の有能な政治家・官僚輩出氏族と見なすべきだが、多治比氏が武人の資質を持つ人を継続的に輩出したことも疑いない。

多治比氏は、天平六年（七三四）に遣唐使の広成が唐に行った時だけ、中国人向けの見栄えを気にして姓を「丹墀」と表記し、後の天長九年（八三二）に子孫の貞成《さだなり》らがそれを正式な表記に採用し、貞観八年（八六六）に貞峯《さだみね》らが、本来の古い表記を尊重しつつも三文字では煩雑だとして「多治」の二文字に改めた（すべて読みはタジヒである(259)）。

これを踏まえて多治《たじひ》氏を探すと、天慶《てんぎょう》元年（九三八）に信濃国の牧監《ぼくげん》だった多治基国《もとくに》が確認できる(260)。牧監は信濃国内の一六の勅旨牧《ちょくしまき》（天皇個人の牧）全体の統轄者であるから、多治氏は東国で軍馬生産の中枢を担う人物を出していたことになる。そこで興味深いのが、将門の乱に登場する、常羽御厩《つねはのみうまや》の別当《べっとう》（長官）の多治経明《つねあき》だ（御厩は権門が馬を飼養・維持する施設）。多治基国も経明も、同じ将門の乱の最中に、同じ東国で、馬の生産・管理の統轄者だった。極めて近い同族だと考えてよかろう。

多治経明が任された常羽御厩は下総国《しもうさ》豊田郡にあり、そこは将門の本拠地で、多治経明は将門の従者だった。しかも彼は、将門が新皇として坂東《ばんどう》諸国の受領を任命した時、将門の従者から二人だけ選ばれたうちの一人だ。武士の死活問題である馬の管理を任された点と総合するに、将門の腹心に間違いない。やや下って寛仁《かんにん》三年（一〇一九）に、刀伊《とい》の入寇《にゅうこう》を筑前《ちくぜん》で迎撃・奮戦した勲功者の「同（筑前）国怡土《いと》郡住人多治久明《ひさあき》」(261)は、名の類似から見て、九州で武士化した経明の同族ではないか。しかも、平良兼が将門の石井《いわい》の営所を夜襲した時、多治良利《よしとし》という良兼の「上兵《じょうへい》（従者の戦闘員筆頭）」が将門に射殺されていた。

初期の複数の平氏が腹心や従者筆頭に多治氏を抱えていたことは、将門の高祖父（良兼の曾祖父）葛原親王の母が多治比氏だったことと、無関係ではあり得まい。多治比氏は、葛原親王に武人輩出氏族（将種）の血統を提供し、そのまま彼の子孫に仕え、王臣家人となって一体化し、武人の資質を開花させた姻族平氏の郎等《ろうとう》（郎党）として、将種としての能力で貢献し、武士の郎等として生き残った、という筋書きを想定するのが最も自然だ。

右の筋書きは、単体ではただの貴種《きしゅ》にすぎない源氏・平氏が、いかにして急速に「兵」の技能と精神を獲得したか、という本書のパズルの最後のピースを埋めてくれる。これらの煩雑な系譜関係を改めて系図にまとめると、図8のようになる。

秀郷流藤原氏と源平両氏の血統の違い――父系由来か母系由来か

興味深いのは、こうした筋書きが藤原秀郷にはあてはまらないことだ。秀郷の母系の鳥取氏は、任用国司を出すのが精一杯の郡司輩出氏族で、正真正銘の卑姓《ひせい》である。しかし、かつて左大臣を出した多治比氏や大納言を出した坂上氏は、源平ほど貴くなくとも卑姓とは全く違う、準貴姓というべき貴さを誇る。多治比・坂上氏は将軍を出し、軍を率いる将

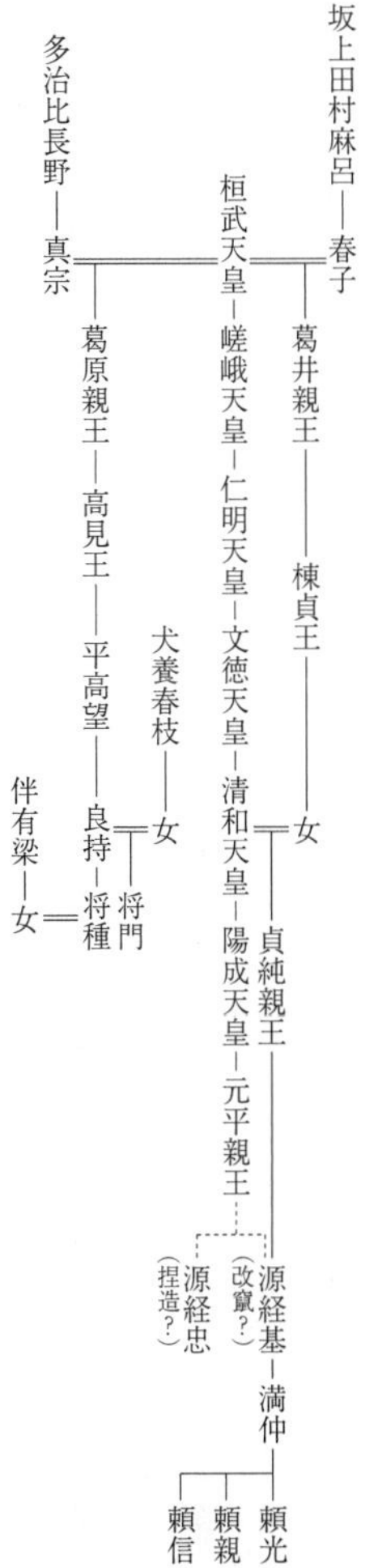

図8　源氏・平氏と古代武人輩出氏族の関係系図

種の家柄だが、鳥取氏は彼らに健児《こんでい》として従う階層にすぎない。坂上氏は高い専門性を氏族の存在意義とした武人輩出氏族だが、鳥取氏はそこまでの専門性を持たない有閑弓騎にすぎない。多治比・坂上氏は、どれだけ地方に進出しても本来は中央の高級官僚の一族だが、鳥取氏などは最初から地方社会に根を張っており、中央へのパイプがないに等しい。

　こうした違いを背負い、秀郷流藤原氏は母系から武人の専門性を調達せず、俘囚《ふしゅう》（蝦《えみ》夷《し》）との接点で自ら学んだ弓馬術を、父系で秀郷まで伝承してきたと見られる。

　源平両氏は後に棟梁《とうりょう》級の武士（広範囲の武士を束ねる元締め）を出し、源氏に至っては武士の政権＝幕府のトップに登りつめたが、秀郷流藤原氏は棟梁級を出せず、幕府では完全に源氏の家人に甘んじた。こうした命運の決定的な差と、右に述べた彼らの源流の差、特に古代の武人輩出氏族として積み上げてきた専門性を母系から獲得したか否かや、母系の血筋の差、特に秀郷だけに「将種」の血が入っていない事実とが、無関係とは考え難い。

第一〇章　武士は統合する権力、仲裁する権力

†武士は古代の部品のマッシュアップ

以上で、武士成立の経緯とメカニズムには、最低限の見通しがついた。

国造《くにのみやつこ》の時代から何世紀もかけて形成された、古代の郡司富豪層の地方社会に対する支配的な地位と、彼らの濃密なネットワークに、血筋だけ貴い王臣子孫が飛び込み、血統的に結合して、互いに不足するもの（競合者を出し抜くための貴さと地方支配の力）を補い合った。そして秀郷《ひでさと》流藤原氏は蝦夷《えみし》と密着した生活から、源平両氏は伝統的な武人輩出氏族（将種《しょうしゅ》）の血を女系から得て、傑出した武人の資質を獲得した。武士とは、こうして【貴姓《きせい》の王臣子孫×卑姓《ひせい》の伝統的現地豪族×準貴姓の伝統的武人輩出氏族（か蝦夷）】の融合が、主に婚姻関係に媒介されて果たされた成果だ。武士は複合的存在なのである。

こうして見ると、武士の本質は融合（統合）にある、といえそうだ。武士は〝武装した有力農民〟〝衛府《えふ》の武人の継承者〟など、一つの集団が発展した産物ではない。違う道を歩むはずだった複数の異質な集団が融合して、どの道とも異なる、新たな発展の道を見出したのが武士だ。

武士を生み出した右の三つの要素のうち、極めて貴い王臣子孫の出現は平安初期まで遡《さかのぼ》るし、伝統的な現地豪族と武人輩出氏族は倭《わ》国の時代まで遡る。つまり、どれ一つ取っても、単体では中世的でない古代の所産だ。しかし、それらが融合して生まれた武士は、古代のどこにも存在しなかった中世的存在なのである。

このように、既存の要素がいくつか結合して、どの要素にもなかった新たな性質が生まれることを〝創発《そうはつ》〟という。武士とは〝古代の要素から創発された中世〟なのである。

身近な例でたとえよう。携帯電話も、携帯音楽プレーヤーも、液晶タッチパネルも、前からあった。しかし、Ａｐｐｌｅという会社がｉＰｏｄという携帯音楽プレーヤーに大画面の液晶タッチパネルを付け、携帯電話を付けたらｉＰｈｏｎｅになった。それはスマートフォンという新ジャンルを生み、携帯電話の主流になった。それを大型化したらｉＰａｄになり、タブレットＰＣという新ジャンルを生んだ。個別の機能はどれも昔からあったのに、あの組み合わせで特別な価値が生まれ、人類の生活が変わり、それなしの生活は考えられなくなった。このように、既存の完成品やサービスを組み合わせたり組み替えて、新しい何かを生み出す手法を〝マッシュアップ〟という。

武士はそれと似ている。古代の技術と部品のマッシュアップで、武士という新ジャンルが生まれ、日本人の生活が変わり、一九世紀まで武士なしの社会など考えられなくなった。

武士の本質が〝既存の各種勢力の融合・統合〟だったことは、最初期の武士が証明している。将門《まさかど》の乱の経緯を思い出されたい。将門と国香《くにか》には個人的に戦う理由がなかったが、国香は将門を憎む源護《まもる》に促され、将門も平真樹《さねき》に促されて決戦を決意した（二二三〜二二五頁）。貞盛《さだもり》に至っては、「自分はこの戦争の当事者ではない」と何度も自分に言い聞かせ、それでも巻き込まれてしまったほどだ。将門の乱には、他人の紛争に巻き込まれ、嫌といえず、しなくてよかったはずの戦争を起こし、当事者になってしまうパターンが多すぎる。

†他人の紛争を仲裁したがる将門

天慶《てんぎょう》元年（九三八）に将門が反逆に踏み切った時の経緯こそ、その最たるものである。当時、武蔵《むさし》国では足立郡司《あだちぐんじ》の武蔵武芝《むさしのたけしば》が、武蔵権守《むさしのごんのかみ》の興世《おきよ》王や武蔵介《むさしのすけ》の源経基《つねもと》と対立していた。『将門記《しょうもんき》』によれば、負債（累積した年貢未進《みしん》）や年貢納入の遅れで国司に責め苛《さいな》まれないよう、武芝が足立郡内の百姓を守っていたが、興世王と経基は新任の受領《ずりょう》（武蔵《むさしの》守《かみ》）が着任する前の空白を狙って、手下を連れて足立郡に踏み込み、実力で年貢の徴収を図った。慣例違反だとして武芝が反発すると、興世王らは「郡司の分際で無礼だ」と怒って兵を足立郡に殺到させ、武芝が山野に逃亡すると、武芝の拠点や周辺の民家を襲い、略奪・検封（封鎖）した。武芝は返還を求めたが興世王らは取り合わず、合戦の準備を進めて威嚇《いかく》した。

この経緯を伝え聞いて、将門が仲介に乗り出す。しかし、将門は従者にこう語る。「彼《か》の武芝等《ら》は我が近親の中に非ず。又彼《またかの》守《かみ》・介《すけ》は我が兄弟の胤《たね》に非ず。然《しか》して彼此《かれこれ》の乱を鎮《しず》めんが為《ため》、武蔵国に向《むか》ひ相《まみ》えんと欲《おも》ふ（武芝は私の近親者でなく、興世王・経基は私の兄弟でもないが、騒乱を鎮《しず》めるため武蔵国に向かいたいと思う）」と。この言い訳がましい宣言は、赤の他人の紛争を進んで仲裁することの不自然さを、将門が自覚していた証左だ。

しかし将門は右の宣言で、なぜその不自然な仲裁をあえて行うのかを、説明していない。だから私は、昔から不思議に思っていた。将門はなぜ、他人の争いに自分から首を突っ込むのか。普通は、そんな損することはしない。報酬の保証もなく、よくて感謝されるだけ、しかも肩入れしなかった一方からは恨まれ、下手をすれば両方から恨まれる。それは、仲裁という行為が途方もない労力・気力を要するのに対して、あまりに割に合わない。

しかも紛争現場の武蔵は、将門の本拠地の下総《しもうさ》ですらない。隣国の紛争に首を突っ込み、仲裁という損な仕事に乗り出し、反逆者に仕立てられ滅んでしまう。この単なるお人好しと紙一重の将門の意欲の原動力は、何だったのか。もう一度、乱の経緯を確認しよう。

将門は軍勢を率いて武芝の軍勢と合流し、武蔵国府に入り、興世王と武芝を講和させた。それで終わるはずだったが、国府に入りきらない武芝軍の後陣が、経基の「営所《えいしょ》（拠点）」の周辺に充満した。「未だ兵《つわもの》の道に練《ね》れず（まだ兵として未熟）」だった経基は恐れて逃亡し、将門・武芝・興世王が結託して自分を殺そうとしていると早合点した。彼は深く恨んで上洛し、「興世王・将門らが謀反を企んでいる」と朝廷に訴え出た。かつて将門の「私《し》君《くん》（私的な主人）」だった摂政藤原忠平《ただひら》は、使者を下して事実確認を命じた。将門は、常《ひた》陸《ち》・下総・下野《しもつけ》・武蔵・上野《こうずけ》の五ヶ国の国司に「謀反は無実」と証言する解《げ》（上申文書）を書いてもらい、経基の密告は虚偽と判定された。天慶二年（九三九）前半のことである。

すると今度は、興世王が新任の武蔵守の百済貞運《くだらのていうん》と揉《も》めた。興世王は婚姻関係を結んで癒着しようと試みたが、貞運は彼を拒否し、国政から排除した。興世王は恨んで出奔《しゅっぽん》し、下総の将門を頼った。なぜ、興世王は当然のように下総の将門を頼り、なぜ将門はそれを受け入れるのか。

この頃、常陸に「素《もと》より国の乱人《らんにん》たり、民の毒害《どくがい》たるなり（前から国を乱し民に害をなす問題児）」と悪名高い藤原玄明《はるあき》がいた。彼は百姓を強制労働で酷使し、田地を耕作させて収穫を貪り、国衙《こくが》には米一粒の年貢も納めず、催促に来る国衙の使者を暴行傷害して憚《はばか》らず、その精神は盗賊と変わらない、と『将門記』はいう。王臣子孫の典型である。常陸介《ひたちのすけ》（受領）の藤原維幾《これちか》は牒《ちょう》（通達書）を送って年貢を催促したが、玄明は無視した。そこで維幾は朝廷に追捕《ついぶ》命令を下すよう申請し、武力に訴える意思を示した。その結果、玄明も将門の保護を期待して下総へ逃亡した。維幾は下総国司と将門に玄明の身柄引き渡しを求めたが、将門は「逃亡した」と称して協力せず、玄明の保護要請を受け入れた。

常陸介維幾に命を狙われた玄明から「合力《ごうりき》」を頼まれた将門は、それも受け入れ、兵を率いて常陸国府と対峙《たいじ》して、「玄明を逮捕しないと保証せよ」と要求した。それを維幾が「兵を向けるなら戦うだけだ」と拒否したため、約千人の将門軍が国府を攻撃し、国司軍に三千人もの死者を出した末、維幾は降伏し、将門は国府の印鎰《いんやく》を奪って下総に帰った。

ここで興世王が、将門に唆《そそのか》した。「一国の国府を滅ぼした罪は軽くない。それなら坂東《ばんどう》（関東地方）を丸ごと手に入れても同じことだ」と。将門は合意して、瞬く間に坂東を制圧し、「新皇《しんおう》」と名乗って朝廷に独立を通告した。天慶二年冬のことだ。

†裁定者・仲裁者としての王臣家の延長——武士が統治者を目指す動機

右の経緯を見れば、将門の乱が坂東独立宣言へと暴走を始めた理由は一目瞭然だ。藤原玄明を匿《かくま》った結果が常陸国府の襲撃であり、興世王を匿い、彼の意見を聞いた結果が坂東全域の襲撃だった。この二人を匿わなければ、あのような大反乱には絶対にならなかった。

問題は、なぜ将門が彼らを匿ったか、だが、答えは『将門記』に明記されている。「将門、素《もと》より侘人《たくにん》を済《わた》して気を述べ、便《たより》無き者を顧《かえり》みて力を託す」と。将門は、窮迫した者に頼られると無条件に、国衙の敵でも何でも、受け入れてしまう人物だったようだ。

玄明が常陸から下総の将門を頼ったのは、前に武蔵から頼ってきた興世王を受け入れた実績があったからだ。興世王が将門を頼ったのは、前に武蔵での紛争を将門が仲裁し、興世王が仲裁を受け入れたからだ。興世王に仲裁を受け入れさせる以上、興世王の（最低限の）利益を将門が保証せねばならず、興世王の不利益に対して将門が一肌脱ぐ責務が生じたのである。その責務が生まれたのは、そもそも武蔵の紛争に介入したからで、問題はここに帰ってくる。将門はなぜ、自分の住む下総ではない武蔵の紛争、それも当事者が血縁・姻戚関係にない紛争に、自分から介入し、仲裁せねばならない責任感を抱いたのか。

もはや答えは明らかだろう。将門は王臣子孫だ。そして王臣子孫がこの頃までに、地方社会で民事紛争の裁定や、刑事事件（犯人逮捕・裁定・処罰）まで担っていたことを思い出されたい（一八六〜一八八頁、一九五頁）。あらゆる手段で王臣家が地方社会に築き上げたのは、地域の至高の紛争裁定者の地位だった。将門も王臣子孫としてその行動様式を実践したら、結果的に大乱になってしまったのである。

彼は抜群の武芸、つまり仲裁の結果を皆に受け入れさせる力を背景に、積極的に紛争の裁定に乗り出した。自分が坂東一帯の紛争解決を担う者、つまり事実上の坂東の元締めを目指しているという、将門の強い自覚の表明である。その証拠に、興世王に唆された時、将門は「私も同感だ。私は桓武天皇の近い子孫で、この日本国が欲しいと思っていた。手始めに坂東八ヶ国の印鎰を奪おう」と述べたという。

ただし将門の本質は、縄張りの中で「困った」と頼られると捨て置けないヤクザの親分と変わりない。その結果、彼の仲裁はたちまち公平性を失う。彼は興世王や玄明の利益の代弁者となってしまい、軍勢を率いたため交渉ではなく恫喝《どうかつ》となってしまい、常陸の受領藤原維幾の反発を買って仲裁に失敗した。頼まれもしないのに武蔵の紛争に介入した点でも、常陸の紛争で一方に肩入れしすぎた点でも、将門の仲裁者としての能力は実に拙劣だ。それが、正義を蹂躙《じゅうりん》して地方の支配者となり、裁定者を気取った王臣子孫の限界だった。

将門はいつも単純だ。王臣子孫の自分は地方社会のまとめ役であるべきと信じ、紛争に出向いて介入し、事情を調べずに力で脅《おど》して「とにかく仲直りせよ」と関係者に飲ませた。紛争当事者に頼られると、事実関係を調べずに肩入れし、力で脅して相手に譲歩を迫った。

そこで相手が藤原維幾のような「兵《つわもの》」だと拒否されるが、「ならば戦って白黒つけよう」と、深く考えずに襲撃する。そして「国衙を一つ襲ったら、いくつ襲うのも同じだ」という安易な発想に乗り、ならば善は急げとすぐに八ヶ国の国府を襲った。しかも「自分は天皇の子孫なので天下も半分もらってよいはずだ」と短絡的に結論し、手紙で説明すれば親しかった摂政忠平はわかってくれるはずと信じた。彼は最後まで、後先考えずに行動した。

新たな地域権力の担い手というには、将門はあまりに未熟だった。しかし、将門が地方社会の調停者・仲裁者として登場してきたことは、武士成立の事情をよく反映していて重要だ。武士とは、複数の勢力が血統的に融合した、統合の産物だ。そうした来歴を背負った初期の武士ほど、各種勢力の融和・統合を担うにふさわしい適任者は、ざらにはない。

武士は後に三つの幕府を造り、どの幕府も最終的に、日本国とその民の統治者となろうとした。彼らがどのような統治者を目指し、そのために何をしてきたかは、長く専門家の関心を惹《ひ》いてきたし、それに答えようとした一般書もある。しかし、そうした本も含めて、私が抱く根本的な疑問に対して、腑《ふ》に落ちる答えが示されたことはなかった。なぜ武士は統治者になろうとするのか、という疑問に。

武士は領主だから、自分の領地や領民の支配に関心を持つのは当然だ。しかしそれを超えて、国や民の全体を支配しようとするのは、全く当然ではない。武士が統治者を目指す動機を明らかにせずに、統治者になる過程や結果だけと睨《にら》み合っても、大事なことは何もわからないままではないかと、私は常々思っていた。

その疑問の答え（かもしれない仮説）を、本書は得たのではないか。武士はそもそも、複数の勢力を調和的に統合する形で成立したため、その延長で、地域や小規模な社会のまとめ役（仲裁者・裁定者）であろうとすることを、根本的な存在意義としたのではないか。その路線で深く考えずに突き進めば、すべての土地・民・富をまとめ、すべての罪を裁き、すべての民事紛争を裁く国の統治者に行き着く（行き着かざるを得ない）だろう、と。

†武士の統合機能——武人輩出氏族や卑姓の郡司富豪層を家人に統合

武士が融合の産物、統合する権力だという証拠はまだある。郎等《ろうとう》との主従関係である。『将門記』には、平氏一族の上級の従者の名が数名見える。平良兼《よしかね》には多治良利《たじひのよしとし》、貞盛には他田真樹《おさだのさねき》、将門には文室好立《ふんやのよしたつ》・多治経明《たじひのつねあき》・坂上遂高《さかのうえのみちたか》がそうだ。彼らは「一人当千《いちにんとうせん》」の強さを誇る弓の上手である「上兵《じょうへい》」や、各部隊の指揮官を任される「陣頭《じんとう》」だった。

文室・多治（多治比）・坂上氏はかつて公卿《くぎょう》を出したが、源・平・藤原には及ばない準貴姓だ。文室氏は、三十八年戦争の終盤を指揮した文室綿麻呂《わたまろ》や、寛平六年（八九四）に新羅《しらぎ》の海賊を撃退した対馬守《つしまのかみ》文室善友《よしとも》、刀伊《とい》の入寇《にゅうこう》で奮戦した文室忠光《ただみつ》をはじめ、継続的に武人を出し、多治氏も同様だった。坂上氏は武人輩出に特化した氏族である（第九章）。

他田氏は複数あるが、他田舎人《おさだのとねり》氏が信濃《しなの》に分布し、清和朝で信濃国の「小県《ちいさがた》郡権少《ごんのしょう》領《りょう》外《げ》正八位下《しょうはちいのげ》他田舎人藤雄《ふじお》」が外従五位下《げじゅごいのげ》を授かった記事が注目される[262]。権少領は、定員外の郡司の次官である。そして彼が郡司だったまさにその郡、「信濃国少（小）県郡の国分寺の辺」の合戦で、平貞盛の上兵の他田真樹は討死した。他田真樹は、信濃の小県郡郡司を輩出した他田舎人氏に違いない。しかもこの氏族には、淳和《じゅんな》朝で外従五位下を授けられた「外正七位下勲六等他田舎人足主《たるぬし》」がいる[263]。「勲六等」は戦功を賞して授けられる勲位であるから、そうした実績は、他田真樹が上兵＝弓馬の達者として貞盛に仕えることの素地となっていただろう。そしてこの他田舎人氏は、どう見ても卑姓だ。

こう見ると、初期の平氏の有能な郎等は、〈準貴姓の武人輩出氏族＋卑姓の郡司富豪層出身の有閑弓騎《ゆうかんきゅうき》〉の二群で構成されていた。これらはいずれも倭《わ》国の時代から、数世紀をかけて氏族の立ち位置を固めてきた古い氏族だ。彼らは、その古代的な氏族の秩序にもはや安住できない趨勢《すうせい》を察知し、まさにその秩序を壊す元凶である貴姓の王臣子孫と癒着することで、生き残りを図ったのだろう。その新たな秩序では、主役となる資格は貴姓の王臣子孫に取られていたので、彼らはその従者の層に落ち着くことを余儀なくされたのだろう。王臣子孫の源平両氏に武人的資質を血統的に提供してきた準貴姓の武人輩出氏族は、自分の協力で武士化させた王臣子孫の従者に納まり、その最も有力な実働部隊となった。

†王臣家人の有閑弓騎に源流を持つ武士の家人

将門ら初期の武士は王臣子孫なので、武士の家人《けにん》は王臣家人だ。彼らの中には、主人が武士化する前や、武士化する過程で王臣家人に納まった人々の子孫が多かっただろう。

二世紀近く後、白河法皇が出した殺生《せっしょう》禁断令に背いて、加藤成家《なりいえ》という武士が鷹狩で毎日鳥を捕った。そこで彼を召喚して尋問すると、「私は刑部卿殿《ぎょうぶきょうどの》（平忠盛《ただもり》。清盛の父）の代々の家人で、「祇園女御《ぎおんのにょうご》（忠盛の妻）に毎日新鮮な鳥を届けよ。怠れば重科《じゅうか》（重罰）に処す」と命じられました。「源氏平氏の習《ならい》（習慣）」では、重科は斬首です。天皇の命令に逆らっても禁固や流刑で済むので、喜んで処罰されに来ました」と答えたので、白河は呆れて「そんな白者《しれもの》（馬鹿者）は追放せよ」と命じた。[264] 主人の命令を最優先して平然と天皇の命令を軽んじる発想は王臣家人と同じで、両者が直結していた証左だ。

現にかなり早い段階で、王臣家人の中に武士の原型が現れていた。嵯峨《さが》天皇の子の左大臣源信《まこと》は伴善男《とものよしお》と対立し、貞観《じょうがん》八年の応天門《おうてんもん》の変で放火犯だと名指しされて自宅を包囲され、失脚した。変の前年、信の有力な「家人」三人が地方官に出世した。清原春滝《はるたき》が日向《ひゅうがの》掾《じょう》に、左馬少属《さまのしょうさかん》の土師忠道《はじのただみち》が甲斐権掾《かいのごんのじょう》に、左衛門府生《さえもんのふしょう》の日下部遠藤《くさかべのとおふじ》が肥後権大目《ひごのごんのだいさかん》になった。彼らは実は「皆是《みなこ》れ鞍《くら》に拠《よ》り弓を引くことを使《なら》ふ者（全員が弓馬術の使い手）」で、「実は大臣（信）の威勢を奪ふ」ため、抜擢を装って地方に飛ばす善男の策略だった。陰謀の最終局面で抵抗しそうな、信の手足を奪ったのである。(265)

その筋書きの真偽は別として、重要なのは、嵯峨源氏の子という、天皇から別れたばかりの王臣家が、もう弓馬術の使い手を何人も抱えていて、政敵の脅威になっていたことだ。彼らは清原・土師・日下部姓で、嵯峨朝で臣籍降下《しんせきこうか》したばかりの清原氏（天武の子孫）は準貴姓だが、残りは卑姓だ。ここで、聖武《しょうむ》天皇の時、国司が地方の郡司富豪層の有閑弓騎を、朝廷に貢ぐ前に王臣家に送り込んでいたことを思い出されたい（五五頁）。卑姓の二人はまさにそのパターンで、新興の王臣家の源信に地方から供給された有閑弓騎だろう。

ここで第二章の、飛鳥時代末期に賀茂祭《かものまつり》で「騎射」する群衆が、わが国最古の有閑弓騎だという話（五〇頁）とつながる。彼らは賀茂祭で「陳列《じんれつ》の儀（軍陣のように隊列を組んで威儀を正す儀礼）」を果たす「賀茂祭騎兵」として、郡司が土人・浮浪人から選んで国司の責任で徴発した人々だった。ところが寛平九年（八九七）、彼らが徴発を拒否して必要数を満たせないと国司・郡司が訴えた。彼らは「事を高家《こうけ》に寄せて国の仰《おお》せに順《したが》はず」、つまり、「私は王臣家の家人なので国司の命令は聞かない」といい放った。(266) 山城近辺の有閑弓騎は、宇多《うだ》朝までに王臣家人として吸収し尽くされようとしていたのである。

地方から王臣家へ供給されたこの有閑弓騎の後継者が、郡司富豪層出身の武士の家人だろう。そこに加えて、武人輩出氏族も王臣家の母系の姻族として家人化し、次第に両者が統合されていったのだろう。

機会を改めて詳しく書きたいが、こうして生き残った古代氏族は、鎌倉幕府の御家人や南北朝・室町時代の武士の中に、いくらでも見つかる。古代の武人（輩出氏族）は中世の武士とつながらずに消えた、と多くの専門家はいうが、大きな誤りだ。彼らはごっそりと中世に生き残った。看板に掲げた王臣子孫（源平）の下の、家人の層に潜んでいるのでわかりにくいだけで、彼らはむしろ、後の日本の歴史に計り知れない爪痕を残したのである。

†飲み込めるものは飲み込むブラックホールとしての王臣子孫

郡司富豪層の有閑弓騎と、武人輩出氏族という、二種類の有力で異質な古代勢力を郎等として抱え込み、一つの集団として活動させた初期の武士は〝統合する権力〟と呼ぶにふさわしい。しかも、将門を頼った興世王・藤原玄明・藤原玄茂《はるもち》らは、すべて王臣子孫だ。将門の乱には〈王臣子孫が、より強い王臣子孫を頼る〉という構図がある。並外れた武名を轟《とどろ》かせた将門は、王臣子孫として諸勢力を統合する機能を、王臣子孫そのものを吸収統合する方向へも発揮させるに至っていた。

将門は、そうして坂東のあらゆる勢力を統合してゆき、従わない者は殲滅《せんめつ》するか追放して淘汰し、最終的に坂東を独立させて新皇となり、坂東諸国の受領を自分の力で任命し直した。そのプロセスの根は、王臣家の行動様式と大差ない。王臣家はブラックホールのように、墾田《こんでん》も口分田《くぶんでん》も、百姓も郡司も、接するものすべてに圧力をかけ、圧力に屈したものをすべて吸い込もうとした。普通は王臣家自身の力の限界、つまり競合する同じ程度の力の王臣家とぶつかって成長をやめるのだが、古代の武人輩出氏族による品種改良が大成功した将門は強すぎ、坂東を統一するまで彼を止める者がいなかった。それだけのことだ。

第一一章

武士の誕生と滝口武士——群盗問題が促した「武士」概念の創出

†将門の在京経験と滝口武士

〈武士はどこから生まれてきたか〉を出身母体の問題として考えるなら、以上が答えだ。しかし、京か地方か、場所の問題として捉えるなら、もう一つ難問を突破せねばならない。藤原利仁《としひと》が越前《えちぜん》、藤原秀郷《ひでさと》が下野《しもつけ》、平高望《たかもち》の子孫が房総半島や常陸《ひたち》で、地方の現地有力者のネットワークと融合したことは、武士の成立に必要な力の源泉だった。また平氏が牧《まき》と直接関わったことは（一一〇～一一四頁）、「弓馬《きゅうば》の士」を生み出す大きな源泉だった。その意味で、〈武士が草深い地方社会から生まれた〉という古い学説は、部分的に正しい。

しかし、武士の存在感を最も大きく見せつけた将門《まさかど》は、摂政藤原忠平《ただひら》と私的な主従関係を結び、京で奉仕した経験がある。その事実は従来、参考情報という程度に扱われてきた。

しかし、将門が坂東《ばんどう》で成し遂げた事績はすべて、京から坂東に戻った後の出来事、つまり在京経験を前提に起こった出来事だ。ならば、その在京経験が、後に坂東で起こった将門関係の事件に根本的な影響を与えていた可能性があるのではないか、と疑うべきだ。

結論からいおう。将門の在京経験は、武士の誕生に絶対必要な条件と直結している。

『古事談《こじだん》』（巻四-勇士）によれば、宇多《うだ》天皇の第八皇子で「仁和《にんな》寺《じ》式部卿宮《しきぶきょうのみや》」と呼ばれた敦実《あつみ》親王の家に平貞盛《さだもり》が出仕した時、郎等《ろうとう》五〜六人を連れた平将門が退出するのとすれ違った。貞盛は親王に「今日、私が郎等を伴わなかったのが本当に悔やまれます。郎等がいたら、今日あの場で将門を殺せました。将門は天下にとんでもない大災厄を引き起こす者です」と語った。いかにも結末を知る者が後世に作りそうな話だが、重要なのは将門が敦実親王の身辺に出入りしていたという伝承で、それは将門の在京経験の痕跡である。

将門の在京経験で重要なのは、摂政忠平に仕えたという私的な主従関係だけではない。将門には朝廷に公的・制度的に奉仕した経歴もあり、両者が密接に関連したらしいことだ。

その経歴は、『将門記《しょうもんき》』やほかの確実な記録に現れない。しかし『尊卑分脈《そんぴぶんみゃく》』に、将門の通称は「滝口小二《たきぐちのこじ》郎《ろう》」だとある。父の良持《よしもち》は常に（鎮守府《ちんじゅふ》）将軍として回顧されたから、この「滝口《たきぐち》」は父でなく将門自身の経歴を意味する。『尊卑分脈』ははるか後代の一四世紀末に集大成された系図だが、この情報を私は軽視できない。もしこの情報が正しいなら、将門の坂東での活動で前提となった在京経験とは、滝口の勤務経験だったことになる。

私がこの問題を重視する理由はただ一つ。滝口は「滝口武者《たきぐちのむしゃ》」「滝口武士《たきぐちのぶし》」とも呼ばれた。そして中世の武士と系譜的に直結する武人を「武士」と呼んだ史上初の事例こそ、「滝口武士」にほかならない。「武士」という言葉は、地方でなく京で生まれ、個人の私的な言葉でなく国家の制度の中に生まれ、一般名詞でなく公的な役職名（つまり法的な言葉）として生まれた。「武士（武者）」とは、生まれたその時から制度の中の存在だったのだ。

源平（というより平氏）が史上初めて本格的に武士らしく振る舞った場所は坂東で、その極大点が将門だ。しかし、時系列的にはそれより先に、京で滝口武士が成立した。その滝口武士を務めた経験が将門にあるなら、次の可能性を疑わねばならない。坂東で披露された史上初の本格的な武士らしさは、直前の在京時代に滝口武士だった経験から生まれたのではないか、と。その答えを探るには、まず滝口武士の正体を突き止める必要がある。

†滝口武士とは何か——官職ではない天皇親衛隊

滝口は奇妙な地位で、名称からしておかしい。朝廷の部局や官職はすべて、何をする機関・人かが名称で表現された。太政官《だいじょうかん》や神祇《じんぎ》官《かん》、大蔵省《おおくらしょう》や宮内省《くないしょう》、近衛府《このえふ》や兵衛府《ひょうえふ》、兵庫《ひょうご》寮《りょう》や京職《きょうしき》など、すべてそうだ。しかし、「滝口」は仕事内容ではなく、場所の名前だった。

内裏《だいり》（天皇の住居）の内部には水路が通され、清涼殿《せいりようでん》という建物の北東に、水が落ち込んで小さな滝のようになる段差があった。具体的には、清涼殿の北の黒戸《くろと》（煤《すす》で黒ずんだ板戸。その中の小部屋を黒戸の御所という）の東あたりに、その「滝」があった。その側に清涼殿の出入口があったので、それを「滝口」と呼んだのである。(267)

清涼殿からは北東に向けて「滝口廊《たきぐちのろう》」という回廊が延び、終端の「滝口」は清涼殿に最も近い出入口だった。清涼殿は天皇の日常の居住空間で、床が地面より高いため「殿上《てんじよう》」といい、それに対して地面を「地下《じげ》」という。地面から靴を脱いでその殿上に上がることを「昇殿《しようでん》」といい、昇殿する許可を天皇から与えられた特権集団を「殿上人《てんじようびと》」という。

清涼殿は天皇の居住空間なので、出入口である滝口は「滝口戸《たきぐちのと》」という戸で仕切られ、出入りする者はそこでチェックされた。その守衛が、将門が務めたという「滝口」だ。その守衛には、侵入者を絶対に実力で排除できる武力が必要なので、武人しか採用されず、「滝口武者（武士）」とも呼んだが、なぜか単に「滝口」と呼ぶことが圧倒的に多かった。

この奇妙さは、滝口が官職でないことと関係する。鎌倉時代に順徳《じゆんとく》天皇は、滝口には「有官無《うかんな》し」と記した。(268)「有官」は「無官《むかん》」の反対で、官職にある人（「本官」がある人）をいう。「有官無し」とは、「官職にある人は滝口に採用しない」という意味だ。

では、滝口が官職かというと、そうではない。朝廷の役職には、「官（官職）」とそうでないものがある。官職は、太政官の国家的な人事システムの中で、除目《じもく》という手続き（人事儀礼。古くは任官儀《にんかんのぎ》といった）で任命されるが、官職以外は太政官を通す必要がない。宣旨《せんじ》という、天皇の口頭の意思表示を文字に記録した発言録が、採用の根拠となる。その手続きで採用される地位を宣旨職《せんじしき》といい、朝廷では官職と区別した。宣旨職の採用もよく除目で発表されたが、発表媒体として借りただけで、手続き上は除目を通す必要はない。その違いから、〝採用すること〟の呼び方にも差をつけられ、官職では「任《にん》ず」というのに対して、宣旨職では「補《ふ》す」という。

宣旨職の代表格は検非違使《けびいし》や蔵人《くろうど》、摂政・関白、征夷《せいい》大将軍だ。それらは律令に規定がないので令外官《りょうげのかん》といわれるが、厳密には「官」ではなく、そのことこそが、それらの本質だ。

例えば、単体で検非違使という肩書だけ持つ者はいない。左衛門府《さえもんふ》・右衛門府《うえもんふ》の四等官《しとうかん》（衛門府《えもんふ》では督《かみ》・佐《すけ》・尉《じょう》・志《さかん》）を本官とする者（官人《かんにん》という）に、〝治安維持の専従担当者〟という性質を付加したのが検非違使で、それは役職よりも待遇に近い。

摂政や関白も、本来は役職ではなく、「誰それに万機《ばんき》（政務万般）を摂行《せっこう》／関《あずか》り白《もう》させよ」という表現で定められる待遇だ。摂関政治を始めた藤原良房《よしふさ》が当初、摂政の地位を表現するために太政大臣《だいじょうだいじん》に任官する必要があったのは、摂政の本質が役職でなく待遇だった証左だ。また、諸事情でまだ関白にできない大臣などに、関白と同等の権限を与える「内《ない》覧《らん》」という地位が生まれたのも、関白の本質が役職でなく待遇だからこそ可能だった。

†滝口と蔵人所と天皇親政——太政官に縛られない天皇だけの手足

そうした宣旨職の中でも、特に重要なのが蔵人《くろうど》である。蔵人は最も天皇に密着する廷臣で、宣旨職の本質と最も深く関わる。蔵人は天皇個人の生活万般を差配し、その財源や人材を管理し、天皇と臣下の対話を媒介するメッセンジャーだ。要するに、蔵人とは天皇の手足・耳目であり、いわば天皇の身体の一部であって、全く個人的な天皇の側近である。そして最も重要なことは、蔵人が天皇に直属し、太政官の統制を一切受けないことだ。

平安初期まで、辞めた天皇は太上《だいじょう》天皇（上皇）として天皇と同等の力を保ち、称徳《しょうとく》（孝《こう》謙《けん》）のように天皇の罷免《ひめん》さえ行った。嵯峨《さが》天皇の時、兄の平城《へいぜい》上皇はそれを利用して太政官を分断して「二所朝廷」と揶揄《やゆ》され、藤原薬子《くすこ》の乱という破局を招いた。それは天皇にとっても、誰が自分の臣として信頼できるかわからなくなる事態だった。嵯峨はその反省から、上皇となるのに天皇の認可（太上天皇尊号宣下《そんごうせんげ》という手続き）を必要とする制度を定め、そして上皇が勝手に動かせない天皇だけのスタッフとして蔵人を置いた。

こうした経緯で置かれたため、蔵人とそれを束ねる機関の蔵人所《くろうどどころ》は、決して太政官の統制を受けず、完全に独立していた。蔵人所は、朝廷組織の公的なトップとしての天皇ではなく、一個人としての天皇の人格（行動）を支援する組織だ。その蔵人所こそ、滝口が所属する機関である。したがって滝口もまた、令制や太政官の制約・統制を受ける衛府《えふ》とは全く異なり、それらから完全に独立した、天皇だけの武士、天皇直属の親衛隊であった。

本官を持つ者は太政官の統制下にあるので、滝口は無官であるべきだった。実際には、優れた武人は衛府や馬寮《めりょう》の本官を持つことが多く、しかも滝口は官職でないので、本官を辞めさせて滝口にすると官職の剥奪になってしまう。そこで仕方なく有官の滝口も認めた。

蔵人所の本質は天皇の手足・耳目なので、その部下の滝口の本質も天皇の手足だ。だから順徳天皇は滝口の仕事が「大略《たいりやく》、所衆《ところのしゅう》に同じ（だいたい蔵人所衆《くろうどどころのしゅう》と同じ）」と記した。(269)蔵人所衆は、蔵人のように昇殿して天皇の側近くに仕えるエリートではなく、蔵人所の組織自体の運営や蔵人たちの手足を務める雑用係だ。滝口も彼らと同様に昇殿する特権を持たず、蔵人の指示で使者や内裏の植栽の整備までさせられ、雑用係的な側面があった。

ただ、滝口の本質は警備員であり武人だ。遠出する天皇の使者の護衛や、天皇の船に同船する警備もしたが、最も重要な仕事は毎日の宿直《とのい》である。彼らは「滝口」の側の「滝《たき》口陣《ぐちのじん》」という詰所で、輪番制で四六時中待機し、武力を必要とする変事に直ちに対処した。毎晩、当直の者が上司に点呼される「名《な》対面《だいめん》」を行い、その様子を品評することが内裏に泊まり込む近臣や女官の娯楽になったりもした。明けても暮れても天皇の御所に貼りつく滝口の仕事は、本官に時間を割かれると成立しないので、やはり無官の者が望ましかったのだろう。

†滝口の位置づけと設置時期——蔵人所衆の武人バージョンと『蔵人式』

その滝口がなぜ、いつ設置されたのかが、実はよくわからない。滝口の最も古い記録は、一〇世紀半ばの村上《むらかみ》朝に原型ができた源高明《たかあきら》の儀式書『西宮記《さいきゅうき》』だが[270]、定員（二〇人か二〇人）と待遇のほかは、「寛平御時《かんぴょうのおんとき》」＝宇多《うだ》天皇の時に設置された、とあるだけだ。ただし、宇多が滝口を設置した理由も時期も、推定できる。鍵は蔵人所にある。

天皇の至近で奉仕する蔵人は昇殿せねば仕事にならないので、必ず昇殿資格を持つ（つまり、蔵人は殿上人の部分集合である）。その、蔵人と切り離せない昇殿制も、蔵人が置かれた嵯峨朝に成立したらしい。そして宇多天皇の時に、その蔵人と昇殿制がともに整備され、完成の域に達した。特に重要なのが寛平二年（八九〇）の『蔵人式《くろうどしき》』制定で、それは蔵人所職員の服務規程を包括的に定めた初の法典だった。『蔵人式』は天暦《てんりゃく》年間（九四七〜九五七年）に村上天皇が大幅に増補改訂させたものが今日まで残り（『天暦蔵人式』と呼ぶ）、宇多の『蔵人式』は散逸《さんいつ》したが、蔵人所に属する滝口が設置されるのに、『蔵人式』

制定時は最もふさわしい。滝口も寛平二年までに成立したのではないか。

　蔵人や昇殿制の整備は、天皇の側近制度の充実だ。また『蔵人式』の制定は、天皇の手足に法的な裏づけを与え、天皇の政治的な活力を増した。宇多がそうして天皇の主導権を強めたのは、摂関政治との関係によるだろう。光孝《こうこう》・宇多の二代の天皇を屈服させた関白藤原基経《もとつね》は、寛平二年に発病して衰弱し、翌年正月に五六歳で没した。その八ヶ月前、阿《あ》衡《こう》の紛議《ふんぎ》を引き起こす詔書《しょうしょ》を書いた左大弁《さだいべん》の橘広相《たちばなのひろみ》が没したが、その最晩年の広相に宇多が作らせたのが『蔵人式』だ。つまり、宇多の蔵人所・昇殿制の整備は、摂関政治との緊張関係の産物で、天皇を摂関政治の道具から君主へと引き戻す方策の一部だった。その基経が『蔵人式』制定からほどなく没し、後を若年（二一歳）で参議にすぎない時平《ときひら》が継いだため、以後の宇多は時平と菅原道真《すがわらのみちざね》を絶妙なバランスで用い、天皇は君主に戻った。

　滝口は、家柄重視のせいで形骸《けいがい》化・弱体化した衛府に代わって治安維持を担う、家柄不問・実力主義・少数精鋭の組織として置かれた、という説がある。[27] しかし、それは史実に反する思いつきだ。後に詳しく述べるが、家柄は不問どころか、すぐに限られていった。

　そもそも、数百人の近衛《このえ》・兵衛《ひょうえ》（郡司富豪層の有閑弓騎《ゆうかんきゅうき》のトネリ）が実務を担う近衛府・兵衛府の代わりを、わずか定員一〇人（多くて二〇人）の滝口が担えるはずがない。近衛府・兵衛府は内裏や京中を巡邏《パトロール》したが、多くて二〇人程度の滝口に、しかも内裏で二四時間の宿直をする当番の者を割かれて、それを担えるはずがない。また衛府の舎人は「弓馬を使《なら》う」者＝歩射と騎射ができる人材を採る建前だが、(272)滝口が採用時の実技試験や実際の活動で騎射した確証は皆無で、歩射の能力しか問われていない。内裏の中の門の守衛が馬で走り回る必要はないし、内裏で乗物に乗ってよいのは一部の貴人だけだからだろう。

このように、仕事も能力も衛府とは違う以上、滝口は、衛府にできない仕事をさせるために置かれたはずだ。それこそ、摂関家が掌握する太政官に統制されない、天皇だけの武人であることに違いない。宇多は恐らく、蔵人を整備する時、従来の蔵人制度に〝文〟があって〝武〟が欠けている不均衡《アンバランス》に気づいた。そして天皇の耳目・手足として使役・信頼できる武人の必要性を感じて、蔵人所衆の武人バージョンとして滝口を設置したのだろう。

†滝口の活動実態

もとよりそれは、武力で摂関家と対峙することを意味しない。むしろ宇多は、子の醍醐《だいご》天皇に譲位する際に与えた教訓書『寛平御遺誡《かんぴょうごゆいかい》』で、「功臣の子孫で、若くして政務への理解が熟している藤原時平を第一の臣とし、その輔佐《ほさ》・導きに従え」と命じている。とにかく天皇が、自分の身を自分で守る力を初めて手に入れることに意義があり、宇多には摂関家を潰《つぶ》す気がないし、摂関家は敵ではない。では、滝口は誰の手から天皇を守るのか。

それを知るには、滝口が実際にどのような活動を期待されたかを調べればよい。最も古い事例は、朱雀《すざく》朝の承平《じょうへい》元年（九三一）の五月五日に「滝口の男ら」を召して「射《しゃ》」を行わせ「懸物《かけもの》」をした記録だ（『貞信公記《ていしんこうき》』）。「懸物」は「賭物」で、射撃の的中数の多い方に賞品を与える余興で、本質は遊興だが、行われた五月五日＝端午《たんご》の節《せち》が特別な日だった。

古代中国では、暦上の特別な節目の日（節日《せちにち》）に様々な行事を行った。中でも奇数月の月と日がゾロ目になる日＝正月一日の元日、三月三日の上巳《じょうし》、五月五日の端午、七月七日の七夕《しちせき》、九月九日の重陽《ちょうよう》は、重要な節日とされた。そして年始行事を行う元日以外の節日には、廷臣や兵士の練武《れんぶ》（武芸訓練）を行う風習が根強かった。民間習俗と《礼》思想が融合したものらしく、古代中国では端午を除く上巳・七夕・重陽は練武の日となった。

古代日本はこの風習を模倣し、なぜか中国では練武を行わない五月五日を、なぜか練武の日として重視した。五月五日に若い鹿の角（薬用の鹿茸《ろくじょう》）を採る「薬猟《くすりがり》」という、わが国独自の行事の影響があったようだ。朝廷では奈良時代までに、五月五日の練武が恒例となり、平安時代までに武徳殿《ぶとくでん》という専用施設の馬場で、衛府の武官に騎射させる年中行事（五月五日の騎射《うまゆみ》）となった。それは、後の流鏑馬《やぶさめ》の源流ともなる重要な行事である。

滝口は端午の練武に参加しなかった。滝口は歩射で奉仕するが、端午の練武は騎射術の維持向上を目的としたからだ。しかし武芸で仕える以上、滝口にも練武は必要だ。そこで衛府の騎射と同じ五月五日に別の形で歩射の練武を行い、それが朱雀朝の記事なのだろう。

翌承平二年の七月一四日には、摂政忠平《ただひら》が「滝口武士」に命じて相撲《すまい》を取らせた記録がある（『日本紀略《にほんぎりゃく》』）。七月は相撲節会《すまいのせちえ》の月である。スマイはスモウの源流だが、狭い土俵の中で組み合い、押し出したり手を地に付かせれば勝ち、という程度の現代相撲と違い、相手が地面に伸びるまでやり、時に死者が出た荒々しい格闘技だった。

相撲節会は、諸国から召し集めた相撲人《すまいびと》の相撲を天皇が観覧する儀式で、本来は七月七日の七夕節に行われ、節日に宴会を伴って行うので節会《せちえ》という。平安初期の天長《てんちょう》元年（八二四）、平城《へいぜい》天皇が七月七日に没したため、その忌日を避けて相撲節会は七月一六日に移され、元慶《がんぎょう》九年（八八五）から七月二五日に移されて固定した。本来の式日（七月七日）から明らかなように、これも五月五日の衛府の騎射と同じ、古代中国の《礼》思想に由来する練武の年中行事だ。

その相撲節会にも、滝口は加わらなかった。あくまでも地方の相撲人に技を競わせ、どうやら地方豪族が天皇（かつては倭王）に服属する関係を表す儀礼という面を持ったらしい相撲節会に、天皇直属の親衛隊が参加するのはおかしいからだろう。しかし、端午の騎射と同じ理由で、相撲節会と同じ月の別の日に、別枠で行われたのだろう。

†「諸家の兵士」を武士として制度の中に捉えようとする朝廷

承平二年の「滝口武士」の相撲は、年月日が確かな記録に「武士」が現れた初の事例だ。その初段階から求められた弓術と格闘術が、滝口武士の、ひいては武士全般の存在意義と見てよい。

朱雀朝は、「武士」の二文字と滝口の具体的活動が初めて確認されたばかりでなく、滝口の活動が一挙に活発化した時期としても画期的だ。そしてそれは承平・天慶《てんぎょう》の乱、つまり地方で将門や海賊の活動が手に負えなくなるのと同時並行的だった。ならばそれは、地方の秩序を武力で乱す者、つまり群盗《ぐんとう》対策として滝口が生まれた可能性を示している。

天慶三年（九四〇）に将門が滅亡したため、摂政忠平の率いる朝廷は南海（瀬戸内海）で暴れる藤原純友《すみとも》らの鎮圧に本腰を入れ、小野好古《おののよしふる》を征南海賊使《せいなんかいぞくし》に任じた。翌天慶四年、純友軍の襲撃で大宰府が危機に陥ると、朝廷は将門の乱と同様に、藤原忠文《ただふみ》を征西《せいせい》大将軍（総大将）とする大規模な征討軍を編成した。五月一九日のことだ。その半月後の六月六日、朝廷は滝口と「諸家《しょか》及び貞盛朝臣《さだもりあそん》の兵士」を右近馬場《うこんのばば》で「試し」た（『日本紀略』）。「試す」とは武技の実力試験を行うことで、会場が右近馬場（右近衛府の馬場）であるからには、騎射術の試験に違いない。

「貞盛朝臣の兵士」は平貞盛の郎等に違いないので、同時に「兵士（郎等）」を「試」された「諸家」も貞盛と同様の武人、特に将門の乱で活躍した者だろう。彼らが騎射能力を試された理由は、危機が差し迫った純友の乱で、実戦投入する準備としか考えられない。貞盛は将門の乱の恩賞で当時は右馬助《うまのすけ》だったが(273)、右馬助の職務は天皇の軍馬の管理であって戦闘ではない。天皇や京を守る官は衛府で、反乱を征伐する職は征南海賊使・征西大将軍だ。つまり朝廷は、純友の乱では官職と無関係に、貞盛らの武人を個人単位で把握し、実戦投入を計画した。その筆頭の貞盛が明らかに武士なので、この形で動員される個々人の「諸家の兵士」とは、朝廷が初めて滝口でない武士を制度的に捉えようとしたことの表現だったことになる。

その初めての機会に武士が「諸家」＝〝個々人が率いる「家」型組織の集まり〟として把握されたのなら、武士であることの本質は、どこまでも個々人の性質に宿ったのであり、官職に宿ったのではない。これは、武士が衛府から生まれたという説の有力な反証だ。もしその説が正しいなら、武士が最大の存在目的を果たそうとするこの時こそ、彼らを衛府に任命し、衛府として務めを果たさせるのが自然で、個人のまま把握・投入するはずがない。武士の本質が宿る個々人の性質とは、武士とその郎等が、〝王臣子孫が個人的に、血統を活用して、制度に依存せず、各氏族と私的に関係を築く中で成立した「家」型組織〟

だということだ。いい換えれば、武士は朝廷の関《あずか》り知らぬ所で勝手に成立したのである。

三六年後の貞元《じょうげん》元年（九七六）、京と郊外で「捜盗《そうとう》（群盗の一斉捜索）」が行われた時、衛府の次官以下・舎人《とねり》以上が弓矢で武装して本陣（所属する衛府の駐屯所）で待機し、「武勇に堪《た》ふる五位已下《いか》」は弓矢で武装して内裏の天皇の至近の局《つぼね》（部屋）に待機せよ、と命じられた[274]。衛府と別枠で、個人単位で把握された後者は、前述の「諸家」と同じ集団だ。群盗との正面衝突が予期される際に武士が、個人（が率いる一家・主従）単位の「諸家」として軍事動員される形は、純友の乱以後、恒例化したのである。そして、

【「武勇に堪ふる五位已下」≒戦時に個人単位で把握される「諸家」＝武士】


という等式が、右の諸記録から導かれる。ならば、「武勇に堪ふる五位已下」は武士の定義に近い。もちろん本書で述べた様々な経緯・要因を考慮すれば、完全な定義ではあり得ないが、〈朝廷による初期の武士の定義の一部〉だと限定つきなら、認めざるを得ない。

しかも、貞元元年の「武勇に堪ふる五位已下」つまり武士は、弓矢で武装せよと命じられた。あえてそう命じたのは、それが当然でなかったからだ。奈良時代半ばの天平勝宝《てんぴょうしょうほう》九歳《さい》（七五七年）、孝謙天皇は「武官以外が京中で「兵《つわもの》（武器）」を持つことは前に禁止したが、まだやまないので重ねて禁止する。また二〇騎以上の集団で京中を進むのも禁止する」と命じた[275]。治安維持のため、職務中の武官以外には京中・宮中で武器を携帯させず、

徒党を組んで歩ませないのが、古代日本の大原則だった。それを武士に、武官と同様に例外的に許可することは、彼らを武官と同等の国家の武力と認定するに等しい。

†滝口の設置と物部氏永の蜂起――滝口は群盗から天皇を守る

ところで、天慶三年に実力を「試」された人々は「(貞盛を含む)諸家の兵士」と滝口の二群に分かれる。「諸家の兵士」は武士、滝口も「滝口武士」なので、つまり武士を二群に分けて実技試験を課したという話だ。分けた理由は、両者で仕事が違うからだろう。貞盛ら個々人で把握される武士は、反乱軍の征討に投入される可能性が高い攻撃的な武力だ。一方、反乱軍が京に攻め上った場合、それを最前線で食い止めるのも貞盛たちだが、その防衛線を突破された時に最後に天皇を守るのは、天皇に密着した親衛隊＝滝口しかいない。こうした危機的状況で、滝口は天皇の護衛に徹する防御的な武力として期待された。

以上の通り、初期の武士(諸家の兵士)と滝口武士は、どちらも一貫して、朝廷が群盗と対峙する場面で現れた(純友の乱は本質的に海賊＝海の群盗)。ならば武士も滝口武士も、群盗対策として朝廷制度に登場してきたものと推察できる。そして「諸家の兵士」か滝口武士かは、群盗に対して攻勢に出るか、守勢に徹するかの役割分担にすぎない。また滝口武士には定員と選抜試験があるが、「諸家の兵士」にはない。ならば、滝口武士は天皇の警護という特別な仕事のために「諸家の兵士」から選抜したもの（部分集合）と考えてよい。

ここに、宇多天皇に滝口の設置を決断させた敵はどこの誰か、という問いの答えが出た。答えは地方の群盗だ。しかも純友の乱では征討軍（に投入予定の武士）と同時に、天皇の護衛である滝口が実力を試された。それは、京の天皇がもはや安全といい切れない状況を意味する。群盗と対峙する中でも、滝口はそこまで切迫した事態に対処すべき部隊だった。

宇多が滝口を設置した寛平《かんぴょう》年間に、最もそれにあてはまる危機的状況は、寛平元年（八八九）に始まった物部氏永《もののべのうじなが》の乱しかない。氏永の乱は平安遷都以来、最大の、そして朝廷が初めて直面した種類の軍事的危機だった。その最大の危機が宇多天皇に、自分の身を確実に守れる直属の親衛隊の必要性を強く認識させた結果が、滝口の設置だったのだろう。そして先に、滝口設置のタイミングに最もふさわしいと述べた『蔵人式《くろうどしき》』の制定こそ、物部氏永の蜂起の翌年＝寛平二年だ。物部氏永の乱は滝口の創設を促し、それが所属する蔵人所の整備を促し、それらの位置づけを法的に整備する『蔵人式』制定を促したのだろう。

†京を脅かす群盗と京を守る滝口

右の推定は、承平・天慶の乱後の滝口の動向から、さらに裏づけられる。

純友が滅んだ翌年の天慶五年（九四二）、朝廷は左右馬寮《めりょう》に馬を提供させて、「諸衛《しょえ》」と検非違使に「夜行《やぎょう》」を命じた。「夜行」は京内の夜間巡邏《パトロール》で、それを担う「諸衛」は左右近衛《このえ》府《ふ》・左右兵衛府《ひょうえふ》の四衛府だ。ところが翌月、衛府は夜行せず、馬寮も馬を提供していないという怠慢が発覚した。そこで朝廷は「滝口武者」を毎晩四人動員し、諸衛に一人ずつ付けて夜行させると定めた[276]。一班ごとにたった一人の滝口を加えても、武力の増強になるわけがない。この滝口は明らかに、衛府の職務怠慢を戒めるための監視役である。

このように、当時の衛府は使い物にならなかったが、それは、単なる形骸化ではないし、上層部が柔弱な文人になったからでもない。夜行を担う衛府の主力は舎人（近衛府では近衛、兵衛府では兵衛）だ。そう書けば、もう本書の読者なら事態を察知されるだろう。地方の郡司富豪層から調達されるはずの彼らは、免税特権ばかり行使し、仕事からは逃れ、京に上りもしなかった（一九三頁）。「夜行」怠慢問題の核心は、夜行を担う主力の舎人が名ばかりで実在せず、物理的に巡邏《パトロール》の部隊を組めないことにあったと考えるべきだ。

その中での滝口の存在意義は、一部の専門家が漠然と想像したような、弱体化した衛府の代役ではなく、天皇の目として衛府を監視し、衛府を立て直すことの方にあった。

以上の経緯も、〈武士は衛府から生まれた〉説が成立しない証左だ。この後の日本社会を実力で切り従えてゆく武士の武芸が、この使い物にならない衛府から生まれたはずがない。朝廷は武士を滝口に採用し、目付役にして、衛府を外から立て直そうとした。この立て直しは、問題の核心である衛府の舎人の怠慢問題が解決できなかったため、失敗した。後に衛府に多くの武士が任用されたのは、〈それなら武士を衛府に直接投入して中から衛府を立て直そう〉と、発想を転換して武士を流用した結果と考えるべきで、武士が衛府から生まれたからではない。〈武士は衛府から生まれた〉説は、原因と結果が逆だ。

朝廷が夜行の厳格な遂行にこだわったのは、「近日、京中に群盗多く聞《き》こゆ」という状況に陥ったからだ。将門や純友の乱は、地方を朝廷が一度完全に制圧するという副次的効果をもたらしたが、乱の範囲外だった京では群盗の危機は去らず、むしろ悪化していた。

五年後の天慶一〇年（九四七）、賀茂の斎院《さいいん》が群盗に襲われた。賀茂の斎院は、賀茂社に奉仕する未婚の内親王（の住居）だ。事件の翌日に「滝口武者」文室保持《ふんやのやすもち》と伴彦頼《とものひこより》が派遣されたのは、純粋に警護のために違いない[277]。滝口が動員されたのは、衛府が頼りにもならず、しかも賀茂の斎院が内親王（天皇の家族）で、天皇の親衛隊が守るべき対象だと判断されたからだろう（斎院は醍醐天皇の皇女婉子《つやこ》内親王で、朱雀天皇の姉）。

その約二〇年後、村上天皇の康保《こうほう》年間（九六四〜九六八）に成立したらしい『新儀式《しんぎしき》』に、次の規定がある。「もし京中で強盗が蜂起（活動を表面化）したら、諸衛（衛府）に捜索させよ。……場合により、検非違使と諸衛の尉《じょう》（第三等官）以下に天皇から馬を支給し、輪番で毎晩「京中を巡検」させ、あるいは「滝口武者」も加えて派遣せよ」と(278)。『新儀式』は式（令を補完する細則・内規）、つまり法典だ。そして右の内容は先の天慶五年の実例と合致する。天慶五年の手法と、その根底の、京の治安を群盗から守る滝口の責務が法に明記され、ここでも滝口が群盗対策として生まれた可能性が示されている。

約一〇年後の貞元二年（九七七）、弓矢を帯びて内裏に出入りすることが「滝口武者」に特例的に認められた(279)。本来官職ですらない天皇個人の武力だった滝口が、摂関政治期の半ばには武官と同じ特権を認められ、国家の一部へと組み込まれていったのである。

†王臣子孫へと傾斜する滝口武士の出自

その滝口を平将門が務めたという伝承は、どこまで信用できるか。それを判断するために、滝口に採用された面々の出自と、将門の出自が矛盾しないかを確かめよう。

姓名がわかる最も古い滝口は、延喜二〇年（九二〇）の滝口右《う》馬允《まのじょう》藤原邦良《くによし》だ(280)。彼は、来日中の渤海《ぼっかい》の使者に振る舞うため、新鮮な鹿を毎日二頭献上するよう命じられた。騎射（鹿狩り）の技術を期待された貴姓《きせい》（藤原）の人物で、しかも、「毎日新鮮な肉を届けよ」と命じられて奔走する点が、平忠盛《ただもり》の家人の加藤成家《なりいえ》（二八〇頁）と全く同じだ(281)。彼は中世の武士につながる人だろう。ほかに、摂関政治期までに次のような人々がいた。

①天慶一〇年（九四七）…賀茂斎院を滝口武者文室保持・伴彦頼が警護（前述）。

②天暦元年（九四七）……「滝口伴□頼」が大納言藤原師輔《もろすけ》への天皇の使者を務める。彼は①の伴彦頼か近親者だろう。

③村上朝の頃…………能書家小野道風《おののみちかぜ》の書状に「滝口平恒倫《つねとも》」が見える。

④天元三年（九八〇）……大中臣安遠《おおなかとみのやすとお》が滝口勤続の功労で神祇祐《じんぎのじょう》に任官。

⑤寛和元年（九八五）……良岑惟望《よしみねのこれもち》という滝口が天皇の使者を務める。

⑥正暦四年（九九三）……「滝口衆」の紀守親《きのもりちか》・中原某が盗人を射殺。

⑦長徳二年（九九六）……伴義信《とものよしのぶ》が滝口勤続の功労で左兵衛権少志《さひょうえのごんのしょうさかん》に任官。

⑧長保元年（九九九）……滝口源景光《かげみつ》を天皇の使者として長門《ながと》まで派遣。

⑨長保二年…………滝口周防介《すおうのすけ》の惟宗行賢《これむねのゆきかた》が滝口藤原親光《ちかみつ》と闘乱し、追放・除籍。

⑩長保四年…………もと滝口で盗賊の藤井忠茂《ふじいのただしげ》が脱獄・再逮捕。

⑩の、盗賊と対峙すべき滝口が盗賊に転身した事例が興味深い。治安を乱す側と守る側が同じ層の出身者、いわばコインの裏と表に過ぎない古代末期の状況を象徴している。

初期の滝口に採用された氏族は、藤原・文室・伴・平・大中臣・良岑・紀・中原・源・

惟宗・藤井など、広範囲に及んだ。大中臣・惟宗・藤井などの卑姓は必ずしも武人輩出氏族ではないが、文室・伴・紀は代表的な武人輩出氏族で、源・平・藤原は武士の姓そのものだ。つまり滝口は、とにかく武人として役立ちそうな者を、様々な氏族から広く採用していた。

しかし、摂関後期から院政期にかけて、滝口を構成する氏族は次第に源・平・藤原や紀・伴などに絞られてゆく。中でも、姓が判明する最初の滝口が藤原姓だったことが象徴するように、滝口には最初期から武士と同じ貴姓の者が採用され、その割合はほかの氏族より高く、最終的に滝口を埋め尽くす。特に興味深いのは、花山《かざん》朝の寛和《かんな》元年に、蔵人頭《くろうどのとう》藤原実資《さねすけ》の推挙で、藤原正康《まさやす》・平致平《むねひら》・藤原貞正《さだまさ》・藤原俊蔭《としかげ》・藤原義方《よしかた》の五人が滝口に加えられた事例だ[282]。この時に滝口の定員が一挙に一五人に増えたことも興味深いが、重要なのは四人が藤原姓、一人が平姓で、全員武士につながる王臣子孫の貴姓だったことだ。

五人のうち平致平は、翌年に事件を起こした滝口平致光《むねみつ》と同一人物かもしれない（致平は致光の誤写ではないか）。賀茂の斎院と同じく、伊勢神宮にも伊勢の斎宮《さいくう》という、神社に奉仕する未婚の内親王を派遣する習わしがあり、伊勢に派遣されるまで一年間、京の郊外の野に設けた仮住まいの「野宮《ののみや》」で潔斎《けっさい》（快楽や穢《けが》れを遠ざけ身を清めて生活）して過ごした。その野宮で潔斎中の斎宮済子《なりこ》女王（醍醐天皇の孫）と、彼女を警護していた滝口平致光が密通した(283)。朝廷祭祀を平然と蹂躙《じゅうりん》し、そのせいで滝口が野宮を警護する役割も廃《すた》れさせてしまった致光の振る舞いは、いかにも武士らしい。その平致光は「平五《へいご》大夫《たいふ》致頼《むねより》の五男」、つまり著名な武士である平致頼《むねより》(高望《たかもち》の曾孫、良兼《よしかね》の孫、公雅《きみまさ》の子)の子だった(284)。

†鎌倉幕府の母体としての滝口、滝口の供給源としての東国御家人

武士につながる貴姓を多く登用する傾向は院政期に加速し、鎌倉幕府の御家人《ごけにん》にも父が滝口だった者がいた。例えば山内首藤《やまのうちのすどう》滝口三郎経俊《つねとし》という御家人の名乗りは、〝滝口の三男〟、つまり父が滝口だったことを意味する(285)。また、有名な曾我《そが》兄弟に父の敵《かたき》として殺された工藤祐経《すけつね》の父も、工藤滝口祐継《すけつぐ》と名乗る滝口経験者だ(286)。それどころか承元四年(一二一〇)、将軍源実朝《さねとも》は後鳥羽《ごとば》上皇から「御家人の中から、滝口に勤められる者を提供せよ」と命じられ、小山《おやま》・千葉《ちば》・三浦《みうら》・秩父《ちちぶ》・伊東《いとう》・宇佐美《うさみ》・後藤《ごとう》・葛西《かさい》など「十三流」の「譜《ふ》第《だい》(譜代)」の家、つまり何世代も滝口を輩出してきた家の者を派遣した(287)。

鎌倉幕府の御家人は自分の所領か鎌倉で生活し、年始など幕府の重要行事の際には鎌倉にいる。それは、輪番制で常時天皇の身辺を警護する滝口の仕事と両立しない。そのため、滝口を輩出する家が一三家も幕府に御家人として取り込まれたことは、深刻な人材難をもたらした。後鳥羽が将軍実朝に滝口の要員を供給するよう要求したのも、幕府の存在自体

が滝口の人材難の要因なのだから、責任を取って埋め合わせよ、ということなのだろう。

二〇年後の寛喜《かんぎ》二年（一二三〇）、また「滝口に人無し」という状況に陥り、「経歴の輩《ともがら》（滝口経験者）の子孫」に滝口を勤めさせるよう、朝廷が執権北条泰時《しっけんほうじょうやすとき》に依頼した。そこで泰時は、小山・下河辺《しもこうべ》・千葉・秩父・三浦・鎌倉・宇都宮《うつのみや》・氏家《うじえ》・伊東・波多野《はたの》の各氏の家督に、子息を一人提供せよと命じた[288]。さらに二〇年後の建長《けんちょう》二年（一二五〇）にも、幕府が造営を請け負った新しい内裏（閑院《かんいん》内裏）に天皇が入るにあたって、二〇年前の先例に従って子息を滝口に提供するよう、執権北条時頼《ときより》が各氏に命じている[289]。

幕府に武士の人材をごっそり取られた朝廷は、独力で十分な人材を調達できず、何度も幕府に人材提供を頼まねばならなかった。この、滝口の人材を幕府に取られたという構造こそ、滝口武士が幕府の御家人（＝中世の代表的な武士）と直結していた明白な証拠だ。

幕府が御家人に取り込んだ一三の滝口輩出家のうち、小山・下河辺・波多野は秀郷《ひでさと》流藤原氏、後藤は利仁《としひと》流藤原氏、千葉・三浦・秩父・鎌倉・葛西は平氏、伊東・宇佐美は将門の乱に巻き込まれた常陸介《ひたちのすけ》藤原維幾《これちか》・為憲《ためのり》親子の子孫である（宇都宮・氏家は藤原氏といわれるが、中原氏ともいう）。彼らは選りすぐりの、代表的な東国御家人だ。いい換えれば、滝口は幕府の最も重要な母体の一つだった。そのことと、酒食で同僚を饗応《きょうおう》する垸飯《おうばん》という幕府の最重要の年始行事が、院政期に滝口の儀礼だったこととは、関係がありそうだ。

†滝口に命を吹き込む摂政忠平と将門――朱雀朝という画期

滝口の供給源は、採用手続きからも推察できる。村上朝の頃は、候補者の名簿をもとに「その芸を試し、善《よ》く射る」者を採用した。(290) その村上朝の天徳《てんとく》四年（九六〇）には、内裏の弓場《ゆば》（歩射の練習場）で公卿や侍臣《じしん》（天皇の側近）が候補者を試したが、鎌倉前期までには、蔵人が左近衛府《さこんえふ》の射場《いば》（弓場と同じ）で「能《よ》く射《い》んかを試す」ようになった（『禁秘抄《きんぴしょう》』）。滝口は弓術（歩射）の達人を選抜した精鋭だった。

問題は、その候補者の提供元だ。ここで、寛和元年（九八五）に蔵人頭の藤原実資が、藤原姓四人・平姓一人の滝口を推挙した事例を思い出されたい。順徳も「院宮・親王・公卿・侍臣等、皆挙《みなきよ》し申す」と書いている（『禁秘抄』）。滝口の候補者は、院宮レベルの貴人から親王一般、公卿や（蔵人頭などを含む）天皇側近まで、様々な権門から推薦された。

しかし、その中でも最大の推薦者は摂関家であり、院宮も摂関家の出身、そして幼少の天皇の代わりに採用を決定するのも摂政だ。つまり摂関政治の全盛期に、滝口の人事権は何から何まで摂関家のものだった。宇多が滝口を天皇のものとして新設したのに、である。

醍醐の没後、わずか八歳の朱雀天皇が即位して、政治の主導権は完全に天皇の手を離れ、摂関家のものとなった。その朱雀朝に、滝口の具体的な活動が初めて確認され、しかも活発な活動が継続して確認できるのは、偶然ではあるまい。朱雀の即位とともに摂政となって実権を掌握した藤原忠平が、滝口の積極的な活用を望んだと見るべきであり、いわば忠平が主導する摂関政治のもとで、滝口に本格的な命が吹き込まれたといえよう。

政治の主導権を取り戻したい宇多天皇が、天皇だけの武力として作った滝口が、政治の主導権を天皇から奪う摂関政治のもとで確立したのは、皮肉というほかない。しかし、こうもいえるだろう。幼い朱雀天皇の政治的人格が空白で、天皇が完全に無害だと確信できる時期だからこそ、摂関家としては安心して天皇の武力を充実させることができた、と。

滝口だったといわれる平将門は、まさにその朱雀朝の人である。そして、その将門が京で奉公した「私君《しくん》」＝個人的な主人こそ、まさに滝口の人事権を掌握し、滝口に梃子《てこ》入れして活力を吹き込んだ摂政忠平だ。その忠平が権門として将門を滝口に推挙し、摂政として彼を滝口に採用する、という筋書きには、史実だった可能性を認めてよい。

終章 武士はどこから生まれてきたか——父としての京、母としての地方

†地方でなければ武士の内実は生み出されない

以上に述べてきたところを総合して、いよいよ本書冒頭の問いに、答えを出そう。

「武士」という集団は、「滝口武士《たきぐちのぶし》」とともに現れた。滝口武士（滝口）は、群盗《ぐんとう》問題が東国で頂点に達した寛平《かんぴょう》元年（八八九）の物部氏永《もののべのうじなが》の乱の勃発を引き金として、天皇や京を真剣に防衛する必要から、その翌年頃に設置された。宇多《うだ》天皇の方針で、滝口は天皇が直接掌握する親衛隊として設置されたが、滝口の活動を本格化させたのは、摂関政治を再起動させて政治を天皇不在に戻した摂政藤原忠平《ただひら》だった。その頃までに滝口は、地方の武士と出自が同じ平・藤原姓の（後に源姓も）王臣《おうしん》子孫の弓馬《きゅうば》の達者を盛んに吸収し、その子孫の一部が鎌倉幕府の主要な御家人《ごけにん》となった。明確に「武士」と銘打ち、しかも中世武

士の源流であることが確かな滝口武士は、明らかに京で、制度の一部として生まれた。
しかし、滝口は朝廷が自前で育てた武人ではない。滝口の練武には、ゼロから弓術・格闘術の使い手を育成した形跡が皆無だ。滝口武士は、既存の優れた弓術の使い手を召集し、実技試験で一〇人選抜して、「滝口武士」という肩書と任務を与えただけの存在なのである。

彼らの母集団は、平貞盛《さだもり》に代表される「諸家《しょか》」だ。彼らはすでに、朝廷の制度外で個人的に、郎等《ろうとう》・一族や（平将門《まさかど》軍の興世王《おきよ》・藤原玄茂《はるもち》などの）門客《もんきゃく》を統合して「家」型組織を形成していた。彼らの部分集合が滝口武士なのだから、母集団の彼らも武士に違いない。

その武士である母集団（諸家）の範囲は、何を基準に決まったのか。純友対策のため召集された「諸家の兵士」の中で、「貞盛朝臣《あそん》の兵士」だけ個人名を挙げて特筆されたことを思い出されたい。その別格扱いは、将門の乱の功績で名を上げたからに違いない（秀郷《ひでさと》の名が見えないのは、秀郷が東国から動かなかったからだろう）。また、彼ら全体が「武勇に堪《た》ふる五位已下《いか》」と表現されたことも、思い出されたい。五位以下の誰が「武勇に堪能《たんのう》」かは、世間に流布する名声で判断するしかない。滝口の実技試験も、名声が内実を伴うか否かを判定するためだ。その名声は、実際の功績でしか得られない。そして、その実績を得る桁《けた》外れの機会を初めて提供したのは、地方で起こった将門《まさかど》の乱だった。

また、武士である「諸家」は、要するに王臣家の末端だ。その内実は、将門のような王臣子孫が率い、興世王のような弱小の王臣子孫を吸収し、王臣家人《けにん》を「上兵《じょうへい》」という筆頭格の家人が統轄する組織だ。その王臣家人は、将門にとっての多治《たじひ》氏のように、当主の王臣子孫に武人の血統を提供した古代の武人輩出氏族や、秀郷にとっての鳥取《ととり》氏のように、当主の王臣子孫に現地の豪族ネットワークを提供した古代の郡司富豪層だ。このうち、王臣子孫同士の同盟や、王臣子孫と郡司富豪層の結合は、間違いなく地方で進行した。

そもそも王臣子孫の勢力は、平安初期から一貫して、地方社会で国司や法を蹂躙《じゅうりん》しながら成長した。滝口武士の出身母体となる武士たちは、地方社会で、明らかに制度の外で生まれ、しかも彼ら同士の初の大規模な紛争＝承平《じょうへい》・天慶《てんぎょう》の乱は、地方で起こった。

さらに、軍馬を生産する牧《まき》が古くから東国に集中したため、東国は独自の騎射文化の世界だった。源平合戦期に、藤原範季《のりすえ》という廷臣が、「西国と違い、東国の武士は夫《ふ》（末端の下僕）まで弓術に携わるので、西国の平家は東国の源氏に勝てません」と述べた通りだ（『愚管抄《ぐかんしょう》』）。範季は鎮守府《ちんじゅふ》将軍として陸奥《みちのく》まで赴任した人なので、この指摘は信用できる。必ず弓馬（騎射）の達人である武士が生まれるのに、これほどふさわしい土地はない。

以上から、武士の内実が生まれた場が地方（特に坂東《ばんどう》）であること、滝口武士はそれを京で召集・選抜しただけの集団だったことが明らかだ。しかし、武士の構成要素がすべて地方由来なのではない。主人（王臣子孫）と郎等から成る武士団は、何世代もかけて地方社会で勢力を積み上げてきた郡司富豪層のネットワークに、中央から下った王臣子孫の血が投入されて、初めて成立するものだ。また、王臣子孫に血統（とそれに伴う教育環境）を提供して武人の資質をもたらした古代の武人輩出氏族も、地方豪族ではなく中央の有力氏族だ。

以上をまとめると、こうなる。武士は、地方社会に中央の貴姓《きせい》の血が振りかけられた結果発生した創発《そうはつ》の産物として、地方で生まれ、中央と地方の双方の拠点を行き来しながら成長した。しかし、その一部を召集・選抜して「滝口武士」に組織するという形で、彼らに「武士」というラベルを与え、「武士」という概念を定着させたのは朝廷であり、その場は京だ。武士の誕生に必須の血統（王臣子孫や武人輩出氏族）の出所も京だ。

とはいえ、王臣子孫や武人輩出氏族を、「武士」を創発する融合へと駆り立てたのは、〈過当競争になった京・朝廷では今まで通りに食えない〉という危機感であり、その原因は、後先考えずに王臣家・王臣子孫を増やしすぎた朝廷（主に桓武とその子孫）の失政だ。朝廷や京は、武士の内実が成立する過程を、ネガティブな面でしか後押ししていない。

†《礼》国家の君主宇多と「武士」の成立と「文人」菅原道真

ただ、武士成立の最終段階だけは、朝廷の前向きな功績を認める余地がある。それは、「武士」というラベルを用意し、貼ったことだ。たかが名前など形にすぎない、という反論は当たらない。全く未知の新しいものに適切な名を付け、概念化することは、その後にそれが生き残り、発展するために欠かせない仕事だ。しかも、その仕事は難しい。何しろ、新語を作るか、既存の言葉に新たな意味を与えるのだから、言葉を熟知していなければ不可能で、要するに無学ではできない。では、それはどのような学問で、誰の仕業か。

「武士」は漢字の熟語なので、漢字・漢語・漢文の知識から生まれたものだ。そして前近代には、中立的な国語教育や漢字学習帳は存在しない。漢字・漢語・漢文は必ず経典から学び、必ずイデオロギーの影響を受ける。僧の場合は仏教経典からも学ぶが、僧俗を問わず、古代の倭人・日本人は漢文を、まず儒教経典から学んだ。「武士」という漢字熟語も、儒学者が儒教の知識世界から導き出した可能性が高い。では、それは誰か。

宇多《うだ》天皇が息子の醍醐《だいご》天皇に遺した教訓集『寛平御遺誡《かんぴょうごゆいかい》』に、「五月五日、九月九日、文人・武士の行事繁多《はんた》なり。怠《おこた》るべからず緩《おこた》るべからず」とある。[291] これは滝口武士を設置した宇多が、確かに自分の言葉として「武士」を使った動かぬ証拠だ。

では、彼はどこからこの言葉を知ったのか。この事例の「武士」は「文人」とペアで使われている。文人と武士が対置できることは明らかで、中国の史書でも、例えば六世紀半ばに書かれた北魏《ほくぎ》の正史『魏書《ぎしょ》（後魏書《ごぎしょ》）』に、「武士をして弓を彎《ひ》き、文人をして筆を下さしむべし（武人に射を行わせ、文人に詩を詠《よ》ませよ）」という用例がある（南安王伝《なんあんおうでん》）。

ただ、「文人武士」と一まとめに四字熟語のように使う事例は、儒教経典にも中国の史書・詩文にも見えず、日本独自の用法のようだ。この四字熟語は、わが国最古の「武士」の用例だった養老五年（七二一）の元正《げんしょう》天皇の詔《みことのり》に、「文人・武士は国家の重んずる所」と現れる。(292) 宇多は、明らかにこの詔（を載せた『続日本紀《しょくにほんぎ》』）を模倣している。

「文人」「武士」は、儒教の《礼》思想を下敷きにした言葉だ。文人は漢詩文を作って文《もん》章経国《じょうきょうこく》に貢献する知識人で、武士の「士」は《礼》思想が理想とする周《しゅう》王朝の身分秩序＝王・公・卿・大夫・士に由来する（三八頁）。儒学者が必ず目を通す中国の最も重要な史書『史記《しき》』や『漢書《かんじょ》』に、すでに「武士」という言葉が見える。(293)

以上から、次の筋書きが想定できる。「武士」という言葉が中国の典籍に散見し、それが《礼》思想の「士」身分に由来し、『続日本紀』で元正天皇が使った言葉でもあることを、儒学・《礼》思想の復興を目指した宇多天皇が知った。そして、自分が組織しようとする〝六位程度の武人集団〟にふさわしい言葉に見えたので採用したのではないか、と。

この命名の根底に儒教の興隆があったなら、その背後に、宇多が醍醐に「重く用いよ」と命じた儒学者＝文人筆頭である菅原道真《すがわらのみちざね》の影響がなかったとは、考えにくい。宇多が

「文人」という時、その念頭には必ず道真がある。だから宇多がいう「文人・武士」とは、「道真たちと武士」という意味だ。道真と武士は対《つい》になる、宇多朝の二本柱と考えてよい。《礼》思想では、あらゆる人間には、その地位に即した固有の役割があり、それを十全に果たし、しかも逸脱（越権行為）してはいけない、という原則がある。菅原道真と武士はいずれも、余人の追随を許さない、専門技能（儒学と武芸）の頂点にあった。この極限まで専門技能を高めた専門家たちを、それぞれにふさわしい役割（儒家は執政、武士は君主の護衛）に就かせることは、《礼》思想の実践と見なせる。

この武士の成立が、宇多朝の直前頃に果たされた理由は、桓武天皇の時にスイッチが入った時限爆弾が、時間切れになったからだ。桓武とその子孫が子宝に恵まれすぎ、王臣子孫が鼠算《ねずみざん》式に増え、桓武から四世代経過した清和や宇多の頃に、従来のあり方を維持できる数を超えた。その段階で強い淘汰《とうた》圧《あつ》に晒《さら》された王臣子孫が、進化を強いられたのである。

桓武といえば、武士を作り出すための材料は、平安時代を始めた桓武の時に、すでに出揃っていた。増え続ける王臣子孫、彼らを収奪に駆り立てる開墾競争、彼らと融合する地方の伝統的有力者、彼らに武人の資質を提供する伝統的な武人輩出氏族、そして群盗問題の遠因となり、「武士」というラベルまで用意した《礼》思想などがそうだ。それらが「武士」という作品にまとまるまでに、だいたい五世代、一世紀を必要とした、ということだ。

†武士は京を父とし地方を母とするハイブリッド

以上を踏まえて、最後の結論を述べよう。

武士の内実は地方で、制度を蹂躙《じゅうりん》しながら成立・成長したが、京・天皇が群盗に脅《おびや》かされた時、それを「武士」と名づけて制度の中に回収し、形を与えたのが京の宇多朝であり、その背後には「文人」と「武士」を両立させる宇多朝特有の《礼》思想的な構想があった。武士は、王臣家の無法や群盗の横行という形で分裂を極めた中央と地方に、再び結合する回路を与えた。滝口経験者として坂東の覇者となった将門は、まさにその体現者だ。

武士は、京でない場所（地方）だからこそ生まれた。しかし、地方の土地や有力豪族の社会だけからは、「武士」という創発に結実する統合は起こらなかった。そこに、王臣子孫という貴姓の血が投入されて、初めてその統合・創発は始まるのである。

それを身近にたとえるなら、醱酵《はっこう》食品のイメージだ。地方社会という大量の牛乳（大豆）に、王臣子孫という微量の乳酸菌（納豆菌）を投入したら、ヨーグルト（納豆）という全く別種の、しかも極めて有用な食べ物になった、という流れに、武士の成立は似ている。

もう少しまじめにたとえると、武士の成立は生物の受精に似ている。地方社会はメスが産んだ卵で、王臣子孫はオスの胤《たね》だ。どれだけ卵が巨大で子の本体のように見えても、どれだけオスの胤が小さくとも、重要性は大きさと無関係であり、生まれた子は正確に双方の性質を半分ずつ受け継ぐ。地方社会という卵が、細胞分裂を始めて「武士」として生まれ落ちるためには、必ず王臣子孫という胤の注入が必要だ。そのため、生まれた「武士」は、中央と地方の遺伝子を半々に持っていた。武士の誕生以来、中世を通じて、恐らく応仁の乱頃まで、ほとんどの武士が中央と地方に拠点を持ち、両方を行き来しながら、土着と流浪の中間のような半土着の生活を送ったのは、その生まれに由来するだろう。

右の比喩《ひゆ》は、単なる言葉遊びではない。それこそ、まさに武士の誕生として、地方社会で起こったことだ。中央の貴姓は常に男系の血統として降り注いだし、地方社会は常に女系としてそれを受け入れ、武士となるべき子の原型＝卵を文字通り提供したのだから。

武士は、京を父とし、地方を母とし、地方で受精し、地方を母胎として地方で育った混血種《ハイブリッド》の子たちだ。彼らにとって、京（中央）と地方はどちらも故郷であり、どちらが主でも従でもない。形式を供給する故郷が京（中央）で、実益を供給する故郷が地方なのであって、故郷としての質が違うだけだ。そして、父方にも母方にもなかった新たな力を創発で生み出す、二つの異質な故郷こそが、混血種《ハイブリッド》である武士の強みそのものなのである。

本来、京（中央）の価値観では、京と地方の違いは質の違いではなく、出来の善《よ》し悪しの違いだった。《礼》思想という一つの尺度で測った時、京は徳化《とくか》（優れた天子の導き）が最も直接降り注ぐ最も素晴らしい土地、地方は遠くて徳化が足りない劣った土地だ、と。

しかし、京と地方の混血種《ハイブリッド》である武士は、双方の異なる価値観を背負っているため、双方が京を優位として均質になれるとも、そうなるべきとも思った形跡が微塵もない。彼らは京と地方の違いを、質の違いとして捉えることができた。それなら双方を掛け合わせて、創発を生み出せる。そこが混血種《ハイブリッド》である武士の最大の強みだ。彼らは、双方の違いをむしろ際立たせ、その差を活用すれば力の源泉になることを知っていた。中央で調達した貴姓と官位が地方社会でものをいい、地方で調達した軍事力・財力が中央でものをいい、それらが好循環を生む、ということを。

あとがき――その後、何が起こるのか

何とか、武士が誕生する瞬間までたどり着いた。本当はここから面白くなるのだが、もう紙幅がない。今は、本書の先に見え始めた新展開を、簡単に展望するにとどめよう。

我々は学校で、平安時代の貪欲な収奪者の代表として〝受領《ずりょう》（国司の長官）〟のことを教わる。そしてどの本を見ても、受領は最初から強力な収奪者として現れる。しかし本書の読者は、そのような教え方がおかしいことに、もう気づいている。受領は本来、王臣家の前に無力に立ちすくみ、国内の富を奪われるばかりの雑魚《ざこ》だった。それが利権を力ずくで任せに貪れる収奪の鬼と化すには、革命的な大転換が必要なのだが、誰もそこをきちんと説明していない、ということに。そして、読者諸氏は気づかれただろうか。無力な受領が地方の支配者へと脱皮するには、本書で見た武士の成立過程がどうしても必要で、武士があのように生まれなければ、我々が知る強い受領は決して生まれなかった、ということに。

また、本書の結論を踏まえて、将門の乱以降の武士の内実を調べ直すと、古代氏族のあまりのしぶとさに驚かされる。一体どれほど多くの古代氏族が、どれほどの手練手管《てれんてくだ》を駆使して、執念深く中世の武士として生き残りを図ったことか。そこでは本書の鍵となった、母系の血統や婚姻関係を凌駕した、複雑怪奇で信じ難い技術とごまかしが駆使された。それらの話まで済ませて初めて、武士の成立を、そして〝古代から中世が生まれる〟ということの意味を述べたことになるのだが、もう紙幅がないので、別の機会に書こう。

また、一二世紀末に鎌倉幕府が東国に誕生し、大多数の武士が鎌倉・東国に貼りついて動かない生活を始めると、皮肉にも武士の強みである混血的なあり方は弱まってゆく。そこでは京都的・西国的・貴族社会的な価値観が後景に退けられ、地方的・東国的・武士的な価値観が煮詰められてゆく。一方、武士の大部分を東国に吸引された京では、東国的・武士的な価値観が薄まり、西国的・貴族社会的な価値観が煮詰められてゆく。

その二つの価値観は、朝廷や武家政権の内部で刺激し合うのではなく、朝廷と幕府という組織同士の間で火花を散らし、朝廷の京都的な価値観が、容赦なく東国的・武士的な価値観に揉《も》まれることになる。それは京都的な価値観の滅亡ではなく、現代へとつながる新たな〝日本文化〟が創発されてゆく過程なのだが、それも別の話である。

〈武士はどこからどう生まれてきたか〉という難問に、何とか一応の答えを出してみた。繁雑で迂遠な道のりに最後まで付き合って下さった読者諸氏に、まずは御礼申し上げたい。

前著『平安京はいらなかった』の出版が二〇一六年一二月。同月中に筑摩書房より続編執筆を依頼されるも、その頃は別の共著にかかりきりで、それを終えたのが二〇一七年六月。燃え尽きて翌月一ヶ月間を無気力に過ごし、八月にようやく続編に着手したが、すぐに挫折した。理由は序章で述べた通りだ。選択肢は二つ、前著の続編を諦めるか、〈武士の出身地は京か地方か〉という問題を自力で解決するか。どちらも絶望的だが、どうせなら前向きな後者を選んだ。「依頼された続編を何としても書き上げるため、しばらくその本は書けず、別の課題に取り組みます。一年下さい」という、自分でもどうかと思う要望を、筑摩書房は快諾して下さった。とはいえ、そもそもの依頼は〝京都本〟の続編だから、この〝武士本〟はどれだけ頑張って書いても出版される見通しが全くなかった。そんなリスクを抱えた原稿に全精力を傾注するには、それなりの精神力が必要だったが、二〇一八年五月に書き上がると、何とその原稿で、筑摩書房から出して頂ける運びとなった。前著の出版後すぐに執筆依頼を頂き、迷走する筆者に根気よくお付き合い頂き、依頼と違う本になっても「桃崎さんの新書デビューの一冊目はぜひうちから」と、過分の礼をもって慫慂して下さった筑摩書房ならびに担当編集者の橋本陽介氏には、心より深謝申し上げたい。

また執筆に没頭させて下さった高千穂大学、公私ともに御支援を惜しまれなかった同僚諸兄諸姉、真摯な学習意欲からヒントと声援をくれた高千穂大学・出講先諸大学の学生諸君、そして家族・友人と、御支援を下さったすべての方に、心より御礼申し上げたい。

参考文献

網野善彦「若狭における封建革命」(『網野善彦著作集　別巻』岩波書店、二〇〇九年、初出一九五一年)
網野善彦「封建制とはなにか」(『網野善彦著作集　別巻』岩波書店、二〇〇九年、初出一九五一年)
網野善彦「戦後の〝戦争犯罪〟」(『歴史としての戦後史学――ある歴史家の証言』、洋泉社、二〇〇七年、初出一九九五年)
宇根俊範「氏爵と氏長者」(坂本賞三編『王朝国家国政史の研究』、吉川弘文館、一九八七年)
川尻秋生『戦争の日本史4　平将門の乱』(吉川弘文館、二〇〇七年)
金基雄『朝鮮半島の壁画古墳』(六興出版、一九八〇年)
坂上康俊『日本の歴史　第05巻　律令国家の転換と「日本」』(講談社、二〇〇一年)
下向井龍彦『日本の歴史　第07巻　武士の成長と院政』(講談社、二〇〇一年)
白石太一郎「日本列島の騎馬文化はどのようにして始まったのか」(古代史シンポジウム「発見・検証　日本の古代」編集委員会編『発見・検証　日本の古代Ⅱ　騎馬文化と古代のイノベーション』、KADOKAWA、二〇一六年)
鈴木拓也「征夷の終焉と蝦夷政策の転換」(『三十八年戦争と蝦夷政策の転換』、吉川弘文館、二〇一六年)
関幸彦『武士団研究の歩みⅠ【戦前編】史学史的展開』(新人物往来社、一九八八年)
関幸彦『武士団研究の歩みⅡ【戦後編】学説史的展開』(新人物往来社、一九八八年)
関幸彦『武士の誕生』(講談社、二〇一三年、初出一九九九年)
髙橋昌明「鶴岡八幡宮流鏑馬神事の成立」(『武士の成立　武士像の創出』、東京大学出版会、一九九九年、初出一九九六年)

髙橋昌明「武士を見なおす」（『武士の成立　武士像の創出』、東京大学出版会、一九九九年）
髙橋昌明『武士の日本史』（岩波新書、二〇一八年）
竹内理三『日本の歴史6　武士の登場』（中央公論新社、二〇〇四年、初出一九七三年）
田島公「「美濃国池田郡の条里」追考――「安八磨（安八）」郡名の由来と「紀（池田）氏系図」所引美濃国池田郡関係史料の検討」（足利健亮先生追悼論文集編纂委員会編『地図と歴史空間――足利健亮先生追悼論文集』（大明堂、二〇〇〇年）
中公新書編集部編『日本史の論点――邪馬台国から象徴天皇制まで』（中央公論新社、二〇一八年）
戸田芳実「領主的土地所有の先駆形態」（『日本領主制成立史の研究』、岩波書店、一九六七年）
野口実『武家の棟梁の条件――中世武士を見なおす』（中央公論社、一九九四年）
長谷山彰「違勅罪の準拠法と王命違反に対する処罰の慣例」（『律令外古代法の研究』、慶應義塾大学出版会、一九九〇年、初出一九八一年）
本郷和人『武士とはなにか』（角川学芸出版、二〇一三年、初出二〇〇七年）
桃崎有一郎「鎌倉幕府の成立と〝京都文化〟誕生のパラドックス――文化的多核化のインパクト」（中世学研究会編『幻の京都モデル』、高志書院、二〇一八年）
森公章『古代豪族と武士の誕生』（吉川弘文館、二〇一三年）
吉村茂樹「滝口の研究」（『歴史地理』五三―四、一九二九年）
米田雄介『郡司の研究』（法政大学出版局、一九七六年）

注

序章

（1）関幸彦＝一九八八・一九九九、本郷和人＝二〇〇七、森公章＝二〇一二など（参考文献参照。以下同じ）。

第一章

（2）高橋昌明＝二〇一八、二六〜二七頁。
（3）竹内理三＝一九七三、一五七頁。
（4）網野善彦＝一九九五、一四・一六・一七頁。
（5）高橋昌明＝一九九六。
（6）高橋昌明＝一九九九、二五頁以下。
（7）代表例では野口実＝一九九四、七二〜七三頁、八〇〜八一頁など。
（8）桃崎有一郎＝二〇一八。
（9）下向井龍彦＝二〇〇一、五一頁以下、六三頁以下、九八頁以下。

第二章

（10）『続日本紀』養老五年正月二七日条。
（11）『令義解』（軍防令）。
（12）『吾妻鏡』文治三年八月一五日条。
（13）『続日本紀』養老六年閏四月二五日条。
（14）『続日本後紀』承和四年二月八日条。
（15）『続日本紀』神亀元年五月五日条。
（16）『養老令』（軍防令）。
（17）『続日本後紀』承和六年八月一日条。
（18）『続日本紀』延暦一〇年四月五日条。
（19）『続日本紀』文武天皇二年三月二一日条。
（20）『続日本紀』大宝二年四月三日条。
（21）『三代実録』貞観八年正月二三日条。
（22）『文徳天皇実録』仁寿三年八月二四日条。
（23）『三国史記』高句麗本紀。
（24）『続日本紀』神亀元年四月一四日条。
（25）『続日本紀』神亀五年四月二五日条。
（26）古代学協会・古代学研究所編『平安時代史事典』（角川書店、一九九四年）「健児」の項。
（27）『続日本紀』天平宝字五年一一月一七日条。
（28）『続日本紀』天平宝字六年二月一二日条。
（29）『養老令』（軍防令）。
（30）『続日本紀』宝亀一一年三月一六日条。
（31）『三代実録』元慶四年三月一一日条。
（32）『続日本紀』宝亀九年一二月一五日条。
（33）『続日本紀』宝亀一一年七月二六日条。
（34）『続日本紀』延暦二年六月六日条

(35)『続日本紀』延暦七年三月三日条。

第三章

(36)以下、頻繁に参照するので、『類聚三代格』を典拠とする場合は巻・部・発令日などを略記して示そう。例えば「『類聚三代格』巻一五、墾田幷佃事、弘仁二年正月二九日太政官符」を、「『三代格』15墾田:弘仁2-1-29符」と略記する。ほかは適宜類推されたい。

(37)『三代格』15墾田:天平15-5-27勅。

(38)『三代格』19禁制:天平13-2-7詔。

(39)長谷山彰-一九八一。

(40)『養老律』(名例律-六議条)。

(41)『養老律』(名例律-議条)。

(42)『養老律』(名例律-請条)。

(43)『養老律』(名例律-減条)。

(44)『養老律』(名例律-官当条)。

(45)『養老律』(名例律-以官当徒条)。

(46)『養老律』(名例律-無官犯罪条、犯罪時雖未老疾条)。

(47)井上光貞ほか校注『日本思想体系3 律令』(岩波書店、一九七六年)四九〇頁補注7b。

(48)『三代格』15墾田:延暦3-11-3符。

(49)『三代格』15墾田:大同2-7-24符。

(50)『三代格』15墾田:弘仁2-1-29符。

(51)『三代格』7牧宰:天平16-10-14符。

(52)米田雄介-一九七六。

(53)『三代格』15墾田:宝亀3-10-14符、19禁制-延喜2-3-13符。

(54)注(53)に同じ。

(55)『三代格』19禁制:寛平3-9-11符所引延暦16-4-29符。

(56)『続日本紀』延暦三年一二月一三日条。

(57)『三代格』15墾田:延暦3-11-3符。

(58)『三代格』8調庸事:延暦16-8-3符。

(59)『三代格』15墾田:延暦16-8-3符。

第四章

(60)『続日本紀』延暦元年六月一四日条、同二年七月二五日条。

(61)『日本後紀』弘仁元年九月一〇日条。

(62)『続日本紀』延暦二年七月三〇日条。

(63)『日本後紀』弘仁一三年五月四日条。

(64)『吾妻鏡』建長二年一二月二八日条。

(65)『続日本紀』延暦五年四月一一日条。

(66)『三代格』19禁制:延暦6-1-21符。

(67)『続日本紀』延暦五年八月八日条。
(68)『三代格』19禁制：弘仁6-3-20符。
(69)『三代格』19禁制：延暦21-6-24符。
(70)『養老令』(継嗣令)。
(71)『三代格』19禁制：延暦18-3-9符。
(72)『三代格』15墾田：弘仁2-2-3符。
(73)『三代格』19禁制：延喜2-3-13符。
(74)『三代格』15墾田：延喜2-3-13符所引弘仁3-5-3符。
(75)『日本後紀』大同元年五月二四日条。
(76)『日本後紀』大同三年五月一九日条。
(77)『日本後紀』延暦二四年一二月七日条。
(78)『三代格』7牧宰：延暦15-6-8符。
(79)『三代格』7牧宰：延暦15-6-8符。
(80)『日本後紀』弘仁四年一一月二一日条・二四日条。
(81)下向井龍彦-二〇〇一、三六〜三七頁、五三〜五七頁。
(82)『文徳天皇実録』仁寿三年六月四日条。
(83)『日本後紀』延暦一七年四月一七日条。
(84)『日本後紀』弘仁二年一〇月五日条。
(85)白石太一郎-二〇一六、九〇・九六頁。
(86)『日本後紀』延暦二三年正月二九日条。
(87)『日本後紀』弘仁五年五月八日条。
(88)『三代実録』貞観九年五月一九日条。
(89)『三代格』5加減：天長3-9-6符。
(90)関幸彦-一九九九、九八・九四頁。
(91)『続日本後紀』承和二年四月二日条。
(92)『吾妻鏡』元暦元年五月一日条、治承四年一〇月一三日条。
(93)『吾妻鏡』治承四年九月八日条。

第五章

(94)『日本後紀』延暦一七年二月一日条。
(95)『続日本紀』延暦三年一〇月三〇日条。
(96)『続日本後紀』承和五年二月九日条。
(97)『続日本後紀』承和七年二月一二日条。
(98)『続日本後紀』嘉祥三年正月二六日条など。
(99)①『日本紀略』昌泰二年二月一日条、二月一三日条、②『日本紀略』裏書延喜四年三月四日条、三月七日条、③『日本紀略』裏書延長九年二月八日条、④『日本紀略』裏書承平三年正月二三日条、⑤『日本紀略』承平三年正月二〇日条、⑥『日本紀略』天慶五年四月三〇日条、⑦『日本紀略』天暦二年一二月一〇日条、⑧『日本紀略』天暦三年四月二七日条。

(100)『三代実録』貞観三年正月二三日条。
(101)『文徳天皇実録』天安二年二月二二日条、『三代実録』貞観九年三月九日条。
(102)『文徳天皇実録』天安元年三月一八日条。
(103)『日本紀略』延喜一七年七月条。
(104)『続日本後紀』承和六年閏正月二三日条。
(105)『続日本後紀』承和五年一一月七日条、『文徳天皇実録』斉衡二年九月二八日条。
(106)『続日本後紀』承和六年閏正月二三日条。
(107)『続日本後紀』承和一一年五月一九日条。
(108)『三代実録』貞観九年一一月一〇日条。
(109)『三代実録』貞観八年八月一九日条。
(110)『愚管抄』(巻三-宇多天皇)。
(111)『三代格』19禁制：寛平7-11-7符所引承和9-8-15符、『続日本後紀』承和九年八月一五日条。
(112)『続日本後紀』承和九年八月二九日条。
(113)戸田芳実-一九六七、一三九頁以下など。
(114)『文徳天皇実録』斉衡三年一一月二二日条。
(115)『続日本紀』天平勝宝四年九月二二日条。
(116)『日本後紀』大同元年一一月九日条、『続日本後紀』承和一五年四月一日条。
(117)『三代格』19禁制：仁寿3-4-26符。
(118)『三代格』19禁制：寛平3-9-11符所引斉衡2-6-25符。

第六章

(119)『文徳天皇実録』天安元年六月二五日条、同二年閏二月二八日条、『三代実録』同二年一二月八日条。
(120)『三代格』19禁制：貞観6-9-4符。
(121)『三代格』19禁制：貞観5-3-15符。
(122)『三代実録』貞観一二年二月一日条。
(123)『日本後紀』弘仁五年二月一〇日条、一五日条、五月一八日条、一一月九日条。
(124)『三代実録』貞観一七年五月一〇日条。
(125)下向井龍彦-二〇〇一、三二頁以下。
(126)『日本後紀』延暦一九年三月一日条。
(127)『三代格』19禁制：貞観10-6-28符、同所引承和12-6-23符、斉衡2-8-26符。
(128)『三代実録』貞観七年五月一〇日条。
(129)『文徳天皇実録』斉衡三年二月八日条。
(130)『三代実録』貞観元年五月一九日条。
(131)『三代格』7牧宰：貞観16-6-28符。
(132)『三代実録』元慶八年八月四日条。
(133)『三代実録』元慶七年二月九日条。
(134)『三代実録』元慶七年七月一九日条。

(135)『三代実録』仁和元年一二月二三日条。
(136)『三代実録』元慶八年六月二三日条、仁和二年五月一二日条、一二月二八日条。
(137)『文徳天皇実録』仁寿三年六月四日条。
(138)『三代実録』貞観九年五月一九日条の没伝。
(139)『日本後紀』天長二年正月七日条。
(140)『三代実録』貞観一二年九月一三日条。

第七章

(141)『三代格』19禁制：寛平3-9-11符。
(142)『三代格』19禁制：寛平3-9-11符、同所引斉衡2-3-13格、同所引延暦19-11-26謄勅符。
(143)『三代格』19禁制：寛平3-5-29符。
(144)『三代格』19禁制：寛平3-9-11符。
(145)『三代格』7郡司事-寛平5-11-21符。
(146)坂上康俊-二〇〇一、三〇二頁以下。
(147)『三代格』19禁制：寛平6-11-30符。
(148)『三代格』19禁制：貞観9-12-20符、寛平6-7-16符。
(149)『三代格』19禁制：寛平7-9-27符。
(150)『三代格』19禁制：寛平7-9-27符。
(151)『三代格』19禁制：寛平7-11-7符。
(152)『三代格』19禁制：寛平7-12-3符。
(153)『三代格』15墾田幷佃事：寛平8-4-2符。
(154)『礼記』(曲礼下第二)。
(155)『三代実録』元慶七年一一月一〇日条。
(156)『玉葉』元暦元年六月一七日条、『皇年代略記』。
(157)『玉葉』承安二年一一月二〇日条。
(158)『大鏡』(巻一-宇多)。
(159)『宇多天皇宸記』寛平元年八月一〇日条。
(160)『宇多天皇宸記』寛平元年一〇月二五日条。
(161)『宇多天皇宸記』寛平元年一〇月二九日条。
(162)『宇多天皇宸記』寛平元年一二月二日条。
(163)『宇多天皇宸記』寛平元年一二月二四日条。
(164)『三代実録』元慶七年一一月一六日条、『江談抄』(二-雑事)。
(165)『三代格』19禁制：寛平8-4-2符。
(166)『三代格』19禁制：延喜2-3-13符。
(167)『三代格』19禁制：延喜3-8-1符。
(168)『三代格』19禁制：延喜5-11-3符。
(169)『養老令』(賦役令)。
(170)『三代格』20断罪贖銅：昌泰4-閏6-25符
(171)『三代格』20断罪贖銅：延喜2-4-11符。
(172)『三代格』19禁制：延喜5-11-3符。
(173)『三代格』19禁制：延喜5-8-25符。

(174)『日本紀略』『扶桑略記』寛平元年条。
(175)『扶桑略記』延喜元年条。
(176)『三代格』18関幷烽候：昌泰2-9-19符。
(177)『日本書紀』景行天皇四年条。
(178)田島公-二〇〇〇。
(179)『三代格』18関幷烽候：昌泰3-8-5符。
(180)『扶桑略記』昌泰三年条。
(181)『日本紀略』『扶桑略記』昌泰四年二月一五日条。
(182)『扶桑略記』裏書昌泰四年二月一五日条。
(183)『本朝世紀』天慶二年六月七日条。
(184)『扶桑略記』昌泰四年八月二九日条。
(185)「東寺百合文書」(『大日本史料』1-25-181頁以下)。
(186)『扶桑略記』裏書延喜二年九月二六日条。
(187)『日本紀略』延喜二年九月二〇日条、『春記』長暦四年五月一日条。
(188)『北山抄』(巻一〇：吏途指南-給復事)。
(189)『日本紀略』延喜四年三月二日条、『扶桑略記』裏書同年三月四日条、七日条、『春記』長久元年五月一日条。
(190)『扶桑略記』延喜五年一〇月三日条。
(191)『伊勢公卿勅使雑例』(祭主臨時勅使相並参宮例：昌泰元年一二月一三日条)(『続群書類従』神祇部所収)。
(192)『日本紀略』延喜六年九月二〇日条。
(193)『日本紀略』延喜九年七月一日条。
(194)『日本紀略』『扶桑略記』裏書延喜一五年二月一〇日条。
(195)『日本紀略』延喜一六年一〇月二七日条。
(196)『日本書紀』崇神四八年四月一九日条、景行五五年二月五日条。
(197)『日本紀略』延喜一六年一〇月二七日条。
(198)『類聚符宣抄』巻八：任符事：延喜20-3-28宣旨。
(199)『類聚符宣抄』巻八：任符事：天慶2-5-17宣旨。

第八章

(200)『日本紀略』延喜一六年八月一二日条。
(201)下向井龍彦-二〇〇一、五一頁以下、六三頁。
(202)『扶桑略記』延長七年五月二〇日条。
(203)『貞信公記抄』天暦元年閏七月二四日条。
(204)『延喜式』(左右馬寮)。
(205)『政事要略』巻二三：承平元-11-7符、承平3-4-2符。
(206)『三代格』18国飼幷牧馬牛事：寛平5-3-16符。
(207)野口実-一九九四、六八頁など。
(208)以下、巻n第m話を(巻n-m)と表記する。

(209)『吾妻鏡』文治五年九月二八日条。
(210)『侍中群要』（巻九-受領罷申事）。
(211)『文徳天皇実録』仁寿2年二月二五日条。
(212)『大日本史料』1-1-198頁。
(213)『公卿補任』仁和四年条源能有の項、寛平三年条源直の項、『三代格』（2年分度者事：寛平2-11-23符）。
(214)川尻秋生-二〇〇七、五〇頁。
(215)『尊卑分脈脱漏』「平氏系図」（『続群書類従』系図部所収）。
(216)『万葉集』（巻二〇-四三八四〜九四番）。
(217)『続日本後紀』承和一〇年三月八日条。
(218)『師守記』貞和三年一二月一七日条。
(219)『三代実録』元慶三年一〇月二二日条。
(220)『日本書紀』垂仁二三年一〇月八日条、一一月二日条。
(221)『日本書紀』天武一二年九月二三日条。
(222)『続日本紀』天平神護元年正月七日条、神護景雲三年一一月二日条。
(223)『平安遺文』と『鎌倉遺文』（(平)・(鎌)と略記）に、以下の年・肩書の鳥取氏が確認できる。

天慶三年（九四〇）……因幡国高草郡の主帳（郡司の第四等官）二人（(平)1-二五一）

永承三年（一〇四八）…伊賀国名張郡司に仕える刀禰（(平)3-六五五）

永久六年（一一一八）…大和国池辺荘の田地売買の請使（(平)10-四九七三）

大治五年（一一三〇）…丹波国大山荘の田堵（(平)5-二一六九）

正治元年（一一九九）…紀伊国神野真国荘の百姓（(鎌)2-一〇六〇）

元久元年（一二〇四）？…大和国興善寺阿弥陀像の結縁者（(鎌)3-一四九八）

貞応二年（一二二三）…大和国の平城京跡の田地売買の請使（(鎌)5-三一七四）

文永八年（一二七一）…大和国添上郡コミナミの公事米売買の売人（(鎌)14-一〇七八〇）

(224)『日本後紀』延暦二四年一〇月二五日条。
(225)『日本書紀』持統天皇六年七月二日条。
(226)『吾妻鏡』承元三年一二月一五日条。
(227)戸田芳実-一九六七、一四三〜四頁。
(228)『小右記』寛仁三年六月二九日条。

第九章

(229)『吾妻鏡』承元三年一二月一五日条。

(230)『三代実録』元慶二年六月八日条。
(231)『三代実録』元慶五年一一月九日条。
(232)『三代実録』貞観一二年三月二九日条。
(233)『三代実録』貞観二年五月一八日条。
(234)『三代実録』元慶二年六月八日条。
(235)『日本後紀』弘仁二年五月二三日条。
(236)『続日本紀』天平宝字八年一二月一三日条。
(237)『続日本紀』延暦五年正月七日条。
(238)『日本後紀』弘仁二年五月二三日条。
(239)『日本後紀』天長五年閏三月九日条。
(240)『文徳天皇実録』嘉祥三年八月四日条。
(241)『三代実録』貞観九年三月九日条。
(242)『三代実録』貞観一八年九月九日条。
(243)『三代実録』元慶五年一一月九日条。
(244)『文徳天皇実録』嘉祥三年八月四日条。
(245)『三代実録』元慶五年一一月九日条。
(246)『文徳天皇実録』嘉祥三年四月二日条。
(247)『三代実録』貞観一五年四月二一日条。
(248)『三代実録』貞観六年正月一六日条、同七年正月二七日条、同一八年正月一四日条、仁和三年五月一三日条。
(249)『平安遺文』3-六四〇。
(250)『御堂関白記』寛仁元年三月一一日条。
(251) 宇根俊範-一九八七。
(252)『行成卿記』長徳四年一一月一九日条。
(253)『続日本紀』延暦八年一二月二二日条没伝など。
(254)『三代実録』貞観八年二月二一日条。
(255)『続日本紀』和銅七年一一月一一日条、二六日条。
(256)『続日本紀』養老四年九月二九日条。
(257)『続日本紀』延暦七年二月二八日条。
(258)『続日本紀』延暦九年三月一〇日条、同一〇年七月一三日条。
(259)『三代実録』貞観八年二月二一日条、同一六年一一月九日条。
(260)『本朝世紀』天慶元年九月七日条。
(261)『小右記』寛仁三年六月二九日条。

第一〇章

(262)『三代実録』貞観四年三月二〇日条。
(263)『日本後紀』天長八年二月一八日条。
(264)『古事談』(巻一-王道后宮)。
(265)『三代実録』貞観一〇年閏一二月二八日条。
(266)『三代格』1祭幷幣事・寛平9-4-10符。

第一一章

(267)『有職袖中抄』(『古事類苑』〔官位部28-蔵人所上〕

所引)。
(268)『禁秘抄』(中-滝口)。
(269)『禁秘抄』(中-滝口)。
(270)『西宮記』(臨時五-所々事)。
(271)吉村茂樹-一九二九。
(272)『養老令』(考課令、軍防令)。
(273)『扶桑略記』天慶三年三月九日条。
(274)『日本紀略』貞元元年三月二七日条。
(275)『三代格』19禁制:天平勝宝9-6-9勅。
(276)『本朝世紀』天慶五年六月二九日条。
(277)『貞信公記』天慶一〇年二月二七日条。
(278)『新儀式』(臨時下-捜盗事)。
(279)『日本紀略』貞元二年一一月九日条。
(280)『扶桑略記』延喜二〇年五月五日条。
(281)典拠は以下の通り。①は前述、②『九条殿記』天暦元年一〇月四日条、③『集古浪華帖』(『大日本史料』1-11-795頁)、④『魚魯愚別録』(同1-17-318頁)、⑤『小右記』寛和元年二月八日条、⑥『本朝世紀』正暦四年一二月二七日条、⑦『長徳二年大間書』(『大日本史料』2-2-545頁)、⑧『権記』長保元年七月二五日条、⑨『権記』長保二年五月二七日条、⑩『西宮記』(臨時11-与奪事裏書)。
(282)『小右記』寛和元年六月二三日条。
(283)『日本紀略』『本朝世紀』寛和二年六月一九日条。
(284)『十訓抄』(巻五:可撰朋友事)。
(285)『吾妻鏡』治承四年七月一〇日条。
(286)『吾妻鏡』建久四年五月二八日条。
(287)『吾妻鏡』承元四年五月一一日条。
(288)『吾妻鏡』寛喜二年閏正月二六日条。
(289)『吾妻鏡』建長二年一二月二九日条。
(290)『西宮記』(臨時2-滝口武者)。

終章

(291)『寛平御遺誡』(逸文-河海抄巻二-箒木)。
(292)『続日本紀』養老五年正月二七日条。
(293)『史記』(秦始皇本紀-31年12月)、『漢書』(韓信伝)。

ちくま新書
1369

武士《ぶし》の起源《きげん》を解《と》きあかす
——混血《こんけつ》する古代《こだい》、創発《そうはつ》される中世《ちゅうせい》

二〇一八年一一月一〇日　第一刷発行

著者　桃崎有一郎（ももさき・ゆういちろう）

発行者　喜入冬子

発行所　株式会社 筑摩書房
東京都台東区蔵前二-五-三　郵便番号一一一-八七五五
電話番号〇三-五六八七-二六〇一（代表）

装幀者　間村俊一

印刷・製本　株式会社 精興社

ISBN978-4-480-07178-1 C0221